做大做强做安全

实体企业开源、节流、治税实战手册

邱庆剑◎著

人民东方出版传媒
People's Oriental Publishing & Media
东方出版社
The Oriental Press

图书在版编目（CIP）数据

做大做强做安全 / 邱庆剑 著 . — 北京：东方出版社，2024.7
ISBN 978-7-5207-3904-7

Ⅰ.①做…　Ⅱ.①邱…　Ⅲ.①企业管理—安全管理—中国　Ⅳ.① F279.23

中国国家版本馆 CIP 数据核字（2024）第 062547 号

做大做强做安全
（ZUODA ZUOQIANG ZUO'ANQUAN）

作　　者：	邱庆剑
责任编辑：	申　浩
出　　版：	东方出版社
发　　行：	人民东方出版传媒有限公司
地　　址：	北京市东城区朝阳门内大街 166 号
邮　　编：	100010
印　　刷：	北京汇林印务有限公司
版　　次：	2024 年 7 月第 1 版
印　　次：	2024 年 7 月第 1 次印刷
开　　本：	710 毫米 ×1000 毫米　1/16
印　　张：	24.25
字　　数：	270 千字
书　　号：	ISBN 978-7-5207-3904-7
定　　价：	89.00 元
发行电话：（010）85924663　85924644　85924641	

版权所有，违者必究
如有印装质量问题，我社负责调换，请拨打电话：（010）85924602　85924603

佛曰：苦海无边，回头是岸。

人曰：岸？背后是刀山火海，我比谁都清楚。

佛曰：原来你不是一般的凡人。

人曰：我是一般的凡人，只不过我是老板。

佛曰：哦，那你……苦海无边，回头是案。你还是继续向前吧，或许还有一线生机。

序言
回头是案

做老板这条路，注定是一条不归路。

营业执照一拿，就得花钱：房租、水电、工资，哪怕没有订单没有一分钱收入，这些支出也少不了。即使你不租房子，不开灯不耗水不用空调不用风扇，连蚊子都不养一只，却也至少得请人每个月报税。代理记账公司每个月怎么也得收你几百元。

订单一旦来了，买来设备、材料，招来人开干。想想自己成本1000元，售价1300元，毛利300元，睡着都会笑醒。可笑醒了一细想，又紧张了：产品质量不好怎么办？交货期保证不了，违约怎么办？排放污水，环保上门了怎么办？拉了根电线出了安全事故怎么办？周围老百姓不高兴怎么办？员工闹情绪怎么办？这一切的一切，还能怎么办——钱变成材料和设备容易，材料和设备要变成钱，就不容易啦！

好不容易产品鼓捣出来了，也发货了，可钱总是收不回来，求爷爷告奶奶低三下四天天做孙子总算收回来一部分，余下的被客户押着，想合作就得让他们押着，叫铺货，叫质量保证，叫信用保证，怎么叫不重要，实质就是踩着你点钱，让你继续做孙子。

明明知道苦海无边，还得硬着头皮往前冲。不冲还能怎么办？一旦停下来，回头是案！停下来，没钱付供应商的钱，供应商跑到法院要求立案；停下来，没钱付房租，房东跑到法院要求立案；停下来，没钱付员工工资，员工跑到法院要求立案；停下来，没钱付水电费，这个不用立案那么麻烦，人家直接把电和水停了。

你不是赚钱了吗？300元毛利哪儿去了？在客户那里押着，在仓库以材料或产品姿态躺着，在车间以设备方式蹲着，在各种保证金预付款那里记着……明明是个老板，是给别人发工资的人，在小面馆吃饭时，你却总是纠结要不要加一个3元的煎蛋，因为没有人给你发工资啊！生活给予的化学暴击，我们可以假装视而不见——因为面子。生产给予的物理暴击，大家都看得见，我们装不了，只有硬头皮说：我抗击打能力强。翻译一下：比如，没钱打车只好甩火腿（走路），说自己低碳环保；没钱吃大餐，顿顿白水煮菜，说自己素食主义，说自己养生；没钱买名牌，说自己不追求物质，说自己已经进入了享受非物质文化遗产的境界。

走上老板这条路，就没有安全感了。做老板之前，你可以血气方刚，路见不平拔刀相助，看见火灾水灾拔腿就上；做老板之后，你见谁都得点头哈腰，路见不平撒腿跑不是你怕挨刀，而是你怕挨了刀躺下了公司那一摊怎么办。在公司里见了危险你倒是迎难而上，比消防员还勇猛,那是因为你知道那火烧掉的水冲掉的就是你的全部身家。年少时,你说脑袋砍下不过碗口大的疤。现在,你知道除了碗口大的疤,还有公司几十万、几百万、上千万的欠款窟窿。

做大!

这几乎是每一个企业老板心中的最强音。

想把企业做大,不能简单地理解为当老板的不安分、贪财,更深层的动力,其实是他没有安全感。树大招风,你是知道的,但每个人都想做大树。树大根基稳,风一时半会儿也弄不倒;树大,好多部门好多官员围着你转,为你开各种专题会议保护你;树大,你就能够提供条件让很多人乘凉,家人、朋友、七大姑八大姨、各种谋利者,都会对你恭敬有加,你很小时就读过"但看宴席团团坐,杯杯先敬有钱人";树大,你就是人家的摇钱树,摇啊摇,还不至于被一刀砍掉。

更重要的是,你受够了树小的苦。树大招风,树小连根拔起!

雨里跑,没有伞;风里跑,腾不出手来按紧帽子。为了做大,你成了忍者神龟。小老板处处受人白眼,处处被人为难;小老板饥一顿饱一顿,吃了上顿愁下顿;小老板人前昂头挺胸装成功人士,人后垂头丧气落酸泪;小老板必须吹牛,面对客户吹,面对银行吹,面对朋友吹,面对陌生人吹,不吹就没人看得起你。当然,不能面对税务吹,税务看得起你你就痛苦了。我要做大!多少次,你喝完老白干,这么对自己吼,一拳打在墙上,结果拳头皮开肉绽。

辛苦若干年,做大了吗?没有。你想不明白,于是,你出去四处取经。必须承认,这个世界上的确有不少企业是靠实打实一步一个脚印做大的，但你也得承认，不少快速做大的企业，都有特殊路子甚至是野路子。再看一些所谓的明星企业，甚至是动刀动枪做大的。四川涉黑企业家刘汉被执行死刑，你想得更多的可能不是其中的教训而是可借鉴的经验。在一个月黑风高的夜晚，你喝了几杯酒，想明白了一系列"道理"：想要做大，不择手段；想要做大，坑蒙拐骗；想要做大，腐蚀一片；想要做大，朋友一半仇人一半；想要做大，亲离众叛；想要做大……天下好事基本不做，天下坏事践行一大半。你都变成这么一个人了，你做大了吗？

不一定。

一树荣百草枯。小苗苗最大的不幸，是早年身边和你差不多高矮的一棵不起眼儿的小苗苗长成了参天大树，你却连长大的机会都没有。

绝大多数老板，并没有熬到企业做大的那一天。

做不大就做不大吧，小而美也很好啊。你以为能够长时间小而美吗？做企业就像逆水行舟，不进则退，没有悬停浪中的可能，做不大最后只有两个结局，绝对没有第三个。哪两个？一是快快死掉或慢慢死掉，二是员工离职，办公室厂房租不起，技术更新跟不上，公司缩小成一个小作坊，老板自己给自己打工，上至董事长、总经理、副总经理，下至会计、出纳、打字员、保安，你一个人全占完。有人会反驳我说，邱老师，不是有很多百年老店吗？人家不大，却一直欣欣向荣呢。头脑简单了吧！你去看看，真正的百年老店并不小，人家卖碗汤圆，月收入都是几十万上百万元，在同一个细分市场中，已经是很大的了。百年老店，绝不是你想象中的夫妻小店，夫妻小店做不到一百年的，你家小区楼下的夫妻店，这些年老板换了多少拨了？当然，我们不能跨行业比大小，比如，你不能拿图书行业和房地产行业对比，一个房地产商开发一个楼盘，年营收可能就是整个图书行业的营业收入。

那么，极少数做大了的企业，又怎么样呢？相比于欧美国家，我国的市场化历史并不长，但欧美企业同样是一树荣百草枯，现在的参天大树，都是淘汰后留下的少数。这些年我国企业跑步前进，倒下的也以跑步的速度在行进。新冠疫情之前，各大五星级酒店的咖啡厅人头攒动，大家都在高谈阔论大项目展望美好未来；疫情期间和疫情结束后，没几个人谈大项目谈未来了，偶尔有交头接耳的，也是在商量如何活下去。拿一个俗套的说法，潮水退去后，沙滩上很多人连内裤都没有——聪明的人捂脸，不聪明的人捂下身——捂脸没人认得出来，明天还可以脸不红心不跳去泡海水。恒大够大吗？超级大啊，但大而不恒。海里是一鲸落万物生，企业界却是一鲸落万物灭，许家印掐灭了多少企业的生命之灯啊！

为什么大而不恒呢？因为做大了，却没有——

做强！

做大是物理生长，做强是化学生长。长得快的，不一定长得壮。企业也是一个生命体，能够快速成长当然是好事，但同时要长得结实。

人生苦短，只争朝夕。中国人普遍有赚快钱的想法，机会主义盛行，投机取巧盛行，四两拨千斤盛行，圈钱套路盛行，骗子"砖家"盛行。中国韭菜多，他们就不珍惜韭菜。韭菜也是需要呵护的，多少浇点水啊。

技术投入有风险，还一时半会儿见不到收益，于是技术不做了，把别人的半成品拿来组装就行了，多快好省啊。华为在艰难前行时，联想已经风光无限，那年头能够买一台联想笔记本，旁人都高看你一眼。但随着时间推移，坚持技术投入的华为，已经把坚持组装的联想远远抛在了身后。急功近利的企业，很难成为技术型企业。

做实体赚的是辛苦钱，赚的是渣渣钱，处于食物链最底端。这个不假。于是，不甘寂寞的老板就想着要搞金融，来钱快、来钱多、来钱轻松。一夜之间，小贷公司密布大街小巷，网贷公司天天打爆你电话。你突然发现，这世界上好人真多，天天问你缺不缺钱，比你爸妈当年问你还有没有生活费都更贴心更动感情。然后又是一夜之间，小贷公司跑路，网贷公司爆雷，韭菜们以公顷为单位倒伏枯萎。很多做不了金融的，就做起了准金融或假金融，招商路演、发展会员、收加盟费、卖股权证，甚至非法集资。

在浮躁的社会里，人们都知道内在修为太费工夫，外在美颜立竿见影。这种浮躁传导到企业里，就是不思考产品升级和服务提升，成天想着设计套路。多少企业想着弄个平台，让别人把流水放在自己平台上；多少企业把商业计划书弄得漂漂亮亮，台上激情昂扬给他人画大饼；多少企业"三板""四板"挂个牌，就号称自己上市了，要并购这并购那让自己的报表扩容；多少企业研究三十六计，遍撒诱饵布局 JQK（勾框锯），让消费者入局，让消费者一步一步"约翰约逊"——越陷越深；多少企业老板天天钉在酒桌上泡在歌厅洗脚房里想着搞定关键人物下订单，却不去提升企业的核心竞争力……这是一个讲究速成的时代啊！当大家都精于算计时，就偏离了商业的本质。商业是提供价值的，衣食住行，最终都要落实在产品价值上面。

练管理内功太艰苦，而且极度没有仪式感。本来应该静下心来搞管理机制，定管理制度，完善管理流程的，却搞成了天天喊口号天天搞演讲比赛。我们去一家公司服务，想看看他们的制度，老板说都在墙上。我们问员工，墙上是什么？员工说没认真看，只是觉得好看。问员工们早晚喊口号有什么感受，有人想了半天说可以练肺活量。一次演讲比赛，优胜者上台发表感言，说自己口才进步了不少，一句没提老板想要提升思想方面的内容。

成本控制是难事，也是麻烦事，还是得罪人的事。的确，没有哪家企业是靠成本控制起家的，但倒下的企业，通常都和成本费用控制不力有关。尤其是大厦将倾，各个部门都拼命搞钱到自己包里，想趁最后的机会捞一把，你捞我捞大家捞，三下五除二，把企业墙脚都挖空了。

勤劳持家不愿意，节俭持家又太苦太对不起自己，于是就打起了骗钱不退借钱不还的主意。负债经营的确有其积极意义，利用杠杆能够撬动地球，但借钱不还，不仅失德而且违法。"皮带哥"前期还比较低调，后来钱越欠越多时，他反而越来越高调了，两万多亿不还，他以为成护身符了，多少人怕他出事啊。但国家是不好忽悠的，说抓就把他抓了。抓得正确！不抓他，估计很多地产商都不会保交楼，都不会主动还钱。

上述种种，华而不实，甚至华而不合法，导致很多企业虚胖。

在这诸多不合法中，还不包括税收方面不合法。很多企业半途夭折，或者做大后老板被绳之以法，就和踩了法律的红线分不开。所以，做大做强还必须——

做安全！

一家企业的安全，包括经营安全和法律安全。经营安全取决于是否"做强"了，我们前面已经讲了。法律安全，我们重点讲税务安全，因为税务安全是最大的红线。

有 99.999% 的老板不懂税收法规，踩税法红线的基本上都是这些人。不懂却肆意踩，是因为无知者无畏。司机开车要有驾驶证，老板上岗却没有上岗证。如果让老板们在拿营业执照之前，先学习税法并参加考试，估计会有很多人放弃当老板的想法——有知者有畏。

无知者无畏，在违背税务法规方面，老板们胆子尤其大，思想解放动作豪放激情奔放。发票不够，虚开发票手都不抖；费用不够，打白条和造假人工费来凑；客户不要发票，把钱收到个人卡上隐瞒起来，不交税。两本账、三本账甚至五本账，账账不同；普通票、专用票、自制票、白条票，票票齐全；流转税、所得税、个人税、印花税，税税不规范；材料款、设备款、工资款、费用款，款款走私账。

有一家企业，年销售收入十几亿元，员工几千人，厂房占地几千亩，物流费用上亿元，水电费上亿元，他竟然让财务隐瞒收入只向税务局报几千万元。去这家公司服务时，我说这样做风险太大了，老板却开玩笑说我是小脚女人胆子小，步子也迈不开。我说税务局数一下员工人数，就可以推算出产值，老板说我不知道让员工放假吗？他还真干过，据说有一次税务局和社保局一起来检查，他一声"卧倒"，员工们都趴在地上，顺着墙根匍匐前进，从工厂各个后门溜出去了。我说税务局可以通过物流费推算销售发货量，老板说物流费我都用个人卡支付，税务局统计不容易。我说水电费也能推算产值，老板说水电费不可以浪费吗？我提示风险提示得多了，老板很不开心，说我老是往坏处想。无知无畏到何等境地啊！该老板在税务人员面前装穷，在行政领导面前却爱吹牛，还把收入夸大若干亿向领导汇报。有一天晚上，老板请一位行政领导吃饭汇报工作，我陪同。我们刚刚跨进饭店门口，碰上税务局长了，不客套一下也不行啊，结果我们一客套，税务局长竟要和我们一起吃饭了。酒过三巡，大家都有点醉了。行政领导把手拍在老板肩上：老板，你去年营收干了18个亿，今年是不是该增长点，多为地方经济发展做贡献啊！行政领导的手还没有挪开，税务局局长的手就拍到我肩上了：兄弟，你听听，领导说你们去年干了18个亿，怎么你才报给我9000万呢？好在我这写小说的脑袋够用，我怔了一下，瞬间冷静下来：局长，领导说的18个亿没错，我报的9000万也是正确的，为什么呢？领导是管宏观的，他说的18个亿包括我们总公司、外地子公司、外地分公司和各个经销商全部收入。局长，您是管微观的，我报给您的9000万只是本地总公司的啦！虽然酒桌上的尴尬消除了，但事后税务局还是把这家企业查了个底朝天。出来混，早晚要还的。事后，这位老板痛定思痛，终于答应实践我根据都江堰治水哲学创造的"财税顶层设计"，实现企业财务税收的完全规范化。规范后，他发现自己身心都轻松了许多，再也不是"起夜家"了。

税务有事，找关系，拉干部下水，把人家搞腐败，这是很多老板们干的事情。小事可以找税务干部，大事你找人家，人家也不敢帮你摆平啊，你是为难人家给人家出难题呢。小事找人，大事一定要找法——方法的法，法规的法。法规在税务局网站里挂着，方法在邱老师这本书里。

做大，做强，做安全。这是本书的主题。本书分三部分内容：

第一部分讲述如何做大，先分析做不大的原因，再讲述如何把握做大的机会，以及培育创新力，通过商业模式、盈利模式创新把企业做大。在这一部分，我首次向读者分享我原创的一系列创新工具，包括活力十方图、反述论工具、盈利方格等。

第二部分讲述如何做强，先分享如何通过强化内控建立具体的内控机制解放老板，后讲述如何通过消灭成本和消灭利润实现企业价值最大化，以及如何打造企业吸力，让企业具备资本竞争力。

第三部分讲述如何治税，先讲述都江堰治水哲学，再讲述根据都江堰治水哲学独创的"财税顶层设计"治税思路，最后介绍财税顶层设计的方法体系。

这本书既是写给老板们看的，又是写给每一位职业经理人看的。新冠疫情之后，很多企业陷入了艰难。如何突围，如何实现快速、平衡、持续增长，在这本书中都有涉及。

这本书涉及的知识面比较广，涉及的法规也比较多。由于时间匆促，书中可能存在一些不足或差错，敬请读者朋友看在我态度端正的份儿上，给予指正。在此先表谢意！

CONTENTS
目　录

第一部分　开源——把企业做大

第一章　徘徊——你为什么做不好 003
　　你为什么起步难 003
　　你为什么不赚钱 005
　　你为什么徘徊不前 007
　　你为什么栽跟头 009
　　学习刘备"七步诗"，打牢基础 012

第二章　机会——机会不属于有准备的人 027
　　机会从来不给你准备的时间 027
　　风口追不上，可以等风来 030
　　大风起兮云飞扬，小风也能翻细浪 032
　　你误会了"量力而行" 037
　　学习新东方翻身之术 038

第三章　创新力——绝对差异化才叫创新 049
　　刘强东、马化腾、雷军……都只有一个 049
　　赛道：率先占领单行道 053

方法：做生意就像谈恋爱	057
儿时捕鱼与小学语文	073
学习邱庆剑的单行道盈利创新	081

第二部分 节流——把企业做强

第四章	内控——老板要"三管三不管"	123
	累死的老板不值得同情	123
	不要迷信"高大上的内控手册"	129
	审批签字，如何解放老板	135
	"三问检点表"让我纵横职场几十年	148
	土得掉渣的内控体系	152
第五章	成本——消灭成本，更要消灭利润	181
	人力成本是最大成本	181
	沟通成本是第二大成本	196
	消灭利润：利润也是成本	204
	消灭成本中心：让每一分钱都有回报	206
	邱庆剑成本控制体系	208
第六章	吸引力——美女不是追来的	245
	出门求人不如坐等上门	245
	美女不是追求来的	250
	红杏出墙与节外生枝	255
	别嫁给"资本家"	262
	打造吸引力的途径	267

第三部分 治税——把企业做安全

第七章	治水——任正非眼中的"都江堰治水"	281
	先说说打架——1对多时规则决定胜负	281
	后说说治水——水太多怎么办	283
	再说说治税——税负重怎么办	286
	李冰为我们节省了多少台柴油机	291
	都江堰治水原理	298
第八章	治税——管理的真相：从"水"到"囚"	311
	治税基本思维：找到那个"囚"	312
	税收公式超级简单	315
	财税顶层设计	317
	税收"洋葱"	319
	从治水看治税	325
第九章	税艺术——阳光治税与金庸"乾坤大挪移"	339
	认知的天花板=事业的天花板	339
	合伙企业、个独企业不一定节税	342
	"洼地"已经是个坑	344
	"个体户"陷入虚开	347
	阳光治税是一门"艺术"	349

后记 利益激发活力，机制解放老板　　367

第一部分

开源——把企业做大

很多人想当老板，当上老板的又几乎个个想做大老板，"把企业搞大"是这些人心中的最强音，白天在脑中回荡，晚上还常常在梦中响起。

如果能做到三点，不想做大都难：一是找到做不大的痛点并化解该痛点；二是把握做大的机会；三是善于创新，勇于创新。

第一章　徘徊
——你为什么做不好

你为什么起步难

很多想当老板的人，把当老板想得很简单：不就是弄点儿本钱，办个营业执照吗？在过去的30多年里，我见证了太多的人，手握营业执照，把为数不多的本钱亏得精光。亏了之后，大多数人从此打消当老板的念头，只有极少数人继续找钱折腾。

万事起步难，当老板起步尤其难，因为那是掏人钱包的事情。自古以来，掏人钱包的除了小偷就是老板，小偷冒着坐牢的风险，老板冒着倾家荡产的风险——很多老板最后没有板了，成了老赖。

之所以起步难，我认为至少是三个方面的准备工作没有做好——

第一，角色转换不成功。做职业经理人，即使再累，也只是承担某一业务板块或某一岗位的责任，老板是职业经理人的靠山，靠山倒了，还可以换一个靠山。而你一旦当了老板，自己成了别人的靠山，你就别想靠谁了，整个公司的重担你都得一个人担起来。原来是领工资的角色，现在成了发工资的角色，往口袋里装钱和从口袋里往外掏钱，绝对是不一样的感受。做职业经理人，基本上每个月都能领到工资。做老板，就不一定每个月都有钱进账了，甚至可能几年都没有一分钱进账。很多人拿了营业执照，角色却还转不过来。

第二，心态准备不到位。做职业经理人，遇到委屈可以找老板，碰到困难可以找老板。老板如果不支持你，你还可以豪迈地把老板炒掉，换个支持你的老板。做了老板，委屈只有自己消化，困难只有自己解决，你必须有非常好的心态，哪怕天雷地火你都要默默承受，除非你认输不当老板了。宰相的肚子里并非一开始就能够撑船，都是修炼出来的。老板的"肚子"也是修炼出来的——难以排解的委屈，求助无门的困难，无法消化的孤独，无人分担的压力，不确定的风险，没有保障的收入，难以预料的支出……是被这一切"喂"大的。我有一个朋友，现在也是一个小老板，他曾经告诉我，他创业之初压力太大，以至有半个月都解不出大便！

第三，市场定位不清晰。这一点尤其重要，它不仅决定了你能否顺利起步，更决定了你的方向和持续走下去的可能性。市场定位就是对自己的生意做一个准确的定位，找到自己最擅长的地方并充分发挥出来。商业大佬可以任性，可以"我想干点什么就干点什么"。你还不是商业大佬，你只能"我能干点什么就干点什么"。商业大佬有钱试错，错了再来。你呢？跌倒了可能就一辈子"瘫痪"了。商业大佬可以用钱买到人才、买到技术、买到市场。你用什么去买？创业之初，你自己就是一切。

钱之所以不是万能的，是因为钱不够多。

要想让有限的本钱发挥作用，就得花在能够产生订单、收入和利润的地方。商业大佬常说教训比经验重要，可是你没钱，买不起教训，经验又无处可学。

营业执照只能证明今天你是老板，却不能保证明天你还是老板。有多少人手握营业执照，却过着比打工人还苦的日子啊！

你为什么不赚钱

有很多老板，尤其是民营企业老板，在创业之初，心中的利润计算公式都是

收入 − 成本 = 利润

这个公式害苦了很多创业者。他们大致是这么盘算的：5 元的商品买进来，我倒手卖 10 元，利润就是 5 元。50% 的利润率，高得不得了啦，干！

可当他们干起来时，才发现问题一大堆。

比如，除了 5 元的进货成本，还有房租、工资、社保、办公费、水电费、物业费……一刨掉这些费用，可能已经亏了。

比如，5 元买进来了，但老是卖不出去。在卖不出去的时间里，房租照样得付，工资照样得发……各种费用并不会因你没有订单就暂停下来，它像地球一样不停转动，才不管你睡没睡着。今天进货，明天出货，本来是可以赚的，但拖一天就多一天的固定成本，三拖五拖，亏了。爱情常常输给距离，生意常常输给时间！

再比如，只要有收入，就得交流转税，再有利润，还得交企

业所得税，领工资、拿分红，还得交个人所得税。有很多民营企业老板在创业之初，都没有考虑到税收这一重要成本。这个成本有多高？你如果5元买进来，对方不给你开发票——这是常有的事情——你10元卖出去，仅增值税一项税率就是13%，即1.3元。如果其余各项费用也没有开回来发票，那么你账面上虚假的利润就是5元，你还得按5元利润乘以企业所得税税率，一般是25%，这里又是1.25元。增值税加企业所得税，税率就是38%。附加税费暂时先不去考虑，请问，如今有多少实体企业毛利能达到38%？

我经常说，当初是因为不懂，所以才敢于当老板。如果在办理营业执照之前，就能够清清楚楚地算出来有多少成本、多少费用、多少税收，我相信会有很多人不敢当老板了，老板数量起码要减少一半！

大家想想，为什么会计专业的人，很少有创业的。因为他们太清醒了，他们把当老板的成本和税收算得一清二楚，他们明白当老板不见得能赚到钱。

为了让尽可能多的人避免踩中"当老板"这个坑，我得和大家分享一个新的利润计算公式——

收入 – 以收入为基数的税收 –（固定成本 + 变动成本）– 三大期间费用 – 以利润为基数的税收 – 不确定支出 = 净利润

"收入"，指的是销售产品或提供服务所实现的营业额，无论钱是否收到手，都是要交税的。

"以收入为基数的税收"，指的是不管你赚不赚钱，不管你收没收到钱，只要有订单就得交税，主要包括增值税、消费税、印花税、关税、城市建设维护税、教育附加费，以及地方教育附加费等。

"固定成本"，指的是不管有没有订单，都要按时发生的成本。

"变动成本"，可以简单地理解为随业务量变动而变动的成本，比如材料成本、计价工资、业务提成等。

"三大期间费用"，指的是管理费用、营业费用和财务费用。

"以利润为基数的税收"，指的是企业所得税。

"不确定支出"，范围就广了，比如违约赔偿、侵权赔偿、员工意外伤害支出等。

对于那些打算创业的人，看到上面我给的这个公式时，相信他们的心必定凉了半截。

已经上了"老板"这条贼船的人呢？看到这个公式，要么忍着眼泪，要么把脸转向一边无声地流泪！好在你已经拿起我这本书了，这本书就是教你如何赚到钱的：

开源——扩大"收入"；

节流——控制"固定成本"、"变动成本"、"三大期间费用"和"不确定支出"；

治税——合法地控制"以收入为基数的税收"和"以利润为基数的税收"。

你为什么徘徊不前

在浩浩荡荡的创业大军中，有那么一小撮人，算是幸运儿。他们起步了，也赚到了一笔不大不小的钱。可他们现在遇到了瓶颈，处于徘徊不前的状态。

市场经济波涛汹涌，稳得住吗？不上必然就下！

更悲摧的是，揽镜自照，呀，已是两鬓斑白！

这场景就好像一个人逆水用力撑船，眼看着就可以撑到上游的平湖区了，可这会儿没力气了。稳不住啊，一松懈就回到起点去了，甚至退到比起点还落后很长一段距离的地方。

为什么稳不住？为什么会连起点都达不到了？

第一，用旧船票登不上新客船，曾经所向披靡的成功经验，放到现在的市场环境下，不适用了。想重来，没门儿了。

第二，老板老了，认知能力和学习能力都不行了。新的你看不懂，旧的你跟不上。愿意带你玩的年轻人带不动你，同龄的大佬又不肯带你玩。有些老板很自信，我努力还不行吗？这让我想起一个太监的不幸：头一天刚刚花钱受了宫刑，第二天最后一位皇帝下台了。一个定了型的老板，再怎么努力，回报都是有限的。

第三，缺乏创新能力，跟不上节奏了。这是最关键的。旧船票不是垃圾，只要你有创新能力，就可以把它变成价值连城的收藏品，谁说船票就一定是拿来坐船的？皇帝下台了，太监就不是人啦？如果你具备创新能力，最后一个皇帝是大好题材，最后一个太监难道不是大好题材？商业进步，有两个轮子：一个是"创"，另一个是"新"。

创新能力可以通过学习培养吗，尤其是对于老了的老板？

本来是不可以的。但如果有工具，就可以了。理论学习需要学习力，能力培养离不开天赋，但工具使用就不同了，工具使用就是一个熟能生巧的事，大猩猩都教得会。历史上出了很多画家，也出了很多画师，前者参透了艺术，后者熟练了工具。

我在这本书中分享了很多我本人创造的工具，只要照着做就能够实现创新。

你为什么栽跟头

但凡栽跟头的，责任大多在自己。究其原因，又大多是因为盲目自信。

很多赚了点钱的老板，是过分自信的：一是在现有领域自信——这还不算太坏；二是在陌生领域也相当自信——这就糟糕了。就像一个士兵，在一个坑道里打死了几个敌人，就以为自己是所有战场上的战神了。这些年，我见证了不少参加总裁班的老板，和总裁班同学共同开投资公司开得倾家荡产的，也见证了不少老板热衷于跨界而掉进万丈深渊的——跨界，就如同从水沟这边跨到那边去，前提是水沟这边要足够牢固，如果这边不牢固，你跨的时候，脚一蹬，这边塌了，你大概率会掉进水沟里；我还见证了不少老板学习商业模式回来转型，在转型过程中转死的。

比如，有一个从新闻记者转型的老板。

新闻记者，那脑子里创意和想法可多了。但问题就出在这创意和想法多上面。

这个老板第一次创业，是开了一家小五金厂，专门为家具企业代加工一些五金件，虽然规模不大，但是糊口没问题，一年有千把万收入，一百来万利润。可有了第一个百来万利润后，他信心暴涨，开始了折腾之路，进入了"一直创业起步"的模式（图1-1）。

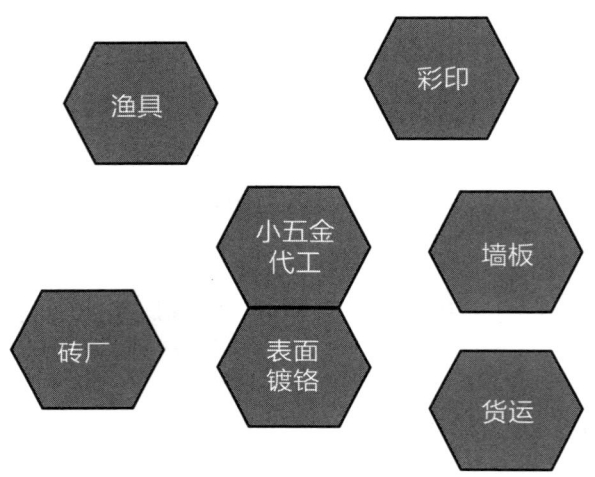

图1-1　小五金厂老板业务扩张路径

他跨出的第一步，是五金件的表面镀铬，这个业务还算靠谱儿，是在五金加工基础上延伸，技术、团队、客户都可以共享小五金代工业务的。

他跨出的第二步，就不靠谱儿了。"5·12"汶川大地震后，四川的砖头涨价十几二十倍。他觉得做砖头太简单了，不就是把泥块烧硬吗？可等他把砖厂修好，灾后重建已经结束了，而且第一批砖头就质量不合格，人家的是红砖，他的是五彩砖——受火不均匀；人家的是硬砖，他的是粉碎型砖。

他跨出的第三步，缘于一次和我野外钓鱼。那天，我们碰到一个钓友，人家拿的竹制的渔竿很漂亮，一问，三万八一根！爱折腾的他很不屑：不就是一根竹竿吗？我做得比这个好！于是，他开了一家渔具加工厂。结果很显然，虽然过了质量关，但没过市场关，卖不出去。各位读者想想，手握一根三万八渔竿的人，缺的是鱼吗？钓的是鱼吗？人家缺的是安静，钓的是寂寞。这种人非富即贵，大佬级别的，钓鱼是为了找一个地方清静一下。这种大佬，是你轻易能够找到的吗？你找不到，又如何能够把渔竿卖给他呢？

他跨出的第四步，是做彩色包装盒。他看到娃哈哈的包装盒以后，自信地认为自己可以做得更好。于是，他开了家彩印厂。结果怎么样？他印出来的包装盒，裸眼看不清楚，得戴着3D眼镜看——四色印刷是四种色彩重叠起来印四次，他四次都没有套印整齐！

后来他还开了墙板厂，办了货运部……货运部关门那一天，他来向我借钱，说家里娃娃没奶粉钱了。

他跨出的每一步，都使出洪荒之力，都跨得太大，把自己给扯着了。

为什么步子跨得大？自信呀。老板的盲目自信，会让自己成为一个类似神经病病人——

第一，总以为自己的钱赚得辛苦，别人的钱来得容易，自己的绝世才华应该用在赚轻松钱上面，于是迈开步子跨界了。

第二，总认为老子天下第一，无论到哪个领域都是降维打击，谁都得让路，结果却被人家降维打击。

第三，自信得耳聋——听不进意见，自信得眼瞎——看不见即将进入的领域里高手如林，而自认为只要老子来了，那片市场就该是处女地，即使不是处女地，也该给老子清场，留出空地来。

第四，自信地认为爱因斯坦不算什么，爱迪生不算什么，老子的想法就是天下最牛的，于是成了想法多做法也多的折腾型老板。

爱折腾的老板，总是爱折腾的，之所以最后不折腾了，是因为他们没有钱了，折腾不动了。

学习刘备"七步诗"，打牢基础

搞错了吧，刘备有"七步诗"？那不是曹植写的吗？

刘备没有用笔写"七步诗"，但他用行动写了，他用七个步骤成就了顶层设计，然后实力相对薄弱的刘备与曹操、孙权三分天下。曹植写七步诗，实际是兄弟二人做戏：哥哥知道弟弟出口成章，不过是给弟弟一个台阶下。刘备写七步诗，才是保命所需。

财务、老板和企业的三重境界

做大做强，不仅要靠能力，更要靠境界。一亿身家的老板和十亿身家的老板相比，气质绝对不一样，境界也绝对不一样。除了老板，财务和企业本身也是有不同境界的。提升境界，是做大的前提。

1. 财务的三重境界

财务的三重境界分别是账务、财务和财政（图1-2）。

账务是关于收支的账目，就是记记账、报报税、管管钱。这是最基础的，小微企业基本处于账务层面。

财务是关于财产的事务，包括管钱管物、记账核账、报税节税、分析过去、预判未来、控制风险。如果拿这个标准衡量，很多企业

"财务部"都名不副实，换成"会计部"勉强可以。

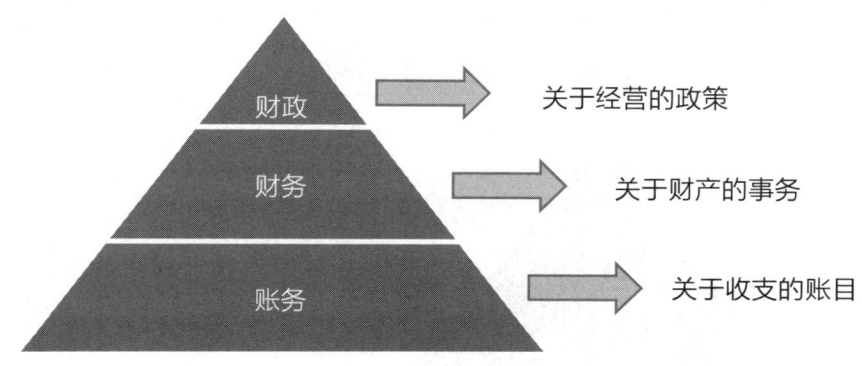

图1-2　财务的三重境界

企业财政是企业为了实现其生存、发展的目标，构建有效的股权治理、战略财务、管理模式、收支规划的活动。它既是企业生存和发展的基因，又是企业生存和发展的重要保障。其基本内容包括：基于战略需要的财务体系建设，基于持续稳定发展的顶层设计系统，基于利润最大化、风险最小化的管控体系，基于利润最大化的商业模式和盈利模式，基于税收最小化、风险最小化的财税顶层设计系统。不用说，很多企业都达不到"财政"这个境界。某电商老板找到蔡崇信时，给的工资是500元，当时这500元只能请个做"账务"的，蔡崇信却做到了"财政"的层次。如果没有蔡崇信，很难有后来的那位电商大佬。

任正非曾经说过："不懂业务的财务只能提供低价值的会计服务，懂业务的CFO才是CEO最有力的接班人！"稻盛和夫也说过："不懂财务，难以成为真正的经营者！"

2.老板的三重境界

说到老板的三重境界（图1-3），并不表明老板们都至少达到一重境界了。事实上，很多老板连一重境界都没有达到。

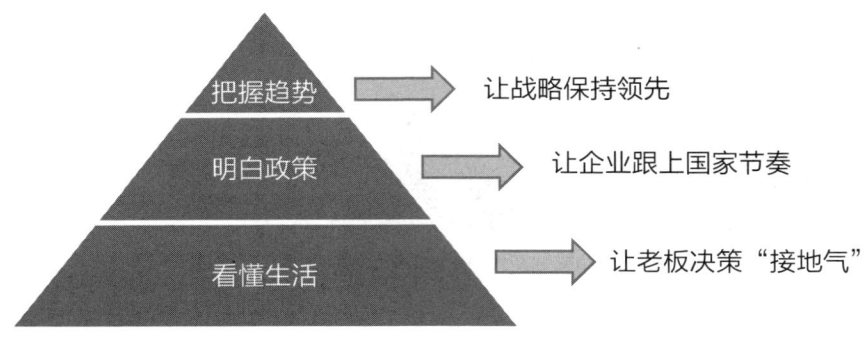

图1-3 老板的三重境界

一重境界看懂生活，指的是要了解生活的变化，因为消费者在"生活"中，市场在"生活"中。你现在有钱了，有多久没挤过公交地铁了？有多久没逛杂货市场地摊了？……你已经离生活太远了，你已经不知道月收入一两千元的人是怎么生活的了，你注定不知道他们需要什么，不知道他们的消费习惯是什么，你又如何能把商品或服务卖给他们呢？富有，限制了你的想象，你已经不知道普通人是怎么过日子的了。

二重境界明白政策，指的是要熟悉国家政策，尤其是财政、税收政策，顺应国家政策进行经营，充分利用各种扶持与优惠政策。在我们国家，民营企业老板普遍认为经营企业风险比较高，其根源还是自己对法规不熟悉，踩了雷却不知道，或者知道有雷，却不知道如何利用政策保护自己。

三重境界把握趋势，指的是判断市场的风向，提前布局，占领风口。把握趋势，除了看懂生活、明白政策外，还要有全局思维、顶层思维，要对本行业和相关行业有深刻的认知，要有市场预测能力。天天忙于琐事、没时间思考的老板，不可能把握趋势，甚至跟上趋势都难。

3. 企业的三重境界

企业也有三重境界（图1-4）。一家企业能走多远、能飞多高，是由其境界决定的。一重境界是做好事情，大家都忙忙碌碌，一派热火朝天的景象，但不一定赚钱。二重境界是赚取利润，做能赚钱的事情，过程不重要。在这类企业中间，有一些偏离了社会主流价值观，甚至站在了道德的对立面，可能受到社会的排斥。三重境界是创造价值，创造社会所需要的价值。一家企业，只要能够为社会创造价值，就一定可以赚到钱。而那种为赚钱而赚钱的企业，反而可能走不远。

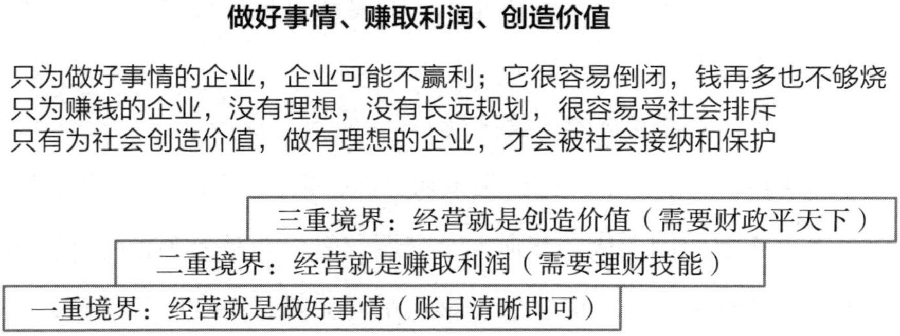

做好事情、赚取利润、创造价值

只为做好事情的企业，企业可能不赢利；它很容易倒闭，钱再多也不够烧
只为赚钱的企业，没有理想，没有长远规划，很容易受社会排斥
只有为社会创造价值，做有理想的企业，才会被社会接纳和保护

三重境界：经营就是创造价值（需要财政平天下）
二重境界：经营就是赚取利润（需要理财技能）
一重境界：经营就是做好事情（账目清晰即可）

图1-4　企业的三重境界

不同境界的企业，对财务的要求也不一样。只为做好事情的企

业，配备"账务"就可以了。只为赚取利润的企业，需要配备"财务"，需要理财的技能。而创造价值的企业，则需要配备"财政"。

境界是一种修为，是模仿不来的。艺术家可能留长发，留长发的不一定是艺术家。

顶层设计七个步骤

顶层设计，决定着企业的天花板。

刘备的"七步诗"就是通过七个步骤设计好了自己的顶层。刘备起点很低，最后的成就却是三分天下，得益于他的"七步诗"。在皇帝业绩排名中，刘备排不到前头，但刘备这人粉丝众多，估计是因为他这人屡败屡战不服输，而且确确实实草根创业白手起家。外国有句话叫"三代成就贵族"，很多家族的三代是怎样的三代啊？比如在"美丽国"，就是一代拦路抢，二代从政或从商，三代坐在讲堂上——大讲勤奋致富好榜样。刘备往前数三代，没有抢的也没有从政或从商的，他更没有坐到讲堂上，而是通过自己努力完成了三代人才能完成的事情。

第一步，安顿老板的"股份"。

刘备在街头卖草鞋，碰到张飞和关羽打架，见两人武力值过人，就寻思着要拉他俩入伙。普通人结交朋友时，总是兄弟排排坐，不分主次；普通人做企业时，股份喜欢平均分配，两个人五五开，三个人就三三开。平起平坐，表面上是顾全兄弟情谊，其实是对兄弟情谊极大的不负责任。刘备深谙其道。他要找个理由，把三兄弟分个顺序。我刘备出身好，有皇家血统，自然当老大，事情由我刘备发起和统筹安排。据考证，桃源三结义时，刘备、关羽都28岁，关羽还大一点，张飞23岁，因此三兄弟排序不一定完全是按年龄来排的。试想，如果刘备不张罗排个大小，就老刘、老关、老张平起平坐，可能不会有后面的演义了。

第二步，安顿老板的"权力"。

股份定下来，就该考虑公司的治理结构了。

董事长兼总经理，刘备当仁不让，关羽、张飞分别担任副总经理。很多朋友一起创业，重感情轻规矩，分工不明确，权力划分不清晰，总以为感情好，凡事可以商量着来。结果，共得了患难共不了富贵，没钱时没把规矩立起来，赚了钱再谈规矩就达不成一致了。不讲原则的兄弟，最后大多数成了仇人。

第三步，安顿职业经理人的工作。

刘关张三兄弟开始没有职业经理人，打仗都是三个老板亲自上。他们引入的第一个职业经理人是诸葛亮，相当于运营总监级别。然后又引入了赵云、黄忠、马谡等人，都属于高管。这些职业经理人都各安其职。放到企业来看，就如同成立了若干事业部或分/子公司。事业部或分/子公司的带头人，是打市场的、赚钞票的，能力和忠诚并重。

第四步，安顿中层干部的工作。

有了高层干部，还得有中层干部和执行层面的员工。刘备不断招兵买马，让中层干部都有一支队伍可带。当然，两个重要的地方，荆州和阆中，得自己人亲自把守，副总经理关羽守荆州，副总经理张飞守阆中。在一家企业里，除了事业部或分/子公司，还得设置不同的职能部门和执行岗位。

第五步，安顿收钱的模式。

第一、二步属于安顿老板，第三、四步属于安顿团队，接下来就要考虑赚钱的事情了。首先得有好的战略和商业模式。在诸葛亮的策划下，确定了三分天下的大战略，明确了占领荆州进军益州的方针；在商业模式方面，采取兼并重组思路，兼并弱小企业，不断扩大自己的市场份额；在战术层面，确立了联吴抗曹的策略。

第六步，安顿赚钱的模式。

收钱和赚钱不是一回事，收到钱才能赚到钱，但收到钱不一定能够赚到钱。收钱取决于商业模式，而赚钱取决于赢利模式。在壮大蜀国集团实力方面，诸葛亮鞠躬尽瘁，梳理并落地了很多赢利思路。考虑到蜀国底子薄弱的现实，诸葛亮推出的屯田制非常值得肯定，士兵平时除了操练，还要种地，大大减轻了农民的负担。

第七步，安顿竞争对手。

蜀国集团的口袋一天天鼓起来，最后悔的是曹操，后悔当初没一刀把刘备咔嚓了。这个时候，刘备要考虑的是如何安顿竞争对手——把竞争对手安顿在无法消灭自己的位置，也就是培育自己的核心竞争力。关于这一点，刘备做得还不错，让蜀国政权得以延续几十年。但相比于魏国集团和吴国集团，蜀国集团还是落后很多，最终没能实现一统天下光复汉室的企业使命。

我们把刘备的"七步诗"画成图，就是顶层设计"七步法"（图1-5）：第一步是股权治理优化，第二步是公司治理优化，第三步是企业架构优化，第四步是组织架构优化，第五步是商业模式定位与创新，第六步是赢利模式定位与创新，第七步是培育核心竞争力。

第一部分　开源——把企业做大

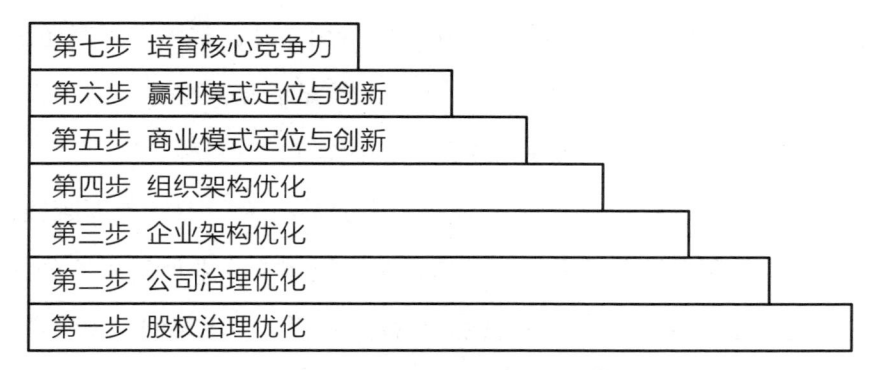

```
第七步  培育核心竞争力
第六步  赢利模式定位与创新
第五步  商业模式定位与创新
第四步  组织架构优化
第三步  企业架构优化
第二步  公司治理优化
第一步  股权治理优化
```

图 1-5　顶层设计"七步法"

利润四级保障

七步顶层设计打牢基础，解决了战略和方向问题。但企业要赚钱，还需要有"利润四级保障"（图 1-6）。之所以有些企业看似红红火火，却不赚钱，就是因为缺乏利润保障系统。

第一级：单品毛利系统。企业推出的产品，除了基于引流或占领市场需要，正常情况下，都是应该有毛利的，这是企业赚钱的前提。单品毛利是售价和成本之差，我们不仅要考虑当下有没有毛利，还要考虑当面临竞争对手杀价，我们跟着杀价后，还有没有毛利。设计成本是产品成本的先天决定因素，如果设计成本已经高于市场售价了，那么这个产品就没有上市的必要了。

第二级：单元赢利系统。这个系统指的是每一个业务单元实现赢利。针对每一个业务单元，要进行保本测算，在保本的基础上实现赢利，不能赢利的业务单元没有存在的价值。

第三级：公司预算系统。单品有毛利，单元有利润，是不是整个公司就有利润了呢？不一定。很多企业，各个产品是赚钱的，各个业务单元是赚钱的，但由于公司固定费用太高，整体算下来还是不赚钱。所以，第三级利润保障是公司预算系统，通过全面预算，明确企业利润目标，再在预算落实过程中实现这一目标。

第四级：集团节税系统。企业产生交易行为，不管赚不赚钱，都得交流转税及附加税费。如果赚了钱，还得交企业所得税。分红到个人口袋，还得交个人所得税。税收是企业必须重视的一项成本。我碰到过不少案例，企业看似赚钱了，但把税一交，反而亏了。比如，某家私营企业转型做房地产，一个楼盘卖了6亿元，概算下来赚1个亿，但土地增值税清算后，却亏了2000多万。为什么叫集团节税呢？因为从一个局部是节不了税的，税收必须站在整个集团层面，全盘筹划。有人会说，我就一家企业，没有集团啊？关于这一点，我们在本书"PART 3 治税——把企业做安全"中会详细讲。你如果想要合法节税，没有集团也要设计成集团。

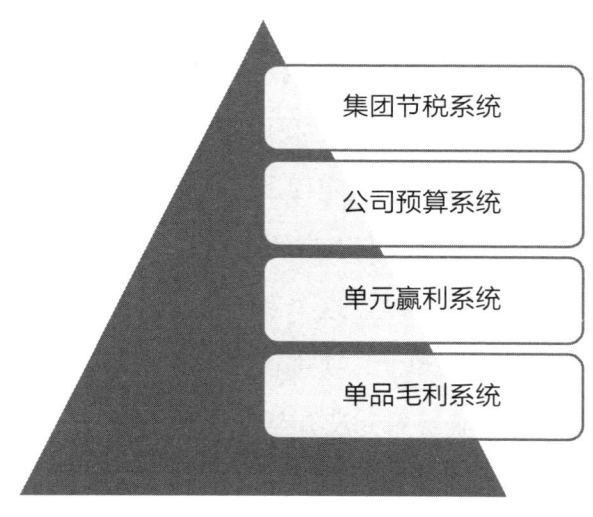

图1-6 利润四级保障

某家族企业，经营雨棚生产销售安装，4兄弟4家人全上阵，300多员工，40多个销售网点，2019年公司销售收入3000万元，年赚25万元，纳税97万元。除了纳税指标外，该公司其他指标都难看！收入3000万元，赚了区区25万元！

为了活下来，这家公司曾经引入免费模式。雨棚还能有免费模式？雨棚就是南方朋友家中阳台、窗台上用于挡雨的那个东西。他们免费送样，希望人家买他们的产品。免费模式不仅没赚钱，还亏得一塌糊涂。后来，他们又引入渠道代理。本来利润就薄得不能再薄了，还引入渠道代理，代理商哪儿活得下去。这一举措，三个月就流产了。

我介入之后，发现他们最根本的问题不是销售问题，而是财务基础问题。比如，他们甚至不清楚每个型号的产品是否赚钱。公司产品型号达1000多个，会计根本算不出每个型号产品的成本，而且每个型号产品的产量都很小。我建议老板减少产品型号，就一个雨棚，客户的需求是很单一的，没必要五花八门花里胡哨。可老板却舍不得，说每一个型号都是自己辛苦研发的。我不客气地打了一个比喻，农民种了一地菜，那些长得差的，他也舍不得拔掉，每次浇水，总是先浇长得差的，结果一地菜都没长好。做企业，恰恰应该反其道而行之，哪棵菜长得好就多浇水，长得不好的就拔下来丢弃。终于，老板大刀阔斧把产品型号减少到了50个。这个时候，我让财务计算准确的成本，计算后发现其中只有30个有毛利，另20个是亏本的，我建议老板把不赚钱的先停下来。我这第一步所做的，就是保证单品有毛利。

第二步，我带领老板、业务和财务，重建业务体系，将40多个网点独立核算，引入保本控制，确保每一个网点赚钱。无法赚钱的网点，达到半年以上的，全部关掉。

第三步，重建内控机制，引入预算与计划，最大限度保证公司预算利润的实现。

第四步，重建顶层设计，采购、生产、销售、安装独立，同时，40多个网点委托总公司加工，将原归属于总公司的营业收入分流到网点，每个网点月收入低于10万元年收入低于120万元，增值税免征，企业所得税也化整为零，实现了合法优化。

在这四级保障下，该公司2020年销售收入5000万元，增长66.7%；利润530万元，利润率10.6%；税收76万元，税负率1.52%——原来是3.23%。

在为这家企业服务后，我总结出"利润四级保障歌"：

竞争越来越艰难，赚钱精打又细算。
单品毛利是基础，保本运行是关键；
经营指标先规划，利润提前做预算；
财税顶层靠全局，集团层面做盘算。

两个发展理论

有些企业之所以做不好，和老板缺乏正确的发展思路有关系。我在这里给大家推荐两个发展理论：一个是定位理论，另一个是我提出来的"蜂巢理论"。

定位理论，由美国著名营销专家艾·里斯（Al Ries）与杰克·特劳特（Jack Trout）于20世纪70年代提出。定位理论的核心原理是"第一法则"，它要求企业必须在顾客心智中区隔于竞争对手，成为某领域的第一，以此引领企业经营，赢得更好发展。通俗地理解，定位就是要在某个领域确立自己"第一"的市场地位。如何确立呢？在不断细分的市场中去寻找，直到找出自己某个方面在这个细分市场中占据第一的位置。打个比喻，大学时代的你拥有多方面的特长，尤其擅长短跑。但在全国大学生中，你的短跑能力并不领先，于是，你开始细分市场，全国大学生中不行，全省大学呢？如果全省大学生中你还是不算第一。就再细分，看看全市大学生中你算不算第一。如果依然不是第一，那么再细分，看看全县大学生中你算不算第一。如果不是，就再看看全乡大学生中你算不算第一。如果算，那么，你的定位就出来了：某某乡大学生短跑第一名。

小有成就的企业老板，由于自信心比较足，在定位过程中容易犯一个错误：忽视竞争对手。因为自己成功，就认为自己在要进入的领域也能够成功，而忘了一个事实——你进入任何领域，都将和该领域中最强大的对手争夺市场。这也是里斯和特劳特两位大师强调"区隔"的原因。为了配合定位理论的落地，我提出了蜂巢理论。

蜜蜂筑巢，一定是一格挨一格的，前面一格是后面一格的基础，若干格构成了牢固的蜂巢。这一生物现象给了我启发，我认为，企业产品延伸，或者业务板块拓展，或者产业多元化，都要像蜜蜂筑巢一样，一格挨一格往前推进，新产品、新业务、新产业，都是在现有产品、业务、产业基础上延伸发展的，以便充分利用现有的技术人才、现有的客户资源等。

在本书前文"你为什么栽跟头"中，我讲到那个做小五金代工的老板，去开砖厂、做渔具、搞彩印等，都不符合蜂巢理论，新的"格子"都和旧的"格子"不搭边。后来，我帮他作了梳理，以五金为出发点，每迈出一步，都不离五金这一基础，结果他只用一年就打了翻身仗。我给他梳理的打拼路径是，从家具小五金代工起步，向表面镀铬、自有品牌五金加工、五金工艺品加工、电动车五金件代工、居家五金摆件等领域发展。这个路径，基本没有脱离五金，都是他所熟悉的行业。2019年他的家具小五金代工收入增长30%，达1400万元；他大力发展居家五金摆件，2019年收入从0做到1100万元；电动车五金件代工是培育项目，客户是我介绍给他的，2019年收入从0做到600万元。

即使有了蜂巢理论，也并不能保证前进就能成功。每进入一个新的版块，事实上都是要和新板块中已经存在的王者对决，这和动物世界的新王打败旧王是一个道理。为了避免扩张时盲目自信，我再给大家一个工具：蜂巢延伸（财务模型）评分表（表1-1），用以配合蜂巢理论。这个工具，是我当年经营图书失败了，坐在北京王府井书店冰冷的地板上画出来的。这个表格的横向是关乎企业成败的一系列指标，比如原材料保证能力、产品销售能力、资质获取能力、资金融集能力、成本控制能力、节税规范能力等，表格的纵向是你要跨入的新领域（包括新产品、新业务和新产业）。使用方法是对比新领域中可能成为你竞争对手的企业。如果准竞争对手某个指标评 5 分，就看看自己在这个指标上评几分。如果评定下来，你的得分远远落后于准竞争对手，那么你还是把脚缩回来，别去新领域撒钱了。

表1-1 蜂巢延伸（财务模型）评分表

能力维度					
原材料保证能力					
产品销售能力					
资质获取能力					
资金融集能力					
成本控制能力					
节税规范能力					
其他能力指标					

我曾经写过一则关于蚂蚁的小寓言故事《蚁王》，非常形象地讲了盲目自信的问题，我觉得有必要分享给大家：

一只蚂蚁带领一群蚂蚁，把另一群蚂蚁杀得惨败。

于是，这只蚂蚁成为蚁王。蚁王开始大兴土木建造宫宇，并封后选妃，纳佳丽三千。

一日，蚁王召集蚁国大臣，商议如何向一棵玉米进军。

正当讨论到佳处，一个农夫经过，他随意吐了一口痰，正巧吐在蚁王身上。

可怜一世蚁王，被活活地淹死，大臣们无一能救它。

第二章 机会
——机会不属于有准备的人

机会从来不给你准备的时间

每个人都渴望机会，可要得到机会却面临很多困难：我们不知道机会什么时候来，不知道机会从哪里来，不知道机会以什么形式来。尤其是第三点，机会来了，我们却识别不了，来了，又走了，等别人抓住了，我们才恍然大悟后悔莫及。别人都在做了，你还看不懂，更不相信。等别人做成了，你看懂了，也相信了，但已经没你什么事了。

"机会属于有准备的人"，这句话我们都知道。但是，这句话是错的，或者说是废话，因为机会从来不给我们时间准备。机会来之前，会打电话吗？发微信吗？发 E-mail 吗？都不会。正确的说法是："机会不属于有准备的人，机会属于一直死死抱住机会的人。"从这个意义上来讲，漫山遍野追寻兔子，还不如守在一个路口等兔子——守"点"待兔不一定就是坏事。只要你认为是对的，就坚持下去，哪怕现在还没有回报。坚持，成就了任正非，成就了刘强东，成就了无数企业家。

彩色砖头如何卖

我在前文讲到一个由新闻记者转型的老板，以小五金代工起家，后来卖砖、卖渔具那位。他钱不多，但故事特别多，这里还得说说他。"5·12"汶川大地震发生后，靠卖砖头发财的，是那些一直做砖头的人，而不是他这种看到机会临时扑过去的人。那些一直从事砖头经营的老板，砖头卖几分钱时，他们抱着砖头不放，坚持着；砖头卖一角左右时，他们抱着砖头不放，坚持着；当地震发生后，砖头卖一元甚至几元时，他们手头刚好有优质砖头，他们刚好能够快速地源源不断地生产出优质砖头来。如果硬要说"有准备的人"，人家准备了好几年甚至好几十年。上天太公平了，在哪里付出，就在哪里回报，在哪里坚持，就在哪里成功。对机会主义者，东奔西跑、浅尝辄止之流，理所当然不给予回报。

那位新闻记者转型的老板，第一批砖头做出来卖不掉，找到我，开口就说："老邱，帮我卖砖头。"我拿起砖头来轻轻一掰，断了。这能卖给谁呢？让人家拿这砖头修房子，那不是害人家吗？

可他硬要我帮着卖，苦着脸说自己亏得内裤都没的穿了。

我冥思苦想数日，终于想到了办法。早年我爱好文学，也爱好武术，有点儿武术界的人脉。我找到开武术学校的几个朋友，让他们买走了差不多7万块，一块砖8元，为老板弥补了部分损失。

他这砖头，修房子是不行的，可作为武术道具却是优质产品：一是彩色的挺好看，二是掌劈表演很方便。别人的砖头，只能横着劈。他的砖头，横着劈竖着劈斜着劈，都是没问题的。

歪脸口罩怎么戴

灾难，对绝大多数人来说是灾难，对极少数人来说则是机会。

2020年年初新冠疫情暴发，原来一角一个的口罩，一夜之间涨到几元甚至几十元一个，甚至还不一定能够买到。那时，我把用过的口罩都存起来，存得多一点就放在蒸锅里消毒后再使用。我母亲出去外面散步，捡到一个口罩，竟然当宝贝一样带回了家。

机会来了啊！很多人投资设备，做起了口罩。这些临时入场的人，赚到钱了吗？绝大多数没有赚到，赚到钱的也都是那些一直在生产口罩的人，口罩卖几分钱时，他们就在做口罩了——当然，比亚迪这种大资本有政府采购的临时入场者除外。

有一个小老板，一直没有什么资金实力。疫情来时，他看到机会了，决心赌一把，押上全部身家，买了设备，租来厂房，做起了口罩。

因为整个团队都是新手，折腾老半天才生产出第一批一次性口罩。这时，一次性口罩价格已跌到三四角一个了。货倒是发出了一大批，但退回来也是一大批。为了支持他，我也买了几千个。自从我戴上他的口罩后，我的脸就变歪了。我跑到医院去检查，医生说不是我脸歪了，是口罩的问题——多数口罩的耳带一边长一边短！

口罩能不能防病毒，我们普通人并不能识别，但耳带左右不等长，普通人是能够识别的，退货理所当然。我不好意思退货，就坚持戴。当我正在为自己每天"歪着脸"出门丢人现眼发愁时，老板又来找我了，让我帮出出主意，怎么把口罩卖出去。

卖给谁呢？本身质量有问题的就不该卖嘛。

经过好几天的思考，我找到了办法。我让他在口罩上加印一个时尚的歪着的图案，"歪 + 歪 = 正"，戴在脸上就不显得歪了。在这个办法帮助下，他卖出了一部分口罩，弥补了部分损失。

每一个人都喜欢机会，但机会不一定喜欢每一个人。识别机会，取决于阅历；把握机会，取决于耐力和能力。

风口追不上，可以等风来

雷军最著名的言论：站在风口上，猪都能够飞起来。雷军是成功者，他的猪飞起来了，到目前还在飞，所以他体会不到猪飞起来后掉下来的痛苦。毕竟猪没有翅膀啊，也没有起落架，没有轮子，飞起来了，要软着陆可是一件太难的事情。

大家都想成功，羡慕成功者，把成功者的话当作金科玉律。"风口论"出来后，多少人前仆后继，发誓要抢占风口，先飞起来再说，掉下来的事情不去思考。这么做没什么毛病，飞都没飞起来，你操心掉下来干什么呢？记得我20岁出头时，中国大地上到处是抽奖活动。有一天下午，我去抽奖时，心中无比焦虑。为什么？因为特等奖一个，是一辆长安奥拓车，我焦虑的是自己没有驾照，我的哥哥弟弟也没有驾照，万一抽到特等奖了，车怎么开回去呢？结果呢？看我如此焦虑，上天也不为难我了，尾奖都没给我一个。天下绝大多数人，都不会像我这么搞笑，他们只考虑当下，只考虑先飞起来。连雷军都没有告诉我们，飞起来之后如何着陆。

信奉风口论的人很快发现一个现实：商业风口和地理风口具有

不一样的特性。地理上的风口，位置基本不会发生变化，最多是时间发生变化，有时风大有时风小有时有风有时没风。商业风口却是游走的，今天这个领域刮台风了，明天那个领域刮飓风了，后天再一个领域刮龙卷风了，追风口的人疲于奔命，绝大多数没有捞到好处，因为等他们跑过去时，通常风都停息了，看到的不是一地鸡毛就是一地垃圾。

风口追不上，可以等风来啊！

张牙舞爪满地乱跑，又累又没风度，再肥的猪都会跑成瘦猪。坐下来，静静地思考，或者静下心来做几件重要的有意义的事情，那多优雅啊。

坐下来，泡在商业资讯的海洋里，你就能发现规律，你就能嗅到商业气流的走向，你就能够预见到未来的风口，你在那个"未来的地方"坐着，静静地思考，静静地做事，静静地准备，风来时，你就飞起来了。因为是你等来的，长时间等来的，而不是匆忙中扑过去的，你一定思考过风怎么走，思考过风要经过哪里，思考过风弱下来时，你可以抓住哪一根树枝爬下来，而不至于重重地摔下来。

等风来时，在准备飞之前需要做好五件事情：

第一，通过分析、研究、学习，提前选择一个适合自己的风口。不是所有风口都适合你，风来时，绝大多数人不过是被风刮得东倒西歪，驭风而上的佼佼者凤毛麟角。

第二，提前做一家"机会"看得上的企业。抓住机会，需要什么样的能力、资源、团队、资金，事先做好准备。如果自己不具备这些条件，就要考虑去整合这些条件。

第三，随时研判，一有苗头就应风而动，比别人快一步，成为领先者，成为规则制定者，而不要成为追随的韭菜，不要成为规则无可奈何的顺从者。

第四，同时做好飞起来和飞不起来的准备。飞得起来，要规划如何飞得高飞得远飞得久，规划如何着陆。飞不起来，要规划如何在追随中获利而不是被割韭菜；飞不起来，还可以规划如何搭上飞得起来的大猪，让大猪带你飞——先想好是抓它的腿，还是尾巴，还是耳朵。

第五，提前分析、研究自己所选定的风口的生命周期，并规划自己的战略和节奏：在萌芽期迅速行动并投资，在成长期阻击竞争对手，在成熟期割韭菜，在衰退期提前转型撤退。

在做这五件事情时，你可以准备一些工具，思考飞起来需要哪些要素。

大风起兮云飞扬，小风也能翻细浪

不可能人人都成为商业大佬，也没有必要人人都成为商业大佬——都做了英雄，谁来鼓掌呢？大风口成就的是多数人的事业——但不可能把每一个人都造就成商业大佬。小风口成就的是少数人的事业——成不了商业大佬，但能在某个领域名列前茅也很优秀了。我常常说，做不了鲜花，就做一株最优秀的小草。

小机会并不小

记得多年以前,我看到一个资料,说小国家的作家羡慕大国家的作家,因为小国人少,书卖不了多少;大国人多,书一出来就能卖很多。这让我想到商业机会,中国是一个大国,14亿人口,很多机会看起来很小,其实并不小。

有一年夏季的某一天,我去看望一位做鞋子的老客户。

我刚走进他的办公室,就看到他身着长裙,脚穿丝袜,踩着恨天高,在办公室里扭着走来走去。我当时极为尴尬,想退出却来不及了。倒是老板很淡定,让我坐下后,他说道:"我在体验客户的感受。"

老板是生产大码女鞋的,出口俄罗斯,供给高大身材的女生。厂里没有高大身材的女士充当模特,他只好自己来体验了。

我问他一年出口多少双大码鞋,俄罗斯生意好不好做。他说一年大约5万双,不好做,收款很不容易,有时客户还赖账。我说你为什么不在国内卖大码鞋呢?他说中国大码鞋市场太小。

小吗?我认为绝对不小。我对大码鞋很敏感,因为我家大儿子就穿大码鞋,46码到47码。这码可不好买啊,当年我跑遍成都各大商场都没有。有一次我到了韩国,心想韩国欧巴又帅又高,穿大码鞋子的人应该很多,可我跑了三家某天百货,售货员告诉我,在全韩国,也不一定买得到。那我家孩子穿什么鞋呢?都是找做鞋子的朋友定做。我家孩子从来不计较鞋子的款式和色彩,有的穿就高兴。这不是很优质的消费者吗?我相信,全国有很多像我儿子这样的优质大码鞋消费者。

后来我们做了一件事情，在网上打了个小广告：穿45码以上鞋子的，登记姓名、地址、电话，可免费获得指定码数的皮鞋一双。出人意料的是，半个月后，通过互联网登记的人竟然突破100万！按一个人一年一双计算，那也是100万双大码鞋啊，是老板出口俄罗斯数量的20倍！

这个案例又一次证明了：在中国这样的人口基数上，细分市场并不"细"，小众市场并不"小"，看似小的机会却很庞大。遗憾的是，这位老板后来去一个高原地带扶贫，因为高原反应加上感冒，离世了，大码鞋项目也流产了。

把小路走成大路

正如机会有大小，道路也有大小。

拥有强大资本的企业，如同大部队浩浩荡荡，他们总是走大路，因为小路容不下那么多人通过。他们也有能力打通大路，遇到困难和阻力，用钱去砸就是了。缺乏强大资本的中小企业，是不能这么干的。人们常常说抠门儿的人没格局，其实，差钱的人不是格局小，而是试错的机会少。大企业走大路，小企业走小路，就像农民种豆子，大户人家豆种多，撒在大河谷里可种满一河谷，小户人家豆种少，撒在大河谷里你老半天都找不着豆苗长在哪里。

我曾经提出一个"小路理论"，主张"把小路走成大路"。你实力强大，占据了一条八车道的大路，就可以并排跑8辆车。我实力弱，一次只能占领一条单行道，但我步步为营，占据了16条单行道，我可以同时跑16辆车，比你还多，区别就在于我不能像你那样讲排场：你是 8 辆车并排着跑，壮观，拉风，有气势；我 16 辆车是分开跑的，每一辆都有点孤单寂寞。挣钱，不一定要在乎排场大小的。

在"小路理论"实践过程中，我接手了一个案例，目前该项目正在推进过程中。这家公司是生产自动售货机的，产品技术都很先进，可惜进入赛道有些迟，但我还是毫不犹豫地投资成了该公司的小股东之一。

当时，该公司面临两个明显的困难：一是有零售从业经验，且有实力一下子买几十甚至几百几千台自动售货机的终端经营者，大多已经成为别人的稳定的终端经营者了；二是因为进入晚，一些主要的能够摆放自动售货机的场所，比如机场、车站、商场等，都已被先入者占据了。对自动售货机行业来说，最理想的经营者具备三个特征：一是有丰富的零售行业运作经验，能够搞定供应链和销售管理；二是能够一下子购买若干台自动售货机进行规模化经营；三是能够搞定摆放自动售货机的位置。这样的经营者，显然不是后来者能够招揽到的。

怎么办？实施"小路理论"。上述"最理想的经营者"是三个特征合在一者身上，属于"三车道大路"。我如果找到三条小路，每一条分别具备一个特征，是不是也能够同时开三辆车了呢？找三个特征合一者难，找具备一个特征的人却容易。

在中国，手头有一两万元闲钱的人很多，但他们不会做生意。没关系，你只需要掏一两万元买一台自动售货机就行了，别的你都不用管。这类人，我们称之为"小业主"。小业主掏了一两万元，如果经营不下去，我们还可以回收自动售货机，对亏损兜底，消除其风险顾虑。

在中国，能够搞定机场、车站、商场去摆放自动售货机的人不多，但能搞定社区、小商小店门口摆放的人很多，这类人只需要搞定位置，别的他都不用管。这类人，我们称之为"小地主"。

在中国，开小超市的人很多，他们懂零售经营，能够搞定供应链，也能管理销售运营，但没有实力扩大规模。没关系，已经有几千几万小业主掏钱把自动售货机买下了，已经有几千几万"小地主"把售货机摆放好了。你懂零售，你负责配送就行了，别的都不用管，你是不是一下子由一家或几家小超市，变成了若干自动售货机连锁经营者了？我们称这类人为"小店主"。

小业主＋小地主＋小店主＝三条小路＝同时行进 3 辆车。

目前这家公司按照我的思路，进展很顺利，正处于悄悄占领市场阶段。

不懂"小路理论"的经营者，总是把目光放在大路上，却忽视了一个常识：大路上奔跑着无数大象，你这小蚂蚁，要么被对手踩死，要么被客户忽视。

大路更易拥堵，大市场更容易泡沫化。

在我的客户中，有不少是做天然保健品加工销售的。一个做灵芝胶囊的老板送我一箱灵芝胶囊，对我说，邱老师，"您早上吃 5 粒，中午吃 5 粒，晚上吃 5 粒"。我照着吃了。一箱灵芝胶囊刚吃了一点点，一个做石斛胶囊的老板又送我一箱石斛胶囊，对我说，"邱老师，您早上吃 5 粒，中午吃 5 粒，晚上吃 5 粒"。我照着吃了。

这每天早中晚，灵芝加石斛就是各 10 粒了。不久，一个做茯苓片的老板又送我一箱茯苓片，对我说，"邱老师，您早上吃 5 片，中午吃 5 片，晚上吃 5 片"……在那几个月里，有 50 来个做天然保健品的老板送我保健品，如果我都照吃，那就是早上 250 粒（片），中午 250 粒（片），晚上 250 粒（片）了！可想而知，如果那样吃我不仅不会保健，还可能三五个月就吃死在这三个"250"上头了！

这就是拥堵，这就是泡沫！

每一个做天然保健品的老板，都和我说着几乎同样的话：中国有 14 亿人口，我占有 10%，就是 1.4 亿人，这个市场何其大啊！可他们都忽视了一个常识兼事实：吃保健品的总是那些人，目标客户是重叠的，大家如果都把这些人作为目标客户，他们就会像我一样，一天三个"250"地吃！大路好走，你若有那实力，我绝对不劝你走小路。

小路难走，但这份难，可能正适合你。

你误会了"量力而行"

讲到抓机会，我脑海中总是回荡着四个字：量力而行。

《左传·昭公十五年》载："力能则进；否则退；量力而行。"从小到大，我们对"量力而行"的理解，都是"有多大能力，办多大事情，不要冒进和莽撞"。但当今社会，是一个专业分工很细的社会，也是一个不同分工者深度合作的社会，更是一个相互借力发展的社会，"量力而行"已经被赋予了新的内容。

十多年前，我创作了两本书：一本叫《绕道而行》，另一本叫《量力而行》。《量力而行》就是阐述新时代"量力而行"的真正含义的。

核心在一个"量"字，衡量的量。

首先，力量是变化的。昨天你没有能力做大事，今天可能就有了，要勇敢地上；今天你没有能力做大事，明天可能就有了，要提前为明天作准备。我在那本书中讲到一个小故事：一头小象被拴在树桩上，它日复一日想挣脱，都没有成功，最终认命了。后来，它长大了，完全可以轻轻松松拔掉树桩了，可它想不到去拔，它对自己的力量认知还停留在幼年时期，它坚信自己拔不动。

其次，力量包括外力。你力量固然有限，做不了大事，但如果能够借助力量，你也可成就一番伟业。当年有个用日用品换飞机的经典操作，就是借力而为。

再次，力量是相对的。力量没有绝对大小，在你不擅长的领域，你可能是弱小的，而在你擅长的领域，你却可能是强大的。人生天地间，上天都赏一碗饭吃，关键在于你是否能够经营好自己那只碗。有很多人一辈子盯着别人的碗，而忽视了最适合自己的那只碗。

机会难遇，稍纵即逝。机会来了先抓住再说，不要说"我不行"，不要被传统的"量力而行"限制了自己的想象。

学习新东方翻身之术

能干什么与该干什么

俞敏洪的过人之处，不仅在于他创造了新东方，更在于他让新东方起死回生。

我并没有刻意关注新东方，但家里有孩子的人，不关注也会知道新东方，只要涉及孩子的学习辅导，就绕不开新东方。

包括新东方在内的学历教育辅导机构，是应家长和孩子的"内卷"（网络用语，竞争）而生，同时也助推了家长和孩子"内卷"升级。从当下的形势来看，"内卷"过头了，到了必须让一部分人甚至大多数人"躺平"的时候了，国家层面出手是不得已的选择。

学历教育辅导被叫停，是一件很突然的事情，连一些教育行业业内人士，都没能做好预判。几乎是一夜之间，大大小小的辅导机构陆续关停了。关于新东方的命运，绝大多数人认为没有东山再起的机会，因为新东方的核心资源就是学历教育辅导师资团队，而学历教育辅导不能做了。

表2-1 资源分析视角模型

资源分析视角	内部资源导向	外部资源导向
思考与出发点	1. 我们能干什么 2. 出发点：公司的资源和能力	1. 我们该干什么 2. 出发点：外部环境的需求
思考注意	不要让现有成功限制了动力	应当假设现在的一切资源归零该如何生存

在分析一家企业的核心资源时，通常存在两个视角：一个是"内部资源导向"，另一个是"外部资源导向"（表2-1）。认为新东方完了、给新东方命运画休止符的人，无意识中选择了内部资源导向视角。俞敏洪如果也选择这个视角，那新东方就真的被画上休止符了。

而事实大家都看到了，俞敏洪咸鱼翻身了，新东方咸鱼翻身了。

抖音上突然冒出"东方甄选",而且爆火,新东方的股价也从地板价直线上涨。

内部资源导向视角是思考"我们能干什么",出发点是"公司有什么资源和能力"。这种视角很容易让现有的成功和经验限制了创意、想象空间和动力。俞敏洪如果选择这一视角,结论就是:新东方有什么资源和能力呢?有教育辅导师资团队、经验和品牌。我们能干点儿什么呢?我们能干教育辅导。现在还能干吗?"双减"政策颁布,大势不可违,不能干了,新东方只有散伙了。

外部资源导向视角是思考"我们该干什么",出发点是"在现有公司资源基础上,公司还能够整合什么资源和能力"。新东方的教师能说会道、知识丰富,而且很多老师的长项是英语,当下正是知识分享的时代,直播分享是热门。于是新思路来了:我们该干点什么呢?该干直播分享。现在能干吗?当然能,而且我们的老师比一般的主播更具知识、口才和英语优势。于是,新东方干起了直播带货,一炮而红。

我知道俞敏洪,可他不认识我,所以我没有机会和他讨论上述分析。但我相信,他会认可上述分析的。

资源分析工具

成就卓越事业,要能识别内部资源和外部资源,同时要清醒地认识到自己与竞争对手的差距。

资源分析,当然不是散乱地、无序地或盲目地分析。

首先,要有明确的商业目的。简单地说,就是"3W2H":要做什么？在哪里做？什么时候做？怎么做？做到什么程度？

其次，要有标杆参照。找到你将进入领域的标杆企业，看看人家为什么成为标杆，并给其打分。

再次，找到自己的长板和短板，发挥长板，找人合作弥补短板。通过打分，明确自己的差距，评估缩小差距的可能性，进而寻找缩小差距的途径。我在这里提供的工具，是从品牌、技术、质量、材料保障、生产能力、市场推广能力、销售能力、成本控制能力、资金实力、税收成本、人力团队，以及政府资源等维度进行分析的（表2-2）。当然，你也可以根据企业自身和所在行业的特性，增加或减少维度。

表2-2　资源分析标杆模型

指标	衡量优劣标准	对标者评分	自己公司评分	结论
品牌				
技术				
质量				
材料保障				
生产能力				
市场推广能力				
销售能力				
成本控制能力				
资金实力				
税收成本				
人力团队				
政府资源				

只有清醒地认识到自己的资源和与竞争对手的差距,才能正确决策自己该去哪个地方等风来。

机会分析工具

资源分析的目的是为"等风来"作准备,是弄清楚自己究竟几斤几两,是一头准备飞的猪还是一只准备跳的黄毛狗。机会分析,则是为了识别"风"。如果是机会,你迎风而进,就扶摇而上了;如果是风险,你就赶快躲进屋里别出来。很多老板的遗憾,是精准地迎接了风险,成功地躲过了机会。

在这里,我提供三个机会分析工具:一个很传统的 SWOT 分析;另两个是我自己设计的,其一是企业视角缺陷机会分析,其二是消费者视角缺陷机会分析。

第一,SWOT 分析(图 2-1)。

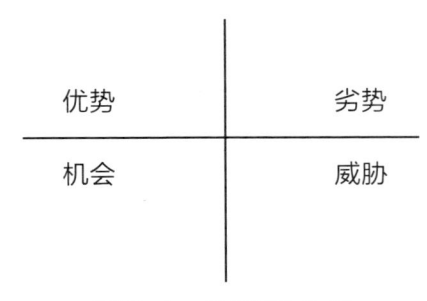

SWOT 分析法是通过评价研究对象自身的优势(Strengths)、劣势(Weaknesses)、外部竞争上的机会(Opportunities)和威胁(Threats),对其所处的情景进行全面、系统、准确的研究,从而根据研究结果制定相应的发展战略、计划以及对策等。

优势	劣势
机会	威胁

图 2-1　SWOT 分析

第二，企业视角缺陷机会分析（表2-3）。

表2-3 企业视角缺陷机会分析

标杆企业	缺陷点	是否结构性缺陷	弥补经济性	弥补可能性
结　论				

别人没有做好的地方，就是你的机会。企业视角缺陷机会分析，就是深入分析你的同行有哪些没做好，分析自己做好的可能性和经济性。这一工具本身很简单，难就难在分析的深入程度。在分析对象选择上，当然选择行业内标杆企业。在分析了对方的缺陷以及自己做好的可能性和经济性之后，还要分析标杆企业自己能否弥补。如果其无法弥补——这是结构性缺陷，就是一个非常好的机会；如果其能够弥补——这是非结构性缺陷，就可能只是一般的机会。比

如，施乐复印机如日中天时，它定位的目标客户是有钱的企业即大企业，佳能发现了施乐的缺陷，即没有服务到中小企业。如果施乐发现这一不足，转头也对中小企业提供服务呢？但它不可能丢掉大企业，绝对不会这么干。于是，佳能针对中小企业开发复印机，并一举成功。放在中国传统智慧中，这叫以其矛攻其盾，对方防也不是，不防也不是。

第三，消费者视角缺陷机会分析（表2-4）。

表2-4　消费者视角缺陷机会分析

消费者群体细分	缺陷点	群体量估算	弥补经济性	弥补可能性
结　　论				

消费者不满意的地方，也是机会。消费者视角缺陷机会分析，就是收集研究消费者意见，论证满足这些意见的经济性和可能性。这里有一个非常关键之处，那就是提意见的群体有多大，就决定市场容量有多大。

钱不等于资本

事业离不开资本，机会离不开钱。

能否把握机会，能否把事业做大，和对钱的认知有很大的关系。

钱等于资本吗？不等于。钱是用来花的，而资本是用来赚钱的。平庸者总是在为钱找出路——把它花掉；卓越者总是在为资本找机会——让资本流动并增殖。

一个没有理财和投资能力的人，即使中了巨额彩票，他的富有也只能是昙花一现，转眼必然返贫——比返贫更可怕的是，他已经过不惯穷日子了。一个没有经营管理能力的富二代，哪怕从父辈手中接下商业帝国，也必然在短时间内败个精光。在这两种人的意识中，只有钱，没有资本。

美国有一家叫作西尔斯的百货公司，虽然在几年前走到了尽头，倒闭了，但它曾经是美国最大的百货公司。这家公司的创始人名叫西尔斯，是一个身无分文的穷小孩儿。

那是个炎热的午后，已经快两天没有吃饭的小西尔斯拖着极度疲惫的身子，耷拉着脑袋，行走在纽约的街头。他一边走，一边扫视着路面，期望找到一点可以果腹的东西。

忽然，路边一只已经发臭的死老鼠映入了西尔斯的眼帘，他如同看到了金币，黯淡的双目放出锐利的光芒。他蹲下去，仔细看了看老鼠，虽然很臭，但整体还是完好的，尤其是没有外伤。他拈着鼠尾，把它提起来，来到一个垃圾堆旁，找到一张相对干净和完整的废报纸，把老鼠裹起来。

他要吃掉它吗？

当然不是。

他来到一个售卖老鼠药的摊前，打起精神，高声问道：老板，你的老鼠药效果怎么样啊？

棒得很呢！无论多少岁数的老鼠，一碰到我的鼠药，马上就得一命呜呼重新投胎去！老板说。

你怎么证明你说的不是假话呢？小西尔斯问。

证明……这能证明吗？臭小子，快滚！别找事儿！老板答不上来，假装生气要轰人。

老板，我是为你着想呢！你看看，我这样质疑，那别人也会这样质疑啊！你要用成功案例，来证明你的药有效果！

可是……我哪来的成功案例啊？

我如果给你一个案例，你是否愿意给我钱呢？不多，5美分就够了！西尔斯眼中充满自信地说。

当然可以啊！你拿出来，一言为定！

西尔斯把报纸摊开：这就是成功案例！你把它烤干，它就不臭了，然后你把它挂在摊位上，来来往往的人都看见你的药毒死了老鼠，不用你吆喝，他们就主动买鼠药了！这只老鼠没有外伤，它只能是死于毒药，而不是死于捕鼠夹。

老板一想，这小子说的还真有道理，于是给了西尔斯5美分。

5美分！这是钱吗？当然是，它可以让人在当时的纽约饱餐一顿。但在西尔斯心中，它不是钱，是资本。他来到超市，把5美分换成一大块红糖。然后，他向邻居借了一只木桶，借了两只碗。再后，他到井里打了一桶水，把红糖化在水里，制成一桶红糖水。那时的纽约生态环境好，地下水是可以直接喝的。这时，正是午后，太阳最烈的时候。纽约郊外打草的工人，嗓子里都快冒火了。西尔斯把红糖水提到草场，1美分一碗，转眼就卖光了，一共收获15美分。

15美分！这是钱吗？不是。它是资本。西尔斯强忍着饥饿，拿着这笔钱，到杂货店买了一堆东西，摆在闹市街头出售。

这，就是西尔斯百货的第一天。靠着一只死老鼠，靠着"钱是资本"的理念，西尔斯造就了美国曾经首屈一指的百货王国。

第三章　创新力
——绝对差异化才叫创新

刘强东、马化腾、雷军……都只有一个

当今时代，是商业群星灿烂的时代，诞生了刘强东、马化腾、雷军等一众商业巨星。我们稍微注意一下就会发现，这些行业巨星，都只有一个——每个人在自己所在的领域，都是王者，王者身边寸草不生。淘宝的成功，让无数小商家关门；QQ 的成功，让无数即时通信软件失去了用户；微信的成功，更是让十几亿人改变了生活方式并且统一成了一种方式；小米的成功，让纷纷扰扰的中端手机退出历史舞台。耕耘在一个没有王者的领域，每个人都可以有一个王者梦；耕耘在一个有王者的领域，每个人都只能缴械投降——不是你不厉害，而是王者太厉害。

不努力，不可能成功。

努力，可以比一般人成功一点点。

但要成就王者，必须走与众不同的路，必须绝对差异化。差异化来自创新，创新又取决于差异化。绝大多数人，一生能够随大溜，能够跟上时代的节奏，能够成为时代洪流中的"一员"，就十分不错了。但王者，遇石绕行，逢土掘道，是引领潮流的人，是独一无二

的人。复制别人，最多是跟上别人。绝对差异化的王者，不复制别人，别人也无法复制他。就拿网上购物来说，淘宝和京东都是购物平台，但即使普通消费者也知道两个平台绝对不一样，买东西时该上淘宝还是上京东，消费者心里一清二楚。

差异化的程度，决定了创新的深度，决定了成功的宽度。

20世纪90年代，随着民营经济的发展，纳税筹划开始在我国受到推崇，该筹划也称税务筹划。几十年来，大量的专家学者在这个领域精耕细作，出版了大量关于如何合法降低税收负担的图书，各大院校也开设了相关专业，批量培养纳税筹划专家。深度分析一下专家学者们的图书、论文，以及大学的教学内容，会发现纳税筹划的底层逻辑是：研究税收法规，找到对企业有利的条文，甚至找到对企业有利的空白或漏洞，然后在财税核算工作中加以利用，以达到合法降税的目的。基于这一底层逻辑，国家每出台一部法规，专家们就蜂拥而上，争先恐后解读，人多嘴杂，千人千个结论，歪理杂论层出不穷，一部好好的法规，往往被过度解读得面目全非。由于问题过于突出，国家税务总局出手干预，于2022年4月18日发布了《关于规范涉税中介服务行为 促进涉税中介行业健康发展的通知》，才堵住一帮歪曲解读税收法规的所谓专家的嘴。

如此庞大的纳税筹划队伍，要国家出手才能压制下去，他们究竟为民营企业带来了什么帮助呢？相当多的所谓专家，就是打着纳税筹划的幌子，干着指导企业偷逃税的勾当。那些没有请他们服务的民营企业，是不是就用上了这些专家的研究成果了呢？没有。绝大多数民营企业，还是通过"内外两本账""虚开发票"等非法手段在降低税收负担。

问题出在哪里？

出在底层逻辑就不对。无论你如何研究税收法规，法规的基本精神是不能违背的，如果要找空白和漏洞，就更是死路一条。你在找空白和漏洞，税务部门在填空白和堵漏洞。你发现一个漏洞，刚刚兴奋地钻进去，税务部门把洞给堵上了，你在哪里？闷死在洞里。再说财税核算，无论你如何玩花样，会计基本准则都是不能违背的，违背了就是违法。而且，在纳税层面，当会计制度和税收法规不一致时，是必须根据税法进行调整的，所以做假账也是行不通的。

一波又一波专家在这个底层逻辑中绕不出来，虽然也诞生了一些极为优秀的专家，但始终没有一个绝对差异化的颠覆性的创新，来让企业彻底抛弃"内外两本账""虚开发票"等非法降税行为。直到某一天，我在都江堰水利工程旁边找到灵感。其他专家是通过研究税收法规，研究做账方法来降低企业税收负担，唯独我是基于都江堰治水原理来帮企业降低负担。税收法规非常多，做账方法也层出不穷，而都江堰水利工程却只有一个。

都江堰水利工程包括三部分：鱼嘴分江治水，飞沙堰调节高低水位，宝瓶口改变水的流向和流量。这和企业顶层设计有异曲同工之妙——企业通过合理布局生产资源和生产能力，从而将收入和税收放在不同的主体中。这一企业顶层设计，又恰好带来了合法节税的效果：

——鱼嘴分江，把岷江一分为二，化整为零。我们如果把企业化整为零，就能够享受到小规模纳税人增值税率低的好处，能够享受到小型微利企业所得税的优惠。

——飞沙堰调节高低水位。不同行业、不同企业,税收负担是不一样的。当我们化整为零,形成多个行业、多家企业或多个业务板块,它们之间税收负担不一样时,我们自然而然想到了把产能从高税负的行业、企业或板块转移到低税负的行业、企业或板块,从而实现合法少缴税。

——宝瓶口改变水的流向和流量。因为有了宝瓶口,原来的洪水猛兽乖乖地进入大大小小的水渠发挥灌溉和饮用功能,并且,各个水渠多大流量,都是根据人们的需求来限定的。企业的商品或服务,如何进入市场销售,如何送到客户手中,也是需要引流的,并且需要设定流量的。以不同的方式送到客户手中,税收不一样。比如,直销和经销、经销和代销,税收都不一样。再看限定流量,比如一般纳税人企业卖出商品,要按13%缴纳增值税,而小规模纳税人企业卖出商品,只需要按3%缴纳增值税,税收负担差距非常明显。

我这套方法,就是已经广泛流行的"节税工程"。现在,我将它改称为"财税顶层设计"了。

纳税筹划是研究税收法规和做账方法,"节税工程"是研究"治"税原理;纳税筹划是从微观执行层面着手,"节税工程"是从顶层设计出发。方向一致,都是降税,道路却完全不同,这就是绝对的差异化,从底层逻辑层上就实现了绝对创新、绝对差异化。不管税务领域的专家们承不承认,"节税工程"的"分""调""截"已经深入很多从事财税工作的人员心中。

有人说，创新有偶然性。竖切苹果看到了虫眼，横切苹果看到了星星——横切是偶然为之。又有人说，创新需要天赋。苹果砸中牛顿，诞生了万有引力；砸中农夫，苹果被咬了一口。因为偶然，因为天赋，创新就没有办法培养了吗？

当然不是。当你找到规律后，偶然就能成为必然，普通人也可以实现天才般的绝对差异化创新：一是识别和找到赛道；二是掌握一系列方法，一个一个方法去尝试。

有很多企业人士出去听课，比如听商业模式的课，总感觉老师讲得很好，老师像天才一样，老师讲述的一个个案例，就如同神话一般。但听完后，他们又发现"神话"在自己的"凡间企业"中根本不适用。之所以这样，是因为老师只讲了案例，案例其实只是结果，老师并没有教会你方法论，更没有教会你如何从方法论实现结果，至于底层逻辑，老师更没有给你交代清楚。

赛道：率先占领单行道

平庸者，只能遵循市场规则；强大者，才有资格制定市场规则。

有一种道，叫单行道。如果我的方向对了，别人就都错了——别人相向而来就是违规，逆我者只能给我让道；如果我在前面，后面的车很难超车，随我者只能按我的节奏前进。天赋路权——人一出生，就有资格在地上走，可如今，你却不能乱走。谁走对，谁走错，在于规则是怎么制定的，尤其是规则是谁制定的。而制定规则，靠的是实力，而不是道理。

在市场中，有一种赛道，我们也可以称之为单行道。细分市场的王者，占据了这条赛道后，官方的标准文件都将由该企业来起草，其他同行只能乖乖地遵照执行。如果王者有杀伐之心，其他同行绝无反抗的机会和生存的可能。王者在这个细分市场耕耘日久，其他同行要么死掉，要么成为王者的附庸。

要成为霸占单行道的王者，我认为，需要三个步骤：

第一步，创造全新的机会。

在机会面前，有三重境界：最底层的境界是看不懂机会，更不会利用机会；中间层的境界是看得懂机会，也会利用机会；最高境界是创造别人没有的全新机会，并率先在别人还没弄明白之前，利用这一机会创造超常规利润。

第二步，非常规手段快速壮大实力。

资本的嗅觉非常敏锐，一个机会带来丰厚的利润，立即就有资本如狼似虎一拥而上。就算你在单行道，不能逆向不能超车，但人家可以从后面把你顶翻、推开。要在赛道上保持领先，必须有阻止后来者顶翻你顶开你的实力，要提前囤积足够多的"弹药"。古往今来，我们看到无数"先驱"，他们创造了机会，却没有迅速商业化，让后来者抢占了市场。谁最先发明了电话？是亚历山大·格雷厄姆·贝尔，1876年3月10日发明的，这是改变人类生活的创举，但他并没有在这一发明上实现多大的商业价值。倒下的先驱，最终沦为商业成功者的垫脚石。

就商业而言，最重要的实力是资本。在商业领域，钱几乎可以买到一切，包括人——虽然不一定能够买到人心。囤积弹药，最直接的表现就是迅速壮大资本，你有钱了，谁想争夺你的机会，你一个简单操作就行了：拿钱砸死他！

如何非常规囤积资本？

一是高额利润积累。在别人还毫无知觉的时候，你已经把机会商业化了，星辰大海都只属于你，你完全可以1元的成本，10001元的售价，而消费者还没有讨价还价的资格。这个阶段，是你积累利润迅速增强实力的时候，赚钱要狠心，稍微心软一点，都是对机会对钱的不尊重。你赚到这么多钱，就有资格拿钱砸人了。当别人弄懂你的第一代产品时，你已经开发出第二、第三代产品，你将第一代产品售价从10001元直接降到0.1元，所有盛装进入者都亏得裸奔退场，你的周围山清水秀，竞争者举目四顾皆是过火林。

二是创业机会分享。投入1元，赚回1万元，这样的机会谁看到都流口水。你可以将这一机会进行天价估值，然后天价股权转让，把创业机会分享给别人。因为天价，别人掏一个"小目标"，可能只占到你0.01%的股份，你出让33%的股份，就是3300个"小目标"到账，而公司你还绝对说了算。你可以拿这些钱去砸死竞争者，也可以用它来支撑你把第一代产品售价从10001元降到0.1元。这一阶段，是千载难逢的股份天价估值的机会，机不可失，时不再来，但凡你估值时有一点点慈悲之心，都是对上天的不敬。

三是利用好分包机会。股权融资收割完一波财主，再利用分包机会收割一波财主，这也是重要的机会融资手段。乔布斯不差钱，但他要把钱用在刀刃上，用在手机功能开发上。不差钱的乔布斯想到了不差价的郭台铭。

老郭，我有一个机会。老乔说。

说说看。老郭说。

我的苹果手机一年卖上亿台，我把这个加工机会给你。老乔说。

老郭相信老乔，也深知这是罕见的赚钱机会。于是，老郭捧着钱，修厂房、招员工，热火朝天地给老乔加工手机。老乔一分钱没出，只是给了一个机会出去，就间接拥有了资产若干万亿的加工基地，解决了最占用资金的加工问题。这一记上勾拳，直接把那些自己投钱开工厂埋头生产手机的老板打晕了。

不要想到什么都自己做，不要想把整个产业链的钱都赚完，有钱大家赚，才是最好的生态环境。任正非说得好，我们做得出来，也还是要买人家的，让人家有钱赚，让人家一同活下去。但凡想吃独食的人，都死得快。

第三步，迅速制定市场规则。

壮大了实力，用钱砸晕了抢饭碗的人。死了的直接出局，没死的，要么逃得远远的，从此不敢惹你，要么纷纷投降，加入你。在商业上不要追求赶尽杀绝，你越想赶尽杀绝，争夺者越是离离原上草，野火烧不尽，春风吹又生。商业上讲究的是降服，把一众对手收为你的喽啰。

上述三个步骤中，第一步是基础，也是前提。第一步不成功，焉有第二、第三步？有些讲商业课程的老师，讲得天花乱坠，可他就没有教会你上述第一步。没有第一步的成功，你最多做做白日梦。请大家继续往下读，我会教大家方法。

方法：做生意就像谈恋爱

恋爱无师自通。绝大多数人，成年就会谈恋爱，会追求异性，可能会有些"套路"，但绝没有什么"恋爱秘诀"。

但是，绝大多数人，却不是长大就会做生意。那些坐在茶馆、咖啡馆里，高谈阔论讲生意经的人，很多并不是真正做生意的人——真正做生意的人，只做不说，正如真正的情场高手，都是只做不说。我混过文学圈子，现在又混商业圈子，发现了一个现象：作家们在一起，几乎不谈文学，他们有时谈女人，但最多的时候还是谈如何做生意搞钱——他们谈得头头是道，但没几个人真正行动，真正行动的人也基本以血亏收场；而生意人在一起，却很少谈做生意搞钱，更多的时候他们像作家一样谈女人，谈累了也会谈谈他们自认为的文学。

其实，做生意，和谈恋爱几乎一模一样。

谈恋爱的 10 个模块

我们以男生为例。把一场恋爱拆解开来，有十个模块。

1. 恋爱对象

谈恋爱，得有一个目标对象，即中意的姑娘。小伙子们上大学第一天，一进教室，就盯上了班上最漂亮的班花。

男生们的眼光很犀利也很雷同，几乎每一个大学新生班上，第一天第一堂课的前 5 分钟，男生们就能达成共识，评出班上的"五朵金花"。

班花是最难追的，因为追的人多，而且都比较优秀，她不知道该和谁好。相比之下，第二朵最好追，因为第二朵不服气啊：我就差一点点，凭什么你们都去追她不追我。后面三朵，相比于第二朵，还要难追一些，为了提升自身价格，她们会故作矜持一些。很多男生恋爱失败，无非是选错了目标，非班花不追，扎身红海领域不出来，活该！

2. 情书

第二个模块是情书。在情书中，要充分表达自己的爱慕之心，情书能否打动人，决定了爱情的成败。现在的年轻人，很少有写情书的了，快餐式爱情面前，表白都变得相当简短快捷。当下社会，交友软件勾搭软件都很多，一个问"约吗"，一人答"约"，一场"恋爱"就开始了。

但我们这里还是要讲情书，显得正式一点、有仪式感一点。我大学时就开始创业，第一个项目是什么？代写情书。我们财会班上漂亮女生多啊，别的理工科班上帅男多，这些帅男要追我们班的女生，找我写情书是最佳选择，一来因为我文笔好，二来因为我了解我们班上的女生。刚开始，我是免费写，后来发现托我写的人很多，我就开始收费了，1元一封。后来，订单实在太多了，我就偷工减料了，很多情书前面和后面不一样，中间都是一样的——情话嘛，古往今来，不都是那些句子吗？结果出事了，班花有一天收到八封情书，中间都是一样的。当得知是我代写的，班花拿着扫帚满校园追着我打。当年我代写情书，成就了18对，2000年组织同学会，分了17对！我祈祷最后一对千万别分开，给我保留一点创业成果，可是，2010年他们还是离了。

3. 传递情书的渠道

大诗人木心说得好：从前慢，一生只爱一个人。以前确实慢，恋爱颇费周折。明明是同桌，偷偷写封情书，却要跑到很远的邮局，浪费4分钱邮票——后来涨到8分——邮寄，信封收件人有地址，寄件人写个"内详"。稍微省钱的方式，是在图书馆借一本书，把情书夹在书中——为了防范掉出来，用胶水把信纸角粘在书页上——然后找到姑娘，硬说书好看，硬塞给人家。当然，找人转交情书，也是那个时代的常用方式。胆子大一点的，就自己直接把情书交到姑娘手中——这类胆大小伙，情书都写得欠文采甚至也比较短，有的只能算纸条。鲁莽一点的小伙子，写好情书，折成纸飞机，放飞过去。当然，飞机常常不受控制，着陆点没选好，错误地落到别的女生桌上了，竟然错误地成就了正确的姻缘，双双修成正果。

时代不一样了，现在年轻人恋爱，都省掉"中间商"了，连纸条可能都不写了，直接口头表达——空气是他们唯一的渠道。

下面的内容，都是情书所表达的，也是恋爱过程中，姑娘要验证的。

4. 我的价值

人家姑娘也是有选择的，不会因你爱她，她就会爱你。要打动姑娘，必须把你的优点展示出来，即你得有价值。作为男生，最重要的价值，就是赚钱养家。你要肯定地告诉她：我很能赚钱，你只管花就是了。爱情是精神层面上的，但我们都是唯物主义者，没有物质基础，哪来精神层面的持久温馨？情侣可以常常去吹吹风，却不能常常喝西北风。

5. 我的能力

一个人的价值大小，是由能力大小决定的。你说你能赚钱养家，总得有凭据。比如，你有一门好手艺，可以赚钱，或者你有一份好工作，可以赚钱。爱情不是吹的，姑娘不是骗的，有真本事的人，总能在求偶竞赛中胜出。我的手机中有一张朋友发的聚会照片。照片上有一对夫妻，男的我早就认识，他那长相，不拿丑字描绘实在对不起我作为作家的职业良知，但他的老婆让我惊讶——太漂亮了！我想了想，就想通了。这个男的，赚钱能力颇强，如果不是因为他比我年轻10多岁的话，他赚钱的能力一定不亚于我。

6. 你的收获

漂亮姑娘总是面临多种选择。要让姑娘选择你，你得让她明白选择你的好处在哪里，也就是嫁给你有什么回报。彩礼之类就不说了，你得描绘一下她嫁给你之后的美好生活：你赚到足够的钱，买上大房子，买上好车子，两个人快乐幸福地生活，生一堆孩子，天天送她"四朵花"——有钱花、随便花、开心花、不停花。

爱情中的姑娘是不理智的、好糊弄的。但在决定是否爱你时，她是理智的、不好糊弄的。聪明的姑娘大都比较看重未来的安全，除非你遇到的是只想和你玩玩的坏姑娘。我这大半生最大的遗憾就是没有遇到坏姑娘。

7. 我的家庭条件

家庭条件在爱情中的加分作用是显而易见的，富二代男生可能美女排队，穷二代男生可能一辈子都无女人光顾，只好相亲时在姑娘门口排队。在很多时候，就算男生自身条件不怎么样，但家庭条件好，在爱情竞争中胜出的概率也相当大。

8. 我和你如何相处

在快要进入爱情的实质阶段时，探讨恋爱及婚姻中如何相处，常常是姑娘们主动挑起的话题。自古以来，男人注重到手——追到手，女人注重长久——天长地久。男人可能压根儿不会考虑相处问题，女人却担心相处不好。作为有担当的男人，要清晰地向对方表达相处模式，这种模式很统一：男主外，女主内，男人拼幸福，女人享幸福。至于最后是不是这么回事，过来的女人都懂，反正当初是信了。

9. 家庭收支管理

进入实质性恋爱阶段，临到谈婚论嫁时，财政大权的归属大概率会成为一个重要议题。男人是狡猾的，他们知道挣钱不多，入不敷出，统筹家庭生活是一件难事，于是主动说："我把工资卡交给你。"看似老实，实则在给女人出难题。工资卡都交给你了，吃喝拉撒你就得给我管了。君不见，交工资卡的男人，都是不怎么会挣钱的男人；君不见，不交工资卡的男人，才是挣钱的高人。更可恶的是，交了工资卡的男人，通常又都成了藏私房钱的高人。女人表面上有财政大权，实际上责任远大于权利，她们是不会藏私房钱的，再说也没钱可藏——即使藏，那也是为了备家里不时之需。男人不一样，男人藏私房钱，都是起了打猫儿心肠，想干点儿自己的个人爱好，甚至是见不得人的个人爱好。为什么男老板比女老板多？因为男人创业有一个潜意识的目的：当老板，想财务自由——方便存私房钱。至少我创业就有这个目的，早年打工，老婆把钱管完了，出去打个麻将都得申请活动资金。后来一想，如果当个老板，收入路径开支路径都复杂了，老婆想管也管不住了。老板是当上了，可我还是存不住私房钱，好不容易在家里藏了点钱，有一次出差，早上接到老婆电话："老邱，昨晚家里好像进小偷了，满地都是脚板印！"我赶紧对她说："你帮我看看，马桶后面那个盒子里的钱还在不在？"后来，我想到一个办法，家里书多，我把钱夹在书里。道高一尺魔高一丈啊，老婆有一天说，家里书太多了，要卖掉一些。我赶紧说，别动，我来一本一本清理一下。结果，当着老婆的面，我把书中夹的钱一张一张翻出来。

10. 家庭外部关系维护

如果都讨论到家庭外部关系维护了，那两个人的夫妻关系已经铁板钉钉了。过日子除了自家的柴米油盐，还有额外的开支：人际交往支出、红白喜事随礼、逢年过节发红包、孝敬父母、帮衬兄弟姐妹等。夫妻结合，是两个家庭的结合，是两个社会圈层的结合，可别小看了这外部关系的维护。不花钱，外面的路不好走；花钱多了，家里的路不好走。而且，夫妻两边还得一碗水端平，端不平家里就摆不平，鸡飞狗跳没好日子过。

上面我把婚恋做了十个模块的分析，对照企业做生意来看，也可以分为十个模块。

做生意的 10 个模块

1. 目标客户——恋爱对象

找错目标对象，是一件很糟糕的事情。

一种情况是一开始就找错了，你看上了班花，可班花根本瞧不上你。我早年认识两三个小兄弟，做软件的，一心想给大企业做 ERP，成天混迹于各大商会，去认识大老板。大老板是认识了不少，可一个也没有搞定。国内外做 ERP 的大公司多了去，都是高富帅级别的，你们几个小年轻，一没经验，二没成功案例，人家怎么可能放心与你合作啊？要知道，ERP 关乎企业正常运转，关乎企业数据安全。后来我说你们别去混商会了，就在你们周围去开发小企业客户，虽然每个订单收入不高，但总比没有强。他们听了我建议，几年中慢慢成长起来了，当他们成长起来后，也逐渐拿到了大企业的订单。

另一种情况是一开始合作挺好，两情相悦，彼此般配。记得我初中时，班上有一个姑娘长得非常漂亮，像某位早期香港演员，那是全校男生——当然包括我——的梦中情人。可到了高中，这姑娘没有纵向发展，而是横向发展了，又矮又胖，连脸蛋也横向了，心仪过她的男生都不再提她了。做企业也是这样，你如果不能和客户一起成长，你早晚会被客户抛弃。

2020 年年初，疫情最紧张的时候，一天早上，我接到一个电话，电话那头一个人说：

"喂，邱老师，您还在吗？"

我说我在啊，我接电话就表示我还在嘛。

你猜对方怎么说？

"邱老师，疫情这么严重，我还以为您不在了。"

一听这话，就知道这人情商不怎么样。

这个人姓景，2017 年听了我的一个前端课程后，执意购买我一项 29.8 万元的微咨询服务。他来找我时，还带上了自家的财务报表，指着报表对我说：邱老师，我公司今年收入就 30 万元，但您是我的偶像，我要购买 29.8 万元的服务。我当时就愣了，这给我多大的压力啊，收入 30 万元，利润才几个钱，竟然要购买 29.8 万元的服务。我当场就拒绝他了：你这属于冲动消费，而且，你年收入 30 万元，不需要税收优化啊！财务上也很简单，不需要我。

景老板说，他以前也风光了一阵子，年收入有 3000 多万元，后来一路下滑，现在只有 30 来万元了，工厂也变成了小作坊，员工也只有他和妹妹两个了。他找我，不是想请我帮他打理财务，也不是要我帮他合法节税，而想让我帮他把业务做大一点。

实在推脱不了，最后我还是接下了。我很快找到了他业务下滑的原因。他是生产灯具声控开关的，我在与他之前的客户交流中了解到，他的技术太落后了，至少落后了三代，他的客户快速成长后，再也用不上他这落后的技术了。这不就像两个青梅竹马的恋人，一个越长越标致，一个越长越残吗？

摆在景老板面前的就两条路：一是技术升级换代，跟上客户的成长节奏；二是把客户换掉，你和白富美没法门当户对，就不要一棵树上吊死了，转头去找个普通人家的姑娘也可以幸福地生活嘛。第一条路行不通，因为他没钱没人，要能升级换代，早就升级换代了。第二条路换客户，换成谁呢？就在我思考和寻找灵感期间，有一天，我家刚刚会爬的小孩子在家里玩玩具，他用手一拍，那个玩具就可以自己动起来。我拿来一研究，发现玩具也能用到声控开关。我立即找到一家玩具厂的技术人员，让他分析一下景老板的声控技术是否可以用到玩具上。结果令人喜出望外，景老板的声控技术在灯具行业远远落后，在玩具行业却遥遥领先！当即，我就给景老板对接了两家玩具企业。

2020年，景老板打电话问我还在不在时，他的年收入又回到了3000多万元！

你的价值，得由客户来证明。在一米八的姑娘面前，你可能就是一株狗尾巴草；在一米五的姑娘面前，你可能就是一棵红高粱！你的蓝海，可能正是别人的红海；别人的红海，也可能正是你的蓝海。

2. 价值陈述——情书

找对目标客户的前提，是明白客户需要什么，你能够提供什么。这两个问题的答案是同一个：为客户提供的价值。如同恋爱中，你要向对方陈述你为什么值得对方爱的优点。

在客户价值方面，切忌面面俱到。酸甜苦辣咸，不可能五味全满足，你解决一味就行了。我自恃知识面特宽，早年和目标客户交流时，说自己人力资源、财税、品牌、营销、企业文化无一不精，结果不仅没拿到订单，还把人家吓跑了。社会分工越来越精细，知识的海洋越来越浩瀚，人的精力是有限的，聚焦才可能专业，万金油是治不了病的。

除了聚焦，还要发挥长板。

我们以前讲短板理论，一个木桶能装多少水，是由最短那一块木板决定的。于是，我们拼命补短板。人各有长，人各有短，有擅长的有不擅长的，世间最难的就是补短板，同样1万元投放在长板上面，可能大放异彩，投放在短板上面，可能补不出一分一毫的成效。高中时，我是学校文科第一名。可文科也学数学，高考时，语文、英语、历史、地理、政治我都名列前茅，可数学呢，120分的总分，班上最高分115分，我才得了56分！虽然我总分还是第一名，可这一科的差距就需要好几科来弥补。大家可能认为我在数学上花的时间太少了，其实不是，我99%的时间都花在数学上。99%的时间，只换来数学56分，而1%的时间，却换来了其他五门课的名列前茅。人有基因，企业也有基因，企业补短板也是卖力不讨好的事情。

当今世界，是一个合作的世界，不怕你有短板，就怕你没长板。当你的长板有足够的吸引力时，自然有人来补你的短板。以前是单打独斗，你必须全部用自己的木板箍一个桶。现在呢？你出一块长板，张三出一块长板，李四出一块长板……若干人拿出自己的长板，就可以箍一个很高很大的桶，大家一起用。

在根据都江堰治水原理创造出"财税顶层设计"后，我创立了管理咨询公司，专注于为企业提供财务服务。头一两年，我学其他财税公司在各地开分子公司，组建庞大的业务团队拓客，结果不仅亏了大笔钱，几乎没有业绩，还耗费了我大量的精力。我不得不停下来思考，我该做什么、不该做什么。我该做自己擅长的，我擅长什么？我最擅长的是管理系统的创新和落地，我出版了几十本书，这些内容都是创新的源泉，公司的业务团队都是脚踏实地做得多说得少的专业人员。我不该做不擅长的，业务团队不擅长营销，我也不擅长带庞大的营销团队。思考成熟后，我关掉了分子公司，解散了业务团队，集中精力做好产品开发与落地。这样沉淀了一段时间后，开始有客户慕名而来，开始有一流的培训平台主动前来寻求合作，公司很快走上了正轨。

写情书，突出自己的优点，不提缺点，每个人都会。做企业，发挥长板，规避短板，却不是每个老板都会的。

3.销售通路——传递情书的渠道

有了目标客户，有了价值陈述，接下来就是找到一个通路，让目标客户知道你所陈述的价值。历史上有"坐商"和"行商"，坐商是坐在商铺里，等客人来。行商是带着商品走乡串镇叫卖。后来，有了订货会、展销会，把商品陈列出来，搞一个集体活动，吸引中外客户来看样订货。从订货会、展销会延伸出来的，是会议营销，把目标客户集中到会议室，向他们陈述。再后来，出现了电话营销，一通一通电话打到目标客户那里去，也出现了邮寄手册的营销方式，邮一份商品手册给你，你动心了就订货。随着互联网兴起，网上销售平台凭借传播速度快、传播范围广、传播成本低的优势，横扫大江南北，打得传统通路抬不起头来。

通路没有优劣，关键在于是否适合你的企业。互联网兴起时，几乎每家企业都搞个网站，要开始互联网营销了，但有几家企业营销搞起来了呢？直播兴起时，不少企业投身于直播中，但真正在直播中赚到钱的还是少数。潮流当然好，但要站在潮头才能捞到最大的好处；主流当然好，但要成为主要的成员，才能分得最大的蛋糕。

我的管理咨询公司在销售通路上面也作过诸多尝试，最后确定的主要通路首先是与第一流的培训公司合作，在培训公司的平台上去陈述我们服务的价值。其次是以图书为媒介，让企业管理人员在阅读中认可我们，进而主动找到我们。

4. 满足客户需求——我的价值

"情书"陈述价值，在"情书"中，我们要聚焦，要强调长板、规避短板。那么，我们该陈述怎样的价值呢？

答案是：满足客户的需求。

满足客户的需求，有非常关键的两点：一是找到相匹配的客户，二是找准客户的需求，对症下药。你的价值，不一定是客户需要的；客户需要的价值，你不一定具备。价值只有转化为价格，转化为回款，才有意义。

找到相匹配的客户，不要对牛弹琴。不是所有企业或所有人都能够成为你的客户。你把黄金卖给猴子和把香蕉卖给猴子，结果肯定不一样，因为猴子不识货，不知道黄金可以换很多香蕉。对一个不认可你又顽固不化的人进行营销，简直就是对牛弹琴。在我的工作中，常常碰到非常自信且顽固的人，他们总是说："大家都在偷税漏税，我怕什么？我何苦要花这个钱请你！"大家都在偷税漏税，不表明偷税漏税就是合法的。这种人要是哪天被抓进监狱里了，一点都不让人意外。曾经有一个老板，声称自己一分钱税也没有交，让我给他做规范，但还是一分钱税不交，就证明我有本事。我当即告诉他,不用证明了,我没有本事。我只能让企业在合法范围内依法优化税负,怎么可能让企业一分钱税不交呢?

找准客户的需求,就是找准客户的痛点。有些痛点,客户自己很清楚,比如,他隐瞒了收入没有全额报税,他有白条入成本费用等。有些痛点,客户自己并不清楚,比如以前年度暂估费用但发票没回来,成本费用存在浪费,转让股权没有照章纳税等。作为专业人员,我们通过诊断分析,让客户清楚地知道痛点在哪里,然后给他开出"药方"。

在满足客户需求方面,我有三点忠告:

一是前面提到的不要对牛弹琴。对牛弹琴,愚蠢的不是牛——人家本就听不懂,愚蠢的是弹琴人——你连对方是一头牛都不知道,还弹得那么投入。

二是千万别不懂装懂。客户大都见多识广,你有几斤几两,一开口人家就知道了。擅长的当仁不让,不擅长的诚恳承认,人无完人,客户并不要求你面面俱到,他吃饭知道去饭店,买衣服知道去服装店,你不要把自己搞得又卖饭又卖衣服。有一年,我碰到一个年轻人,穿着唐装,摇把折扇,旁边的人介绍他是一位国学大师。看那派头和气质,倒真有几分令人敬畏。但和他交流后,我发现他引用孔子的话时错误百出。多年后,我又碰到他了,这时已经没有唐装和折扇了,一身类似睡衣的打扮,问其原因,他说:装不下去了,太累了!

不必假装全能。你以为你是一站式购物,把自己装得无所不能,能够满足客户所有需求,这恰好让客户害怕:样样会,样样不精。

你说自己是谁不重要,客户认为你是谁,你才是谁。

5.为什么能满足客户需求——我的能力

在商业模式盛行的时代,有些人认为能力不重要了,模式才重要。模式的确重要,但没有能力作支撑的模式,必然走不远行不久。

酒好也怕巷子深。除了努力修炼能力外,还要善于向客户证明你的能力。如果具备第三方权威认证,就是很好的证明。团队成员资历也是证明,能给予客户信心。再就是成功案例。在咨询行业,有些老师讲课时吹得天花乱坠,让他拿个成功案例来讲讲,却遮遮掩掩的,让人信心大打折扣。须知,客户在乎的不一定是钱,而是效果。无效的服务,哪怕一元也太贵,一是耽误时间,二是错过别的更好的机会。这和谈恋爱是一样的:我选择了你,就错过了别人,如果选择错了,就误了大好时光。

6.服务成果预测——你的收获

虽然过程也是享受,但最能打动人心的还是结果。明确告诉客户,他能得到什么,尤其是量化的结果,客户掏钱的概率就会大幅度提升。

比如我在服务客户过程中,从来没什么套路,我先是让客户提供相关信息,然后我经过简单测算,告诉客户:我能够通过控制成本费用,一年为你节省多少万元;或者我通过我的规范措施,让你的企业规范起来,不再有税收风险。客户会算账的,你为我节省100万元,我给你10万元,太划算了,成交!

你所处的行业可能和我不一样,但你也是在为客户的收获而努力。我们提供商品或服务,都是要给客户一个结果的:让客户更省钱，让客户更方便，让客户更具竞争力，让客户更有面子，让客户更多享受……都是打动客户的有力武器。

7. 企业的外围资源——我的家庭条件

企业的外围资源，对应恋爱中的"家庭条件"。

技术力量、团队等是企业的内部资源，外部合作机构、外部技术支持等是外部资源，比如，你拥有同行不具备的供应商渠道，你能引荐同行引荐不了的商业人脉关系。有些人就特别善于利用外部资源做生意，他们自身能力不怎么样，但他们背景过硬，有很多事情别人搞不定，他们却能搞定。

8. 客户关系管理——我和你如何相处

客户不希望交了钱就后悔，不希望交钱之前是大爷，交钱之后是孙子，不希望一锤子买卖。打消客户的顾虑，给客户安全感，还需要强调成交之后，我们如何进行客户关系管理。我在工作中发现，客户对于财税服务有一个顾虑：你现在给我把问题解决了，未来我碰到新问题了怎么办呢？于是，我在协议中和客户约定：持续为客户服务，长期为客户保驾护航；不满意就退钱。事实上，我们多年来都是这么坚持的，收一次钱，保驾护航一辈子。这为我们赢得了口碑，当然，也在一定程度上影响了我们的营业收入，我们需要不断地开发新客户。

9. 收入管控与利润管控——家庭收支管理

恋爱的目的是双方组成一个家庭，双方成为命运共同体。做生意，是甲乙双方牵手做一件事情，双方成为利益共同体。这里的收入管控和利润管控，包括两层意思：一是服务方如何实现收入和增加利润；二是如何帮助客户扩大收入和增加利润。

在帮助客户扩大收入和增加利润方面，有人可能认为这是财务咨询公司专属的工作。其实不然，我们向客户销售任何产品和服务，对客户而言，都是一种投资，我们要让客户的投资回报最大化，投资回报周期合理化，这都是在帮助客户开源和创造更多利润。

10. 税费管控与税收安全——家庭外部关系维护

税费管控与税收安全，也包括两层意思：一是服务方自身的税费管控与税收安全；二是帮助客户做好税费管控与税收安全。这个的确是财税专业机构的事情了。据我所知，有些财税机构天天嚷嚷为客户做好税收安全，可他们自己的税收安全都没做好，这不是闹笑话吗？比如，2023年某李姓网红财税老师，自己就被税务局狠狠地处罚了。

1. 姑娘 目标客户 （在座各位）	3. 邮差 渠道通路 （培训公司）	2. 爱的承诺：情书（你美丽，我优秀，我爱你，我们应该在一起） 价值主张 （让各位财富安全）	4. 我能为家庭做什么：我赚钱，你花钱 关键业务 （财税顶层设计）	7. 我的关联家庭的协作和帮衬，即家族资源 重要合作 （全国专家资源、人脉）
			5. 我的专长：我有一门好手艺 核心资源 （我们有强大的专家团队，我们创造了财税顶层设计）	8. 结婚后我们如何相处：你主内，我主外 客户关系 （持续咨询，长期保驾）
6. 结婚给我带来的回报：稳定地生孩子，生一堆孩子 收入管控 （课程及咨询收入）		9. 当家理财，开门七件事 （工资卡交给你） 利润管控 （强化内控，降低成本，提升利润）		10. 社会关系支出 （人情费、保护费） 税费管控 （财税顶层设计）

注：括号中是我们汇财道公司的业务要点拆分。

图3-1　做生意就像谈恋爱

儿时捕鱼与小学语文

随着阅历增长，尤其是年过半百后，我发现一些很基础很简单的东西，却能解决工作和生活中很多大问题。有些东西，可能我们在童年时期就已学会了。

儿时捕鱼与销售模式创新

有一段时间，我在研究"什么样的销售方式适合什么样的企业"时，一度陷入了思维困境。于是，我回到了老家，想在童年生活过的地方静一静。有一天，我在河边看到一群孩子在抓鱼，仿佛回到了自己的童年时期。看着看着，我心中豁然开朗：这抓鱼的方式和销售的方式不是一样的吗？鱼就如同商业机会，或者说如同客户。抓鱼的方式有多种，开发客户的方式也有多种，找到适合自己的方式，只要这种方式和原来的方式不一样，比原来的方式更有效，你就已经创新了。方式创新，不一定是创造一种世间没有的方式，突破自己原来的方式，也属于创新。

笼鱼式

这是懒人捕鱼方式，找到一个适合的地方，把一个笼子沉入水底，过上一阵子，去把笼子提起来，鱼就在笼子里了。

如果类比销售方式，笼鱼式就如同坐商。开家门店，摆上商品，坐等客人上门。坐商成功的关键，一是口岸，二是口碑。好口岸让别人看见你，好口碑让别人想起你。口岸好到极致，生意也差不到哪里去，人来人往，总有人进店来。早年火车站旁的商店，产品和服务都不怎么样，甚至口碑还极差，可生意不差，毕竟人多，而且很多人一辈子可能就路过一次。口碑好到极致，口岸差也没关系，总有人慕名而来。我有一个客户，做牙科的，在一个地下室开了一家诊所，没人带路根本找不到，可他的生意却奇好，因为口碑。

口岸是地理位置，好口岸得花高租金。口碑是无形资产，用良心经营生意，口碑很快就能好起来。赚钱是一种修行，不管世界上有多少坏人和奸商，你做一个善良的人就行了，善良的人不一定马上有回报，但早晚会有回报。

罩鱼式

鱼罩和鱼笼不一样，百科中对"鱼罩"的解释是：捕鱼用的竹器，圆筒形，上小下大，无顶无底。笼鱼是"守笼待鱼"，罩鱼是拿着鱼罩，在水里巡视，看到动静，一罩罩下去，如果鱼被罩住了，从鱼罩上面的孔伸手进去，把鱼抓出来。

笼鱼是坐商，罩鱼就是行商——带着商品或服务，四处找客户。

行商成功的关键，一是成功识别客户，二是识别并满足客户的需求。罩鱼的人眼睛都厉害，通过一个小水花就可以判断鱼的有无和大小。行商擅长察言观色，茫茫人海，一眼认出谁是目标客户，两三句话套出客户需求并陈述自己的价值。流动于四五线城市的"跑滩匠"，就是典型的罩鱼式行商。

钓鱼式

钓鱼是主动出击，然后被动收获。钓鱼没有把具体的哪一条鱼作为目标，打窝子，下诱饵，引来一群，然后等鱼上钩，来者不拒。

钓鱼式销售重点是打造吸引力，成功关键有五个：

第一,主动出击,找准客户在哪里——选对鱼塘。

第二,要有足够吸引力,或者叫诱惑力。

第三,要有好的口岸。同样一个池塘,不同地点收获也不一样。这里的口岸不一定是有形的口岸,也可能是无形的口岸,只要足够引人注目,就是好口岸。我们常常碰到这样的场景,一群人集合,大家一个一个作自我介绍,有人介绍了等于没介绍,因为介绍不得要领,别人记不住他;有人一开口就让人记住了——别人记住你了,你就拥有好"口岸"了。数字化介绍,给人印象最深刻,介绍要点最好不要超过三个,多了人家也记不住。比如,我是怎么介绍自己的呢?"我叫邱庆剑,邱少云的邱,国庆节的庆,武侠小说中刀剑的剑。我用三个数字来介绍我自己:我是为大家提供财务服务的,我在财务领域已经干了34年——在座朋友,有些人还没有34岁吧?我累计出版了92本财务及管理图书——各位,你们一年读几本书呀?我和我的团队为3000多家企业提供过财务服务——今天来到现场的有多少家企业?如果大家在财税方面有什么困惑,我非常乐意帮助大家!"我在中间加上提问,带有强调的意图。

第四,关键时刻不动声色沉得住气。钓鱼讲伪装,明明是闪亮的铁钩子,却要伪装成可口的食料。

第五,耐心。心急吃不了热豆腐。你看那钓鱼的高人,明明很想钩起来,却按捺着等待时机。做生意,有时候也要沉着冷静,尤其是一线面对面成交的业务员,关键时刻哪怕你很想成交,也要表现得佛系一点。有一句话叫"谁先开口谁就输",火候到了,立即闭嘴,客户先开口,你就赢了;你先开口,客户就跑了。

抓鱼式

抓鱼目标非常明确，看见鱼在水中，一个猛子扎下去，追逐、降服、抱鱼而归。大客户营销，基本都是抓鱼式。大客户订单大，难度也大，营销更为复杂。做大客户营销，要深入客户内部，把明确的具体的某一条鱼作为目标。成功的关键有两个：

第一，要有客户内部或外部的"销售教练"。内部的教练，有一定影响力，并且能够指点你该怎么去做，该搞定谁才能成功。外部教练，是有一定影响力或行政权力的人，他能够影响客户的决策，或者帮助你建立在客户心中的信任，或者指导你该如何做、该搞定谁。

第二，需要逐一搞定客户内部的下列人员：

——采购者。通常是采购部负责人。

——第一决策者。通常是"一把手"。

——其他决策者。通常是分管副总。

——影响决策者，不一定是管理层的人，但能够影响老板的决策。

——使用者或者二次购买者。使用者有意见，可能左右决策者，使用者说不好，决策者通常就会动摇。二次购买者是否接受，影响着客户的二次销售成功率，二次购买者不接受，决策者也会动摇。

网鱼式

网鱼是在有鱼的地方下网，集中捕捞。

"江上往来人，但爱鲈鱼美。君看一叶舟，出没风波里。"范仲淹描绘的这种打鱼人，绝对收获微薄。出没风波里，是追逐着鱼去下网，鱼不够集中。做营销，是要把"鱼"先集中起来，创造一种氛围，让"鱼"们在氛围中快乐地入"网"。这种营销，又被称作"会销"或"会议营销"。这一销售方式成功的关键有四个：

第一，将目标客户集中起来。通过打电话、发微信、面请等方式把可能成为客户的人，邀约到某个会场来。这一步现在越来越难了，因为这么干的人太多了，大部分人可能都经历过若干次骚扰，已经形成"抗体"。怎么克服这一困难？首先，不管你有什么套路，都要出于帮助他人之心。不怕你有套路，就怕套路用心不正。只要你是为了帮助他人，他人就能够感受到你的诚意。其次，尽可能在有一定信任基础的目标客户群体中推广，或者，尽可能先让自己有一定品牌知名度和美誉度。

第二，现场引发冲动的能力。无论人还是动物，身在群体中，都很容易受到其他个体的影响。在茫茫非洲大草原上，角马们安静地啃着草。突然，有一头角马被马蜂蜇中了最脆弱的部位——屁股，剧痛让它拔腿就跑。旁边的角马见了，以为危险来了，也拔腿就跑，一头拔腿、两头拔腿、三头拔腿……数不清的角马狂奔起来，可能是朝着一处悬崖绝壁呢！在这个庞大的角马队伍中，除了屁股被马蜂扎了的那一头，其他的都不知道为什么要奔跑。类似的场景在会议营销中也常常看到，大家观望着、犹豫着，突然，有一个人冲上去，掏出银行卡，"嘀"，付款了，其他人也跟着冲了上去，生怕自己的钱在自己银行卡上多待一秒就伤害了自己的银行卡！殊不知，那第一个刷卡的人，可能就是"托儿"。人生何处水不深？水深不可怕，可怕的是不自觉地坚定不移地把"随波逐流"当作"拥抱机会"！有一本书叫《乌合之众》，还有一本书叫《狂热分子》，很多搞会议营销的人，可能都读过这两本书，深谙其精髓。当然，我们并不否定这种套路，没有这些套路，好东西也没办法让人分享到啊！只要初心好，只要产品好，套路就值得推崇。引发冲动的能力，集中体现在放大目标客户的痛点，把握目标客户的需求点，最后让目标客户从内心深处认识到你能解决他的痛点，满足他的需求。

第三，科学的成交流程。引发了购买冲动，还需要配套科学的成交流程，包括收款、开票、签约，在目标客户还没有脱离群体氛围所带来的晕眩之际，把生意敲定了。如果拖拖拉拉，群体散了，大家不晕了，生意就黄了。当然，我个人不太支持这种成交，因为冲动成交后悔的概率大，人家后悔了，后面的服务就很难做。

第四，后续交付能力。没有交付能力，那就成骗钱了。正如恋爱充满甜言蜜语，成交可以有善意的套路；正如婚姻充斥柴米油盐，交付绝对不能有套路。强大的交付能力，赢得好口碑，下一场集中网鱼才有机会；否则口碑一坏，传播出去，别人就不信任你了。

捕鱼找对池塘，卖货找对市场，缘木求鱼、对牛弹琴都是瞎忙。上面介绍的五种捕鱼方式，没有优劣之分，只要适合你的企业或产品就是好的方式。

小学语文与商业模式创新

销售模式是"术"，商业模式是"道"，都是为了把商品或服务提供给客户，掏出客户口袋里的钱。上面我们用捕鱼讲了销售模式创新，接下来我们用小学语文知识讲一下商业模式创新。

语言结构

在小学语文中，我们已经学到这一知识：语言的基本结构是"主语＋谓语＋宾语"。比如"小王爱小李"，"小王"是主语，"爱"是谓语，"小李"是宾语。在主语前、宾语前可以加定语，在谓语前可以加状语，在宾语后可以加补语，增加之后就构成了语言的非基本结构。比如"东街的小王深爱西街的小李一辈子"。"东街的""西街的"是定语，"深"是状语，"一辈子"是补语。

下面是语文中的一些基本知识。

主语：一句话陈述或说明的对象，表示这句话说的是"什么人"或"什么事"。

谓语：用来说明陈述主语。能回答主语"怎么样"或"是什么"等问题，一般放在主语的后面。

宾语：表示谓语动词的涉及对象的语言单位。

定语：用在主语和宾语前面，起修饰和限制作用的语言单位。经常由名词、形容词、动词、代词充当；一般定语与中心词之间有"的"字连接。

状语：用在动词、形容词谓语前，起修饰和限制作用的语言单位。经常由副词、形容词、动词、表示地点和时间的名词和方位词充当；一般状语与中心词之间有"地"字连接。

补语：谓语后面的附加成分，对谓语起补充说明作用，回答"怎么样""多久""多少"（时间、地点、结果）之类问题的语言单位。经常由动词、形容词、副词充当；一般补语与中心词之间有"得"字连接。

语言结构调整实现模式创新

所谓创新，就是改变现状。

创新的必要性，要看值不值。

创新不一定都是必要的或有价值的。从商业角度来说，创新要能够获取更多的利益，才值得去做。大家都直立行走，你说要创新，来个倒立行走，双手着地脚朝天，这就不值了，因为速度慢还更耗能量。但如果你发明一种机器安在脚下，可以让人速度更快，更省力，那就值得了。

我是上年偶然翻开小学语文课本，发现可以从改变语言结构方面去实现商业模式创新的。

第一步，用"主语+谓语+宾语"结构描绘你的企业现有模式。

第二步，对"主语""谓语""宾语"中的一个或多个进行替换，并从商业角度看值不值。

第三步，如果第二步未实现突破，则增加"定语""状语""补语"中的一个或几个，看能否实现突破。一般到这一步，都能够找到突破口。如果还找不到，我们会在本书后文中讲到"单行道盈利创新10大招式"，可进一步帮助你。

20世纪80年代，有一帮农民，种菜、卖菜，小日子过得紧巴巴的。其中一个农民就在思考"我是干什么的，我如何干才能改善生活"。他读过点书，相当于小学毕业。他在本子上写下"我是种菜的"。这就是他的"商业模式"。但他总觉得这个定位上不了台面，也没什么出路。于是，他想高大上一点，便往自己脸上贴金。他写下"我是温饱工程师"，感觉太假了；他写下"我是供应蔬菜的"，感觉还是没有脱离现状。他写这些，实际都是在"谓语"上做改变。后来，他格局打开了，想到"我是健康食品供应商"。既然是供应商，就不能自己一个人种那一亩三分地了，他开始收购别的农民的菜来倒卖。当人们重视健康时，他又升级了：既然是健康食品，那就得挑无公害的有机菜。既然是"食品"供应商，就不能只倒卖点葱姜蒜苗了，他开始倒卖各种蔬菜、水果、肉类、鱼类。既然都是供应商了，当然不能一个人干，他先是开了一个个体工商户，后来开成了工厂，再后来开成了工厂加公司加种养基地，成了一家生态食品集团公司。

这个案例告诉我们，格局打开，往脸上贴金，追求高大上，可能就是腾飞的前兆，不要老是当自己是一个种菜的。

为了方便与我的模式创新结合起来，我称"主语"为"主体"，称"谓语"为"动作"，称"宾语"为"客体"，称主语前的"定语"为"主体修饰"，称谓语前的"状语"为"动作修饰"，称宾语前的"定语"为"客体修饰"，称宾语后的"补语"为"客体补充"。

学习邱庆剑的单行道盈利创新

单行道的显著特点是：逆行违法，不易超车。你如果率先占领了单行道，是单行道上第一辆车，你就能较长时间保持第一，因为别人不易超车，也没人能与你相向而行。我将自己总结的盈利创新，称为单行道盈利创新，其特点包括：

第一，抢占先机，率先发现"单行道"。

第二，制造对手无法相向而行的条件，相向而行无利可图。

第三，制造对手难以超越的条件，因为赛道狭窄，超越就有危险，成本上不划算，收益不能覆盖成本。

单行道盈利创新十大招式

就如何实现单行道盈利创新，我在实践中总结出十大招式。

招式一：反客为主

我有一朋友，有一年在某丘陵地带承包了1000多亩水田种水稻。到了9月份，水稻成熟了，却招不到工人收割，因为是丘陵地带，收割机去不了。眼看着水稻就要落地里了，可把他急坏了。

有一天，朋友打来电话：老邱，你学员多，能不能请哪家大厂把工人拉来帮我收一下水稻？我当即回绝了，工人收水稻，工厂停工一天的损失，那得多少水稻才能弥补？可朋友不放过我，硬我要想办法。

这时，我动用了我小学语文科代表的强项。

我写下了"我付钱请你收水稻"，来描述朋友面临的痛点。写下后，我一时半会儿也没有找到突破口。那天晚上，我回到家，看见孩子弓着背在玩电脑游戏，气不打一处来，就问他：你每天吃大米，你知道大米是长在树上还是草上？孩子答不上来。我突然想到，城里的孩子，是多么需要体验农村生活啊，天天泡在网络游戏里，一点农业知识都没有。想到这里，我突然来了灵感：付钱请人收水稻行不通，为什么不收钱让人体验收水稻呢？

"你付钱体验收水稻"，由"我付钱给你"变成了"你付钱给我"。主客体发生了转换。

依照这个思路，我让朋友开始宣传：您的孩子天天泡在网络游戏中吗？您的孩子缺乏对农村的了解吗？您的孩子拥有农业知识吗？现在有一个机会，可以让您的孩子体验田园生活，体验农村劳动，暂时放下网络游戏，您是否愿意呢？您只需要付出100元，就可以让孩子来体验收割一分地水稻的乐趣。您和孩子一起来，亲子互动，快乐无穷！

100元算什么！很快，不少城里的家长，开着车，带着孩子来到了那片丘陵地。一分地，三下五除二就收割完了，家长们嫌少，纷纷表示：我们大老远地来了，油费都耗了不少，一分地太少了。有一家人，3个孩子，干掉5亩地，直接把孩子累趴在水田里！不出3天，1000多亩地粒粒归仓，不仅没支付人工费，还赚了10多万元体验费。朋友也大方，一高兴，买了3包好烟送给我这个从来不抽烟的人！

上面这个案例，就是"反客为主"。将主体（主语）与客体（宾语）颠倒位置，常常用于企业和目标客户之间的关系突破方面。饥饿营销，是典型的反客为主，明明是卖家求着买家，却搞成了买家求着卖家。反客为主的名人也有很多，诸葛亮明明是找不到工作，却让雇主三顾茅庐。毕加索画卖不出去，给小费雇一帮学生挨个画商那里问有没有毕加索的画，搞得画商满巴黎寻找毕加索要代理他的画。

招式二：主体禅让

我有一个学员，在某地从事大米批发生意，3元一斤买进来，

3.05元一斤卖出去，毛利5分。他，他的同行，多年来都不交税。近些年，税收监管深入了，扛不住了。他害怕，想照章纳税，却发现自己交了税，就比别人成本高，根本活不下来。

问题出在哪里呢？

根据《财政部 国家税务总局关于简并增值税税率有关政策的通知》（财税［2017］37号），批发大米增值税税率是11%，企业所得税税率是25%。上游供应商卖给他大米，不愿意给他开发票，他抵扣不了增值税进项和成本，每卖一斤大米的增值税是3.05元×11%=0.34元。另外，还有25%的企业所得税，仅仅进货无发票这一项涉及的所得税，每卖一斤大米就是3元×25%=0.75元。毛利只有0.05元，税收却是0.34元+0.75元=1.09元，如何缴纳？

我的同行，都是靠不交税活下来的，可我胆子小，不敢违法！这个学员说。

他找了很多财税专家帮他，都没有解决问题。有的专家建议他向供应商索取发票，但供应商开发票就要求加价11%，即每斤加价3元×11%=0.33元，他毛利才0.05元，这里加了0.33元，还是死路一条。有的专家建议他只报一部分收入给税务局，但这明显是隐瞒销售收入，要坐牢的。

"邱老师，你一定要帮我，我这把年纪了，不想在监狱中度过余生。"这个学员找了很多财税专家没有好方法后，找到了我。向上游要发票行不通，账务上隐瞒行不通，那得放大招了。

什么大招？

小学语文。

"学员卖大米活不下来，因为税收"，这句话描述了学员的痛点。我想到大米是谁生产的呢？农民生产的，农民不用纳税啊！学员这个主体不对，应该叫学员让开，让农民来做主体。

怎么让啊？难道我不做生意啦？学员想不明白。

"农民卖大米能活下来，因为不交税"，如果这样描述，学员的确是退休了。我进一步思考，并把那句"学员卖大米活不下来，因为税收"简化为"学员卖大米"，在简化的基础上思考。

很快，我想到了，把"学员卖大米"改为"学员帮农民卖大米"，大米是农民的了，"卖"的主体变成了"农民"，"学员"只是帮而已。农民不缴税，那每斤 3.05 元中间的 3.00 元就不属于学员了，而属于农民了，只是由学员代收代付，学员的纳税基数也由原 3.05 元直接下降为 0.05 元了，增值税是 0.05 元 × 11% = 0.0055 元，哪怕全是利润，所得税也才 0.05 元 × 25% = 0.0125 元，两项合计 0.018 元，毛利 0.05 元，税收 0.018 元，还是能够承受的。

上面案例所用的招式就是"主体禅让"，就是把主体换成其他更适合的主体，常常用于企业定位，以及目标客户突破方面。

招式三：客体禅让

有一家公司的商业模式很不错：针对教师做培训，向每位学员收培训费 5 万元，同时送每位学员 5 万元的图书，这些图书定价是 10 万元，学员回去后按 10 万元把书卖给学生赚 5 万元。

公司的痛点是税负，之前因为逃税被税务部门处罚过，再也不敢逃税。

"邱老师，你能不能用一句话告诉我怎么合法地降低税收？"有一天，这家公司的老板问我。

"可以啊"，我回答他，"一句话只是告诉你思路，但落地细节一句话是说不透的。"

"就给我们一个思路吧，我们的财务人员水平很高，能够悟透细节并落地的。"老板非常自信。

我拿笔写下一句话："你卖培训（送图书）"。

对吗？我问他。

对。

我又写下一句话："你卖图书（送培训）"。

老板问我什么意思，我说你把主营业务由"卖培训"转为"卖图书"。因为卖培训不免增值税，而卖图书呢，根据《财政部 税务总局关于延续宣传文化增值税优惠政策的公告》（财政部 税务总局公告 2021 年第 10 号）规定，自 2021 年 1 月 1 日起至 2023 年 12 月 31 日，免征图书批发、零售环节增值税。老板非常高兴，他一分钱顾问费没花，粗略估算每年可以合法减税 300 多万元。

我以为没我什么事情了。可几天后，老板又找到我了，对我说：对不起，邱老师，我们忘了和你商量咨询费，还得请你帮我们做一个方案。原来，他们本没打算花钱的，想自己去落地，可他们怎么也无法让税务局相信他们主营业务发生了转变。思路决定出路，细节决定活路，告诉你向东看可以看见对面的山顶，但你能够轻易爬上对面的山顶吗？最后，我花了 10 多天为这家公司做方案，并用了 5 个月辅导他们落地且得到税务局的认可。

上面这个案例，所用到的就是"客体禅让"，把"培训"这一客体,让位给"图书"。这一招式常常用于业务转换、产品或服务升级、目标客户转换等方面的突破。

类似的案例还有两个。

我刚大学毕业时,在一个小镇上实习。小镇上有不少小酒馆,但生意都不太好。有一天黄昏,我在一家小酒馆里坐着时,听老板说生意不好做。我仔细观察了一下,发现来酒馆的很多人,并不怎么喝酒,而是来听音乐的。我就和老板盘算了一下,来店的客人,平均消费不到3元,也就是一瓶啤酒的钱。我建议老板把音响搞好点,把广告换了,不要再和其他酒馆一样宣传"来喝酒",改为"来听歌,免费喝酒",收费模式改为"听歌门票6元,免费喝一瓶啤酒",结果一下子就火起来了。在音乐的作用下,很多人喝了一瓶还要加,人均消费一下子提高了近15元。在这个案例中,把"客户来喝酒"改为了"客户来听歌",客体"酒"让位给了"歌"。

另一个案例是生产早教用品的。这家公司生产点读书,自己没有出版权,向出版社购买书号,增加了成本,更关键一点是他们没有条件办理图书经营许可证,做图书业务不合规。用小学语文描述,他们是"我卖点读书"。我经过分析以后,发现孩子们更多的时候是在"玩"这个书,这个书实际有玩具的功能,于是,我给他们改为了"我卖点读玩具",一下子绕开了出版和图书经营许可问题。

招式四:动作禅让

动作禅让,就是把现有动作,换成别的更适合的动作,以求突破,常常用于业务模式重建、业务转换、客户价值形成过程突破等方面。

我有一个发小，早年养生态猪卖肉，虽然他的猪确确实实没有用饲料，但还是卖不出去，因为没有人相信他没有用饲料。

我说，你把猪杀了，谁相信你喂的是粮食还是饲料呢？

那怎么办？

除非你把养殖的过程一秒不漏地让客户看见。

但哪有客户来关心你的养猪过程呢？

除非猪一开始就是客户的。

这样讨论着，我找到了突破口。

他的现状是"我养猪卖肉"，动作是"养"和"卖"，如果在动作上做文章，改为"我帮你养猪"，动作是"帮""养"，这样一变，猪从小就是你的了，我养猪的每一分每一秒，你难道不关心一下自己购买的"服务时间"质量如何？你难道不关心一下你的猪如何？

"我帮你养猪"，怎么养？猪还是小猪时，就卖给你，还帮你买上保险，养死了赔你钱。客户又怎么能够不关心呢？整个放养场地都安装摄像头，无死角不间断录像，每头猪耳朵上还安装定位芯片，客户可以随时通过 App 查看自己的猪，可以回放录像，想看任何时段都可以。

这一模式推出后，我的发小迅速打开了局面，而且猪卖得特别贵，9999 元一头！只可惜，后来由于政府要求拆迁，这个项目没能做大。

类似的案例，还有"我向你卖酒"改为"我为你存钱"，"我向你卖茶叶"改为"我为你种茶"，"我向你卖水果"改为"我为你看管水果"等。

招式五：主体修饰

主体修饰，就是在主体前面加修饰，即在"主语"前加"定语"，以寻求突破。这一招式常常用于目标客户、企业自身定位、客户价值定位方面的突破。

比如我自己做培训，一开始是针对财务人员进行财务培训的，我们对客户的描述是"财务人员是我们的学员"。

我们的财税课程叫"财税顶层设计"，和其他财税机构有很大的差异：我们是从顶层设计和商业模式层面来解决企业的财税疑难，而不是从账务核算和税收法规解读方面来解决。财务人员对顶层设计和商业模式的理解能力比较差，因为他们大多没学过这方面的知识也没这方面的实践。还有一个问题，我们提供这种培训，是低价收费，目的是让学员学会以后，购买我们提供的驻企咨询服务，可就算财务人员愿意购买，也下不了单，因为他们没有支出大额咨询费的权力。

碰到困难，静下来思考。

我们首先想到产品，是不是我们的产品有问题？研究了很多天，结论是我们的产品好，而且具备绝对的差异化——从都江堰治水哲学出发，世界独一无二。如果我们去适应财务人员这个学员群体，改变产品内容，那这个产品就变得丝毫没有特色了，甚至还不如其他财税机构的产品了。

我们又想到是不是我们的交付方式有问题。我们是提供培训、提供咨询，创业之初，我们没有能力在这方面做过多的调整。

最后我们想到了目标客户。"财务人员是我们的学员",也许我们选错了对象,拿本书前面讲的做生意就像谈恋爱来说,我们看上的姑娘不对。我们进一步分析,并做了实践测试,发现企业老板很容易学会我们的"财税顶层设计",而且也很感兴趣。顶层设计、商业模式等内容,是他们熟悉的,也是乐于学习的,顺带加进财税的内容,对他们也没有障碍。最重要的一点,一旦老板通过学习认可了我们,可以直接拍板购买我们的驻企咨询服务,尤其是民营企业老板,再多的咨询费对他们都不存在权限障碍。

于是,我们把"财务人员是我们的学员",改为了"决策人员是我们的学员",把"财务"这一定语改为了"决策"这一定语。这一改变,让我们公司活了下来。我们也是财税咨询行业中最早针对老板做培训和销售后续产品的,后来有不少同行借鉴我们这一点。

本书前文讲到的景老板,原来把声控开关用于灯具上,后来在我们指导下,把声控开关用在玩具上,也是"主体修饰"的成功案例:由"灯具公司是我客户"到"玩具公司是我客户"。

招式六:动作修饰

1995年,我在成都双流一条小街上,看到一个盛况:小街两边或站或蹲着不少人,每人捧着一个大碗在吃粉条。一看这些人打扮还挺得体,不像是农民工。我挤过人群,来到粉条店前,粉条店干干净净的,可就是没有桌椅,厨房占了3/4的面积,1/4的面积空荡荡的。出于好奇,我也要了一碗粉条,站在街边吃起来,味道的确不错。

出于工作原因，我要在双流这个小镇住上一阵子。可能是我去吃粉条次数多了，加上明显的外地口音和看起来像个文化人，老板就记住我了，还不时和我聊几句。聊得多了，彼此熟悉了，有一天老板对我说，他现在赚到不少钱了，想把粉条店扩大一点，摆上桌子椅子，让客人们坐下来好好吃。我当时坚决反对，我说只要一天城管不管你，你就没必要扩大。实际上，在那个小镇上，城管根本不管。我说正因为有这么多人站在或蹲在门外，你的生意才这么好，这是你的特色。可我反对无效啊，人家是老板。

不久，我离开了那个小镇。三年后，我出于工作原因，又回了一趟那里。我再次碰到老板时，他已经拥有很宽敞很漂亮的粉条店了，但他的生意却一落千丈，几乎维持不下去了。味道还是那个味道，为什么会这样呢？我经过分析后得知，小镇边有一条公路，国道级别的，他90%的客人是公路上的过客。当年他们开车经过小镇时，恰好能够看见很多人站着或蹲着吃东西的盛况。而当老板扩店，把客人请进店里坐着吃后，来来往往开车的人，再也看不见这盛况了，也就不会因为好奇而停车吃粉条了。虽然，也有老客户知道他家的粉条味道好，但毕竟不会有太多人开车大老远来小镇吃碗粉条的，小镇常住人口又不多。

老板问我，"怎么办？"

我说现在你只有搬到大城市去，在人流量大的地方开店，靠你家的粉条的味道吸引客人。老板按我说的办了，迁到了县城，生意的确好多了，但还是没能再现当初的盛况。

这是一个失败的案例。之所以失败，败在不当的"动作修饰"

上面。动作修饰，指的是在"谓语"前面加"状语"，来寻求突破，常常用于业务模式、客户价值形成过程、收费模式等方面的突破。"客人站着或蹲着吃饭"改成了"客人坐着吃饭"，"吃"前的修饰变了。

碰巧的是，日本恰有一个成功的动作修饰案例。

在人们的常识中，高档菜馆一定是客人优雅地坐着，慢慢品味。但日本有一家做高档法国菜的老板，发现客人坐着吃，场地利用效率低（因为客人吃得慢），而且增加了成本。客人吃的是菜，要把成本花在菜品上，其他能省则省。最后，干脆把桌椅取消了，让客人站着享用法国菜。结果，不仅利润丰厚，生意还比原来好了。

在商业中，"动作修饰"案例比较多。比如，把"我靠设备赚钱"改为"我靠服务赚钱"，把"我一次性收费"改为"我分次收费"。

招式七：客体修饰

我有一个朋友，是做鱼缸生意的，鱼缸卖得挺贵，有的高达十几万元一个。但他做了20来年，都没做大，年收入从来没有超过2000万元。

有一天，他约我喝咖啡。一坐下来，他就向我诉苦，说生意难做，活不下去了。我说你的鱼缸那么贵，怎么会活不下去。他说的确不便宜，可卖不出去几个啊，买大鱼缸的人，都讲究风水，可他不会风水。你学啊。学不会啊。我说大鱼缸不好卖就造小的卖吧，我不相信买一个小鱼缸的人还请个法师看风水。他说小的更不好卖，竞争更激烈。

我们坐的地方是一个角落，有点昏暗，桌上恰好有一个小小的鱼缸，桌子上方吊着一盏小灯，灯光正好投射到鱼缸里。看到这场景，我灵光乍现——

你做个鱼缸台灯，如何？

我给他描述鱼缸台灯：家长买单，给学生晚上用；灯安在水中，水中加某种特殊矿物质，可以改变光的折射或者让光变得更加柔和，可以保护视力，台灯可以定时放音乐，刺激缸中鱼儿活动，提醒孩子中途休息。

我的朋友听进去了，迅速开发了鱼缸台灯，第一个月就在某宝上面卖了一大批，低成本高利润，狠狠赚了一笔。现在某宝上面台灯鱼缸很多，灵感大约都是从这里来的。可惜的是，朋友没有按照我的创意来做，他做不好防水，灯没有安在水中，而是安在了缸的盖子上面，盖子揭开就是灯，巨丑无比。他也没有找到矿物质，灯光没有变柔和，更没有调节休息的音乐。可就是他那巨丑的鱼缸，居然还有人风投他，当他们到我面前来展示项目时，我直接说风投方是"疯投"，拿投资人的钱不当钱。

我提出"台灯鱼缸"这个案例，就是典型的"客体修饰"。"我卖鱼缸"中的客体是"鱼缸"，在客体前面加上"台灯"作修饰。客体修饰常常用于产品或服务转型升级、目标客户转换、客户价值转换等方面的突破。

类似的案例还有一个，是一家做软件的企业，一直做得不怎么好，我分析公司的资源和能力后，通过"客体修饰"，让其由"我卖软件"改为"我卖学习软件"。

招式八：客体补充

"客体补充"指的是在"宾语"后面加"补语"。这个招式主要用在客户价值选择或定位、售后服务政策策划等方面。

有一个老板，早年做包工头赚了不少钱。包工生意不好做时，他转行开了一家酒店，酒店不温不火开了8年，到第九个年头时突然不行了。他找到我，让我给他把把脉出出主意。

我到了他的酒店，感觉到那里确确实实是一家酒店，吃饭、喝茶、打牌、健身、开会、住宿，各种功能应有尽有，但我又确确实实感觉不到吸引力。吃饭，外面比他家味道好的一大把；喝茶，外面有专营的茶馆，比他的好；打牌，外面有专营的棋牌室，比他的好；健身，那更是有专营的健身馆，比他的好；会议室，外面有五星级酒店，比他的强多了；住宿，还行，就是没有亮点。

我问他究竟想给客户提供什么价值，他说自己开的是酒店，要一站式搞齐，客户来了，啥都能享受。我反问他，你的竞争力在哪里？客户来了的确啥都能享受，但你要给客户一个来的理由啊！我说你不能面面俱到，你这个规模的酒店，应该在某一个或少数几个方面做出特色来。

接下来，我们开始逐一分析客户价值。我用小学语文描述的是"我把……价值做到……程度"。第一个省略号是价值选项，第二个省略号是"客体补充"。

价值1：会议会务。分析了酒店的硬件，会议室偏小，大堂不气派，不上不下，这个不仅不能作为特色，还必须砍掉。

价值2：就餐宴请。分析了餐厅硬件和厨师水平，做不出特色，决定收缩规模，放弃团体宴席。

价值3：茶饮棋牌。没有特色，亏损严重，明确砍掉。

价值4：健身康体。器材不齐，缺乏保养，教练配备不到位，明确砍掉。

价值5：住宿休息。绝大多数是大房间，套房占比大，但入住率很低。这个不能砍了，再砍就不是酒店了，只能改造。

五大价值对应的功能，砍三个，收缩一个，改造一个。怎么收缩，怎么改造呢？这个时候，需要分析老板的能力和资源了。分析半天，老板本人并没有什么能力，除了包工，但包工早不干了。资源，就是一些做工程的小老板和农民工，没几个能来住大房间。老板这个点位不行，就分析外围。一分析外围，结果我发现老板的儿子儿媳在做亲子教育，他们根本看不上这家酒店，老板正为儿子不接班发愁呢！

我说你把酒店改造为亲子酒店，儿子儿媳保证愿意接手。

主意一出，我们找到他儿子儿媳，果然，两个年轻人喜出望外。

房间大，正好做家庭亲子房！会议室、茶室、棋牌室、健身房，通通改造为儿童活动中心，餐厅改为亲子餐厅。当打出亲子酒店广告后，他们竟然是当地唯一一家主打这一价值的，生意迅速火起来。

在这个案例中，我的"客体补充"是这样描述的："把亲子价值做到极致"。

招式九：正反两义

这个招式是把现有的模式或痛点描绘成一句话，但我们不在主、谓、宾、定、状、补方面转换，而是找一个反义词，来替代某个词语。或者通过"反述论"来找到与同行或竞争对手相反的做法,即反其道而行之。关于"反述论",我们在本书后文"单行道盈利创新2大捷径"中要进一步讲到,这里只讲反义词的运用。

正反两义这个招式,常常用于产品开发、业务模式、商业模式等方面的寻求突破。

20多年前,我的大儿子出生在一个小镇上,我那时在成都工作,一到周末就回到小镇上陪孩子。

小镇上有很多服装店,我认得其中一家店的老板,是一个20出头的林姓姑娘,长得特别胖,她的店里生意比较差。她对我说,店里生意差的原因主要是她身材不好,太胖了,而别的店老板,大多漂亮又苗条,老板就是模特。我建议她另外请一个身材好的姑娘作店员兼模特,她说承受不了成本。

那个年代,胖女孩子没现在多,还没有专营胖女孩服装的店,所以我一时也没有往"胖"字上面来做文章。直到有一天,我在成都街头无意间看到一个挺胖的姑娘,衣着却特别迷人时,我才想道:大家都主打瘦女孩的服装,胖女孩到哪儿去买衣服呢?胖女孩也有需求。那个周末,我再回到小镇时对林老板说,你把店名改成"胖得美服装店",主打胖姑娘服装,就算不成功,最大的坏处也不过是压点货。她听了我的建议,尝试着做,结果生意一下子火起来了,原来买不到衣服,甚至不好意思去服装店试衣服的胖妞们,直奔她的店而来。也是在这个时候,我才发现,竟然有那么多真胖或自认为胖的姑娘生活在那个小镇上。

在这个案例中,我们用的就是"正反两义",由瘦到胖,把"我向瘦姑娘卖衣服"改为了"我向胖姑娘卖衣服"。现在看来，这个转换不足为奇了，但在20多年前，那还真是新鲜举动。文字中有很多反义词，比如上下、大小、东西、南北等，都可以利用。

云南有个"小人国"很出名，老板姓陈。早年有一次出差，他在火车上碰到一个身材极矮小的侏儒，侏儒向他讲述自己出于身高原因受尽了人间屈辱，甚至多年都不敢回家，怕给家里人丢脸。陈老板是一个非常有爱心的人，这件事深深触动了他，他决心帮助这个群体，于是有了后来的"小人国"。在"小人国"里，生活着上百个小矮人。一般的旅游景点，都会选择帅气漂亮的人做演艺节目，"小人国"无疑也是"正反两义"的成功典范。

招式十：时空转换

和"正反两义"一样，时空转换是把现有的模式或痛点描绘成一句话，但我们不在主、谓、宾、定、状、补方面转换，而是进行时间或空间的转换，常常用于在产品开发、业务模式、商业模式等方面寻求突破。

2023年6月我在深圳讲课时，一名学员说到自己的痛点。她是做出国旅游服务的，因为人们对国际形势不看好，出国的人数骤减，业务下滑非常厉害。

她向我描绘的痛点："我现在送的出国客户少"。我让她思考，能否从时空转换方面做文章。从空间上面，她首先想到发展国内旅游，但她自己就否定了，因为这是从零开始，短时间内非常难见效。

那你为什么不在时间上做文章呢？比如，卖未来？我启发她。

爱出国的总是爱出国的，要出国的早晚都是要出国的，国际形势长期来看是稳定的。这些人现在不出国，将来还是要出国，你订一个未来的套餐，现在买，可以获取价格优惠或者获取更多的价值，即拿更优惠的价格锁定未来的出国服务。

这名学员按照我的思路，回去策划"卖未来"，很快就走出了困境。

做财税工作的小伙伴都知道，财税工作是非常受时间限制的，过了某时间点，就无法修改了。比如，你发现前几年有一笔支出没有发票，你是不可能"穿越"回去补充发票的。我们只能在当下来调账，把原来那笔账冲销了，把这个费用票据问题"拉"到当下来，当下如果有时间解决就当下解决，当下解决不了就延至未来解决。因此，在财税规范方面，我提出一个方法论"昨天的问题今天解决，今天的问题明天解决"，我还形象地称之为"昨天跌倒了，今天才爬起来，今天跌倒了，明天再爬起来"。

另外有一个空间转换的经典案例。一个老板在某地开办皮鞋工厂，早年享受了不少税收优惠，优惠到期后，企业压力比较大，想搬迁却是一件很难的事情，而且地方政府也不乐意其搬走。老板找到我想办法。我给出的建议是在另一个优惠政策比较好的地方设立一家新公司，新公司回过头来委托老公司加工皮鞋，加工方只收取一点点加工费，绝大部分产值就转移到新公司了。

上面讲了单行道盈利创新的10个招式，我们把它们总结成一个表格（表3-1）：

表 3-1　单行道盈利创新的 10 个招式

招式名称	定 义	常见用途	案 例
1. 反客为主	将主体（主语）与客体（宾语）颠倒位置	常用于企业和目标客户之间的关系突破方面	01. 付钱体验收水稻 02. 毕加索卖画
2. 主体禅让	把主体换成其他更适合的主体	常用于企业定位，以及目标客户突破方面	帮农民卖大米
3. 客体禅让	把客体换成其他更适合的客体	常用于业务转换、产品或服务升级、目标客户转换等方面的突破	01. 卖图书送培训 02. 来听歌免费喝酒 03. 卖点读玩具
4. 动作禅让	把现有动作，换成别的更适合的动作	常用于业务模式重建、业务转换、客户价值形成过程突破等方面	01. 我帮你养猪 02. 我帮你存酒 03. 我为你种茶
5. 主体修饰	在主体前面加修饰，即在"主语"前面加"定语"	常用于目标客户、企业自身定位、客户价值定位等方面	01. 邱老师学员转换 02. 景老板声控开关
6. 动作修饰	在"谓语"前面加"状语"	常用于业务模式、客户价值形成过程、收费模式等方面	01. 粉条店 02. 日本法国菜餐厅

（续表）

招式名称	定 义	常见用途	案 例
7.客体修饰	在"宾语"前面加"定语"	常用于产品或服务转型升级、目标客户转换、客户价值转换方面的突破	01.鱼缸台灯 02.卖学习软件
8.客体补充	"宾语"后面加"补语"	常用在客户价值选择或定位、售后服务政策策划	亲子酒店
9.正反两义	把现有的模式或痛点描绘成一句话，找一个反义词，来替代某个词语。或者通过"反述论"来找到与同行或竞争对手相反的做法	常用于产品开发、业务模式、商业模式等方面	01.胖得美服装店 02.小人国
10.时空转换	把现有的模式或痛点描绘成一句话，进行时间或空间的转换	常用于产品开发、业务模式、商业模式等方面	01.卖未来出国旅游 02.财务历史账调整 03.委托加工

单行道盈利创新6大突破

前文"单行道盈利创新十大招式"中,除了"反客为主""正反两义"非常明确外,"禅让""修饰""补充""转换"都没有讲到往哪里让、用什么修饰、用什么补充、往哪里转换。在"单行道盈利创新6大突破"中,我们将给出一些具体的方向,来回答这些问题。当然,人的思维是非常广阔的,这6个突破,只是提供一些常见的方向,并不能涵盖思维所能想到的更多的方向。

突破一:两种合作

当我们研究如何与其他个人或单位合作时,可以考虑两种合作模式,以实现创新。一种是固定收费模式,不承担对方的风险;另一种是从对方的收益中分成,与对方共担风险。

突破二:三种关系

三种关系指的是直接关系、间接关系和第三方关系。我们寻找禅让对象、转换对象,以及找什么来修饰、找什么来补充时,总是从最接近的关系出发,再到间接关系,最后到第三方关系。比如,寻找客户、寻找供应商、寻找成本承担方、寻找影响问题的因素,都可以从这种关系由近及远来思考。

突破三:三种产品

我们提供的产品或服务,总是包括三种:基础产品、非基础产品、无形产品。酒馆的基础产品就是酒,但还可以有其他产品出售,甚至它还是一个打广告或者交友的地方,之所以能够打广告或交友,因为它有无形资产,即人流量。

在定位研究时,思考我们究竟为客户提供什么,以及我们靠什么赚钱，就可以从三种产品来思考。

突破四：三种客户

除了从"三种关系"角度寻找目标客户外，我们也可以从产品角度去寻找。和产品相对应的客户是基础客户（消费基础产品或服务的客户）、非基础客户（消费非基础产品或服务的客户）、非客户利益方（即不直接消费我们的产品或服务，但冲着我们的资源与我们产生利益关系并给我们带来收益的人或单位）。客户当然就对应收入，找到客户也就找到了收入来源。

突破五：四个对象

任何商业行为，总是和四个对象产生关联，这四个对象是钱、物、人和信息。我们在禅让、修饰、补充、转换时，可以从这四个对象分别去思考，看有没有突破的可能性。

突破六：五种收费

营业收入是一家企业存在的前提，三种关系、三种产品、三种客户解决的是收入来源问题，这里的"五种收费"指的是收费方式。国内研究赢利模式的知名专家魏炜老师、朱武祥老师曾拿一辆车来作比喻，更容易理解。借鉴如下：

第一，入场费。不管车辆停多久，进场就要交费。这种收费是给予客户某种资格，比如展馆、景区、演唱会的门票让客户有参观的资格；加盟费、代理费，让客户可以用加盟商、代理商身份开展业务。

第二，过路费。此路是我开，此树是我栽，想从此路过，留下买路财。这种收费，是按使用次数收费，比如特许收费、按次收费的设备租赁费等。

第三，停车费。按照使用时间长短收费，比如租金。

第四，汽油费。按照消费量来收费，这是最常见最传统的模式。

第五，分享费。你不用付费，你通过分享信息，获取免费或利润分成的机会。这种收费机制，实际上是有条件的免费模式。

单行道盈利创新两大捷径

单行道盈利创新，有没有什么捷径可走呢？

经过多年实践，我找到两条适合老板和职业经理人的捷径。

拿来主义

拿来主义，就是把别人现成的创新拿来实践。

实施拿来主义的目的，是学习优秀企业，紧紧跟随优秀企业，超越优秀企业，最后自己成为优秀企业。当前，各种培训机构推出的创新培训，其实大多是引导大家实施拿来主义。

反述论

反述论，就是打破常规思维，用反常规逻辑，实现商业模式和赢利模式的创新，从而让企业获取比竞争对手更高的利润，并比竞争对手付出的税收代价更低。这里的"反述"，字面理解就是"和别人相反的陈述"。

反述论包括四个要素：商业目的、常规逻辑、逆常规逻辑、盈利测算。其中盈利测算，是测算反常规逻辑在经济上是否有可行性，在客户层面是否有可接受性。四个要素中，最能体现创新的也是最关键的要素，是逆常规逻辑。这四个要素串起来，就创造了逆向盈利。

反述论沿着"否定标杆—打倒标杆—自己成为标杆"这样的逻辑让企业成长。

反述论实施步骤是：第一步，先分析商业目的是什么，在这一点上，你和同行是一样的；第二步，从商业目的出发，分析常规逻辑是什么，然后提出逆常规逻辑（在提逆常规逻辑时，要脑洞大开，团队成员之间头脑风暴，不排斥天马行空）；第四步，逆常规逻辑出来后，要进行财务数据和客户接受度分析，进行盈利测算，看是否能够赢利，如果不能就放弃，如果能则落地（图3-2）。

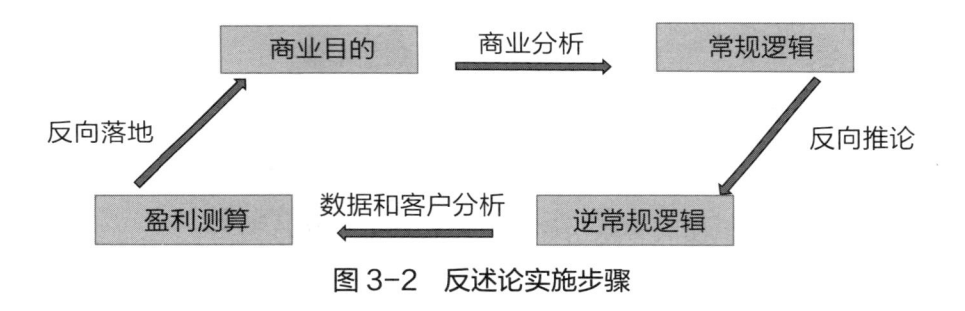

图 3-2 反述论实施步骤

为了让读者朋友快速找到"和别人相反的陈述"，我设计了一个工具：反述论推理方格（表3-2）。这个表格最上面一行空白行，就是描述常规逻辑的一句话，第四行是把这句话的成分进行分解。表格倒数第四行空白行，是描述逆常规逻辑的一句话，最后一行是逆常规逻辑这句话的成分分解。表格主体部分的"十大招式""六大突破"，就是思路引导，逐一试验，直到找到逆常规逻辑。

表3-2 反述论推理方格

常规逻辑描述与拆解		主体		动作		客体		
		修饰	主体	修饰	主体	修饰	客体	补充
十大招式	反客为主							
	主体禅让							
	客体禅让							
	动作禅让							
	主体修饰							
	动作修饰							
	客体修饰							
	客体补充							
	正反两义							
	时空转换							
六大突破	两种合作							
	三种关系							
	三种产品							
	三种客户							
	四个对象							
	五种收费							
逆常规逻辑描述与拆解		主体		动作		客体		
		修饰	主体	修饰	主体	修饰	客体	补充

单行道盈利创新三大工具

在多年的实践中，我为单行道盈利创新设计了三个工具。

QCS 活力十方图

QCS 活力十方图，用于分析企业现状。

我们在前文讲到"做生意就像谈恋爱"时用的就是活力十方图。我们再从企业经营角度提供一份。这个图（图 3-3）是我们受到"商业画布"的启迪，在商业画布基础上增加了一项（即"税费管控"）。

1.目标客户 接受你的产品和服务的单位或个人	3.渠道通路 与客户建立联系进而合作的渠道	2.价值主张 你的产品或服务，能为客户带来什么价值，或满足什么需求（这部分是无形的，比如为客户降低成本、提升效率）	4.关键业务 你为兑现客户提供什么产品或服务，以实现价值主张	7.重要合作 为确保兑现价值主张，你有哪些重要的合作伙伴（供应商、技术伙伴等）
			5.核心资源 用于保证产品品质和服务质量的、兑现价值主张的独到的资源	8.客户关系 你用什么方式来维护与客户的关系，并与客户互动
6.收入管控 靠什么获取销售或服务收入，如何扩大收入		9.利润管控 如何控制成本、增加利润，进而有能力持续为客户提供价值		10.税费管控 如何合法降低税负，并保证财税规范安全

图 3-3 QCS 活动十方图

反述论推理方格

我们在前文已经讲到这一工具。

QCS 盈利方格

盈利方格，用来对"QCS 活力十方图"的每个"方图"进行创新。我们针对不同模块，设下了 13 个盈利方格（表 3-3 至表 3-15）。"收入管控"、"利润管控"和"客户关系"各有两个盈利方格，其余的只有一个盈利方格。用这些盈利方格，逐步寻求"活力十方图"中十个项目的突破。

表3-3 QCS盈利方格（目标客户）

客户类型	直接关系			间接关系（目标客户）			第三方关系		
	自己的客户	同行的客户	替代品客户	非同行的客户	客户的客户	供应商的客户	资源分享方	资源提供方	主管单位
基础客户									
非基础客户									
非客户利益方									

表 3-4 QCS 盈利方格（价值主张）

价值类型	直接价值					间接价值				第三方价值	
	满足需求	降低成本	提升效率	提升质量	协助拓客	提升安全	金融属性	提升品牌	提升客户忠诚	更有面子	主管方满意	客户满意
商品价值												
服务价值												
系统解决方案价值												

备注：价值从"钱、物、人、信息"四种对象去思考。

表 3-5　QCS 盈利方格（渠道通路）

渠道 产品	直接渠道	间接渠道	第三方渠道
基础 产品			
非基础 产品			
无形 产品			

表 3-6 QCS 盈利方格（关键业务—产品）

产品类型	直接价值					间接价值				第三方价值	
	满足需求	降低成本	提升效率	提升质量	协助拓客	提升安全	金融属性	提升品牌	提升客户忠诚	更有面子	主管方满意	客户满意
基础产品												
非基础产品												
无形产品												

备注：价值主张是通过产品来体现的，因此，本方格与价值主张方格是一样的。它同样是从"钱、物、人、信息"四种对象去思考。

表 3-7 QCS 盈利方格（核心资源）

资源类型	直接价值					间接价值				第三方价值	
	满足需求	降低成本	提升效率	提升质量	协助拓客	提升安全	金融属性	提升品牌	提升客户忠诚	更有面子	主管方满意	客户满意
钱												
物												
人												
信息												

备注：资源也是从"钱、物、人、信息"四种对象去思考。

表 3-8 QCS 盈利方格（收入管控 1：收入来源）

收入来源		直接关系		间接关系		第三方关系	
		基础客户	非基础客户	基础客户	非基础客户	非客户利益方	
产品收入类别	无形产品	收入：					
		收入：					
		收入：					
		收入：					
		收入：					
	附加产品	收入：					
		收入：					
		收入：					
		收入：					
		收入：					
	基础产品	收入：					
		收入：					
		收入：					

表3-9 QCS盈利方格（收入管控2：收费方式）

收费方式		直接关系		间接关系		第三方关系
		基础客户	非基础客户	基础客户	非基础客户	非客户利益方
无形产品	入场费					
	过路费					
	停车费					
	汽油费					
	免费					
附加产品	入场费					
	过路费					
	停车费					
	汽油费					
	免费					
基础产品	入场费					
	过路费					
	停车费					
	汽油费					
	免费					

产品收入类别

表 3-10 QCS 盈利方格（重要合作）

合作类型	直接价值					间接价值				第三方价值	
	满足需求	降低成本	提升效率	提升质量	协助拓客	提升安全	金融属性	提升品牌	提升客户忠诚	更有面子	主管方满意	客户满意
供应商												
技术方												
资本方												
重要客户												

表3-11 QCS盈利方格（客户关系1：合作方式）

合作方式		直接关系		间接关系		第三方关系	
		基础客户	非基础客户	基础客户	非基础客户	非客户利益方	
无形产品	固定收费						
	变动收费						
附加产品	固定收费						
	变动收费						
基础产品	固定收费						
	变动收费						

表3-12 QCS盈利方格（客户关系2：关系互动）

互动方式		直接关系		间接关系		第三方关系
		基础客户	非基础客户	基础客户	非基础客户	非客户利益方
主从关系	私人服务 有偿					
	私人服务 免费					
	专属私人服务 有偿					
	专属私人服务 免费					
	自助服务 有偿					
	自助服务 免费					
	自动化服务 有偿					
	自动化服务 免费					
	社区活动 有偿					
	社区活动 免费					
	圈层活动 有偿					
	圈层活动 免费					
	社团活动 有偿					
	社团活动 免费					
合作关系	客户协作引流 客户分利					
	客户协作引流 客户不分利					
	客户协作创利 客户分利					
	客户协作创利 客户不分利					

表3-13 QCS盈利方格(利润管控1：成本承担)

成本要素		直接经营者	间接经营者		不参与经营者	
		企业	合作伙伴	客户	非企业、非合作伙伴、非客户利益方	
可变成本	料					
	工					
	费					
	期间费用					
固定成本	料					
	工					
	费					
	期间费用					

做大做强做安全

表3-14 QCS盈利方格（利润管控2：成本控制）

成本要素		设计控制方式			生产控制方式			财务控制方式			
		料	工	费	料	工	费	料	工	费	资金	期间费
可变成本	料											
	工											
	费											
	期间费用											
固定成本	料											
	工											
	费											
	期间费用											

表3-15 QCS盈利方格（税费管控）

税费项目	设计控制方式					
增值税						
所得税						
个税						

单行道盈利创新三大步骤

第一步，使用"拿来主义"，看是否有现成模式借用。

直接套用别人成功的模式，搞得定则不用再走下一步。

第二步，实施"反述论"，看能否打破常规。

将标杆企业的商业逻辑描述成一句话，然后从"十大招式"、"六大突破"和"反述论推理工具"，来寻找"逆常规逻辑"，找到了就不用再走下一步。

第三步，用"QCS盈利方格"对"活力十方图"逐一突破。

使用现成的13个"QCS盈利方格"来寻求突破。设计"QCS盈利方格"时，我主要考虑了"六大突破"。

第二部分

节流——把企业做强

做大做强做安全

有些老板，终其一生也未能把企业做大；有些老板，虽然把企业做大了，但不强，最后还是垮了。比如恒大，恒大恒大，大而不恒，最终还是爆雷了，因为它不强。有句话叫作创业的尽头是负债，老板的尽头是老赖，讲的就是大而不强，摊子铺大了钱撒出去收不回来了，最终欠一屁股债。

如何做强？三个方面：

第一，要有强大的内控体系，让企业多赚钱，还要让企业赚的钱安全。

第二，实现低成本战略，保持竞争力，经济形势不好时，别人亏了，你还有得赚；经济形势好时，别人赚了，你赚得更多。

第三，具备强大的吸引力，能够将全社会的人才、资本、资源吸引到你这儿来为你所用。

第四章　内控
——老板要"三管三不管"

累死的老板不值得同情

随着中国经济深入发展，"老板"成了一个被人羡慕很有面子的称谓。直到今天，陌生人打招呼，还多称对方为"老板"以示敬重。我以前长住成都，后来长住深圳。如果有人问我在深圳发展得好不好，我负责任地说：深圳让我自信多了！为啥？很多人叫我靓仔，我对自己的颜值更自信了；很多人叫我老板，我对自己的能力更自信了！

我这里所说的老板，主要是民营企业老板，他们对企业拥有所有权。在企业内部，他们拥有最高权力。在企业外部，他们承担最大压力，企业生存和发展所需的一切资源，都需要他们自己负责整合。国有企业的负责人不是真正意义上的老板，他们对企业不拥有所有权，在企业内部他们虽然有最高权力，但在企业外部，他们并不一定承受多大压力，企业生存和发展所需的资源，更多也是由国家配置。

"老板"之所以被人羡慕，是因为绝大多数人都只看到老板人前的风光，不知道老板人后的辛苦甚至辛酸。

在过去30多年里，与我打过交道的民营企业老板有数千位，其中相当一部分还成了我的培训或咨询客户。民企老板普遍活得累，大老板心累，中小老板心累兼身累。这些老板，除了工作还是工作，长年无休，打理了公司却照顾不了家人。可悲的是，很多老板还把疲累当作敬业，把吃苦当作有事业心。外人还总以为这些老板的企业做得十分辉煌。事实上呢？我发现有三个普遍现象——

第一个现象，老板的辛苦程度，与企业规模成反比。

相比于小企业，大企业的事情要多得多。但是，大企业组织架构健全，运行流程完善，人员配备齐全，很多事情不需要老板亲自去做。小企业因为人员配备不齐，老板个个是全能选手。

很多在大企业做过高管的人，下海创业时感觉力不从心，就因为他们不是全能选手。在大企业里工作，本部门前后左右，都有其他部门支撑，本岗位前后左右，也有其他岗位配合。作为管理者，部门内部还有副手、助理以及秘书。很多高管多年里连电脑键盘都敲不了几下，动手的机会都没有，如何能成为全能选手呢？等到自己开公司了，前后左右都没人，啥都得靠自己。在这方面，我深有体会。创业之前，我是一家大型民营企业的高管，工作业绩相当突出，工作也相对轻松，很多事情不用亲力亲为。第一次创业，我开了一家文化公司，经营图书。公司人手少，老板是我，清洁工是我，前台是我，搬运工也是我……心理上的落差极大。记得当时租了西南财经大学南门外的一套公寓办公，公寓楼上住家和办公室间杂着，不知有多少次，我早上来到办公室门前，发现门前有一摊狗屎，那是晚上遛狗的人留下的副产品，我只得默默地亲自打扫，边打扫边回想起在大企业工作时一呼百应甚至享受众人恭维的情形。

第二个现象，老板越辛苦，企业团队能力越差。

造成这种情形，大致有四种原因：一是企业财力弱，无法配备优秀的人才，老板被迫自己多干；二是老板不放心，凡事亲力亲为，团队没有机会得到锻炼；三是老板能力越强要求也越高，别人做的都不入他的眼，或者效率不如他高，他干脆自己干了，团队倒成了带薪的看客；四是企业业务性质决定了必须由老板独力支撑。比如有的培训公司，老板是顶级专家，只有老板会开发课程会讲课，其他人只能做点辅助工作。再比如有的设计公司，老板是顶级设计师，其他人最多做点辅助工作。

我碰到一家服装企业，老板是夫妻，在人力资源方面造诣很深。他们前前后后招了不少人力资源经理，但没有一个能够存活下来，因为夫妻俩太内行了，总能挑出不足来。不得已，老公亲自管理人力资源，但他精力又不够，人力资源一直一塌糊涂。

我碰到一家家具企业，老板也是夫妻，两人都是财会本科毕业。多年以来，无论多么优秀的财务总监——包括我介绍的财务总监，在他们公司都待不长久，因为夫妻俩总觉得没他们自己优秀。后来，没人来他们公司管财务了，夫妻俩只好亲自折腾，终于靠本事把企业折腾破产了。

2023年9月，我碰到一家生产销售铸造辅料的企业，也是夫妻创业，身为董事长的老公拼命报考注册会计师，而且已经考过了两门课程。老板的学习精神固然可敬可佩，但不值得提倡。我告诉他，术业有专攻，要相信专业。在铸造辅料领域他是专家，我去学习十年也不一定赶得上他，而我是财税领域研究和实践30多年的专家，他就算考上了注册会计师，也未必达到我1/10的水平，实操能力则更是远不及我。我给他算了一笔账：他花一天学习财税，可能一分效益也产生不了，而他把这一天时间拿去研究产品，可能带来数百万上千万元的收益。如果他相信专业，把财税工作交给我做，我去给他控制成本费用、创造投资收益、合法减轻税负，可能一天就让他获益上千万元，而他自己把这一天时间拿去做研发和开拓市场，可能又是创造收益一千万元，他因此有了两个一千万元的收益，而他付给我的咨询费，不过九牛一毛。最后，他采纳了我的建议。

第三个现象，老板越辛苦，企业越没有前途。

老板辛苦，有两种情形：一是企业尚处于竞争的初级阶段，要靠做好事情求得生存，还没有上升到战略生存层面——也就是你小得没有同行看得起，还没有同行在制定竞争战略时想得起你；二是企业要么没有能够独当一面的团队，事事离不开老板，要么企业的业务性质决定了离不开老板。后者比如设计公司、培训公司，老板既是最强的技术员，又是最强的业务员。这两种情形，都面临一个可持续发展的问题——老板一休息企业就歇菜了。这样的企业，无疑是危险的。

老板之所以累，除了极少数是因为没钱招人外，更多的是出于主观原因：对别人的能力或品德不放心，不敢放手，不敢放权，管得多，做得多，错得也多。当然，也存在少数老板喜欢找存在感，喜欢别人对他顶礼膜拜——虽然他明知道很多是虚假的。如果是出于主观原因累死的，更不值得同情。

老板想要活得轻松点，我给出的建议是"三管三不管"：

一是"管预算不管钱"。把预算做好，每年、每季度、每月花多少钱赚多少钱，都先预算好，预算内的支出就不要去一笔一笔签字了，超出预算追加时才去签字。天天埋头签字，能够签出效益来吗？不可能。大小支出都签字的人，内心深处害怕自己一旦不签字了，就不像个老板了，就没存在感了。鸡毛蒜皮的支出都签字的老板，很容易落下"抠门儿"的评价。老板要留给员工一个大方的形象，员工才会觉得你好。

我有一个学员，是一家中等企业的老板。他对我说"五百万元以下的支出，我都不过问的"。我心想他应该很成功，公司管理应该非常轻松。

事实上呢？

有一次，我去他公司喝茶，在他办公室坐下没 5 分钟，咚咚咚，有人敲门进来，来到老板桌前，说请老板签字，我偏头一看：买两个拖把，28 元！

老板面子上有点挂不住了，急忙解释说行政部的负责人不在，他代签一下，平时是不签的。

半个多小时后，我从他办公室出来，见办公室外一长溜排队等签字的，有采购部的，有工程部的，有生产部的，有销售部的，金额都不大，少则几十元，多则几万元。难道这一天各部门的负责人都不在？

能够十天半个月不签一回字的，要么是企业根本没做起来，要么是企业做得很大了。

二是"管制度不管人"。把制度制定好,让制度去管人,而不要自己去天天盯着人不放。老板管人,看到不顺眼的就批评,早晚被员工封个"暴君"名号,让员工发自内心恨你!老板是不能让员工恨的,员工如果恨老板,就会挖老板墙脚,甚至举报老板不规范的行为。真正应该被员工恨的是职业经理人,职业经理人的重要职能之一,就是站在老板面前,替老板挡枪子儿。职业经理人被恨没关系,毕竟他们不是企业所有者,没有举报价值,再说了,他们还可以离职。制定制度,决不能心慈手软,但老板在员工面前,却要慈眉善目甚至傻乎乎,不要看见员工浪费了就大发雷霆,看见员工上班打游戏了就嚷嚷着要开除。正确的做法,是私底下提醒这些员工的上级主管好好执行制度。

有一家养老院,我经常去,因为那里住着很多老板,不少还曾经是我的学员。我发现,这家养老院的人,普遍得两种病:一种是心脏病,另一种是肝病。为什么?天天发火暴怒,心脏能好吗?肝脏能好吗?

三是"管考核不管事"。老板认真把考核机制做好,具体的事情交给各级职业经理人。在员工心目中,管钱的老板抠门儿,是葛朗台,管人的老板是暴君,那管事的老板呢?没出息!芝麻大的事都管,哪像个老板!管事太多,还妨碍员工的执行。老板要做的,就是定目标、定流程、定考核,具体的事务属于职业经理人分内的事情。老板再厉害,也只有一双眼睛一个脑袋,不可能超越职业经理人团队若干双眼和若干个脑袋的。

我建议老板"三管三不管",我本人也是这么做的。我长年居住在深圳，而我的公司及团队都在成都。一年到头，公司里会议都不用开，也开不了会议，因为团队成员总是在天南地北出差。在公司，我就做三件事情：建立预算机制、制定制度和建立考核机制。从 2014 年创立公司至今，我每年去公司的时间累加起来不会超过 5 天，我也从来没有批评过员工，甚至脸都不曾拉下过一次。很多人说我状态好，看起来比实际年龄小很多，问我是怎么保养的。其实保养方法就一个：闲事少管、走路抻展。四川的朋友应该都明白"抻展"的意思——轻松、轻快、顺畅。

不要迷信"高大上的内控手册"

2022 年 6 月，我碰到一个老板，姓氏很特别，姓撒，和央视某知名主持人一个姓。她说自己公司花了 90 多万元，请一家咨询公司做了一套内控手册，感觉特别好，就是没有成功落地。

90 多万元，不便宜啊！我问，咨询公司花了多少时间给你们做的？她说咨询师在她公司待了一周多，回去就弄了一套给他们，内容很丰富，足足有 1000 多页。听到这里，我就感觉丰富过头了，这么多内容，要落地，谈何容易啊。

她挺信任我的，过了几天，她把那本内控手册拿来给我看。哇，烫金的封面，漂亮的字体，美观的排版，铜版纸打印，太精美了，如果只从外观上看，一定配得上 90 万元。可细看了文字后，我忍不住连连摇头。

"你有没有想过，你们没有成功落地的原因是什么？"我问她。

她说，是公司的管理基础太差，业务团队水平低，她本人也没什么文化，好东西消化不了。当然，她这话不是一点道理没有。我记得我小时候，长期吃不上肉，肠胃不适应油水，一年到头我妈好不容易弄些肉给我们兄弟几个吃，我每吃必拉肚子——等于白吃了——就是肠胃档次太低，消化不了高档食物。难道只能怪肠胃？就不该怪一下肉吗？

会不会是咨询公司水平不到位呢？我问她。

不可能吧，人家那么高大上的机构，专家里好多都是海外留学回来的，怎么可能差呢？

真是一个可爱的老板，咨询公司都会把她列为优质客户——不仅仅因为她姓撒。

那本价值90万元的所谓内控手册，基本都是网上下载的各种管理制度和图表，只是把公司和部门名称做了修改，和她公司的实际经营管理相去甚远，怎么可能成功落地呢？能够网上流传的，通常也不差，但适合的才是最好的！但我没办法直接告诉她，担心她误会我想做她的业务，更担心她认为我在诋毁咨询同行。我只好给她打个比喻：假如你的老家在农村，你家门口有一条小路，祖祖辈辈走了上百年，走得还不错。后来，有人在你家屋后面山上修了一条公路，可修路时并没有为你家开一个出入口，只是给你家挂了一个绳梯。你觉得是原来的小路好，还是公路好呢？

可惜，她并没有领会到我的意思。后来，我听说她又请了几拨高大上的专家，做内控、做流程、做会议管理、做组织建设等，花钱如流水。2023年6月，我又无意中听到了她的消息：企业入不敷出，关门了。能够花 90 万元做份内控手册的企业，怎么转眼就关门了呢？有人告诉我，是被所谓"砖家"砸关门的。

在她企业关门后，曾经有人问她："你为什么不找邱庆剑老师给你做咨询呢？"

她说："我现在想找啊，可都关门了，没机会啦。"

那你以前为什么没有找呢？

你们猜她怎么回答的？她说："邱老师和蔼可亲，在我面前一坐，我感觉特别亲切，可我就是没有找他做咨询的冲动，因为感觉他太亲切太没架子了，和我平起平坐，和我差不多，我为什么要找他呢？你们看别的咨询顾问，往我面前一坐，就像庙里的金刚菩萨一样，我见了就要拜，不拜都害怕！"

可惜，我不会装大神啊！

有这种类似认知的老板并不罕见，也正是他们有这种认知，催生了一拨又一拨擅长装的骗子。有人可能会说，这些人都是小老板，大老板不会。大老板照样上当，只不过小老板遇到的骗子段位低一些，大老板遇到的骗子段位高一些。被贾跃亭收割的人，很多是大老板，上了许家印贼船的人，很多也是大老板，甚至是超级老板。拿内控来说，我手中有一份中字头企业的内控手册，洋洋洒洒数千页，花了上千万元请中外两家咨询机构合作做的，控好了吗？没有，这家企业的"一把手"都在这个内控之下被抓了。

咨询是一项很接地气的工作，尤其内控咨询，抛开对高大上的迷信，是老板们做好内控的第一课。抛开之后，路在哪里？这世界上的路，永远就两条：大路和小路。大路是官方的，小路是民间的；

131

大路是学院派的，小路是实战派的；大路是阳春白雪的，小路是下里巴人的；大路是贵族的，小路是草根的……内控方面的"小路"，是实战专家总结的一些土办法，我后面会介绍自己总结的土办法。这里先介绍一下"大路"，即官方的内控体系。财政部、证监会、审计署、银监会、保监会发布的《企业内部控制基本规范》《企业内部控制配套指引》代表了官方的基本要求，想走IPO（新股募集首发）之路的，应当按这个要求来做。

内控需要达到四个目标：

一是资产目标：维护资产安全完整。

二是合规目标：在法律允许的框架下从事经营活动。

三是报告目标：对内对外提供的报告及相关信息真实完整。

四是经营目标：经济有效地使用企业资源，提高经营效率和效果，促进企业实现发展战略。

根据《企业内部控制基本规范》《企业内部控制配套指引》，内控包括五个要素：

一是内控环境：治理结构、机构设置、权责分配、内部审计、人力资源政策、社会责任、企业文化。

二是风险评估：及时识别、分析经营活动中与实现内部控制目标相关的风险，合理确定风险应对策略。

三是控制活动：企业根据风险评估结果，采用相应的控制措施将风险控制在可承受范围之内。

四是信息与沟通：及时、准确地收集、传递与内部控制相关的信息，确保信息在企业内部、企业与外部之间进行有效的沟通。

五是内部监督：企业对内部控制建立与实施情况进行监督检查，评价内部控制的有效性，发现内部控制缺陷，及时加以改进。

根据企业的部门设置、岗位设置、业务流程，把上面这五个要素具体化为各项制度，就是一个完整的内控手册了。这个手册具体有哪些内容呢？我这里有一份目录，是为一家拟上市公司做的内控手册的目录（表4-1），大家按这个目录准备就是了。整个手册的内容太多，没有办法在这本书中呈现。

表4-1　企业内控手册实例（节选）

第1部分 总论	手册说明
第2部分 控制环境	组织架构：1."三会"及职责；2.四委员会（战略、审计、提名、薪酬与考核）及职责；3.组织结构图；4.部门职责；5.岗位说明书；6.权限划分
	发展战略：公司战略规划
	人力资源政策：人力资源管理制度
	社会责任：1.安全生产制度；2.产品质量制度；3.环保与资源节约制度；4.促进就业与员工权益保护制度
	企业文化：企业文化体系
第3部分 风险评估	风险评估：1.风险识别；2.风险评估；3.风险应对

（续表）

第4部分 控制活动	资金活动：1.筹资制度；2.投资制度；3.资金管理制度
	采购业务：采购管理制度（采购计划、供应商选择与管理、采购合同、采购及验收流程、付款控制及流程、采购岗位制约、舞弊防范）
	资产管理：资产管理制度（存货、固定资产、无形资产管理）
	销售业务：销售管理制度（客户信用管理、销售合同、管控流程、客户开发、收款及资金管理、舞弊防范）
	研究与开发：产品研发制度（立项、研发、成果转化与保护）
	工程项目：工程管理制度（立项、招标、造价审核、建设、验收）
	担保业务：担保管理制度（调查与评估、执行与监督）
	业务外包：外包管理制度（非工程）（承包方选择与评估、外包流程与监管）
	财务报告：财务报告内控制度（报表体系、报表编制与审核、报表对内对外提供管理及流程、报表分析及报送流程）
	全面预算：全面预算制度（预算委员会及职责、全面预算制度、预制执行与考核）
	合同管理：合同管理制度（合同订立控制及流程、合同履行及流程、合同保管制度）

（续表）

第5部分 信息与沟通	内部信息传递：内部信息传递制度（各级各部门报表及报告体系、各系统报表及报告传递流程、报告质量审核、外部信息收集及传递、信息质量评估、信息保密制度、内部报告风险控制）
	信息系统：信息系统管理制度（信息系统开发、信息系统运行与维护）
第6部分 内部监督	内部监督：监督机构、监督手段、监督流程

审批签字，如何解放老板

说到内控，就离不开审批，说到审批，就离不开签字。有的老板喜欢签字，有的老板是不得不签字。

喜欢签字的老板，认为签字是一种权力——抱着不放；不喜欢签字的老板，认为签字是一种负担——放不下。

抱着权力不放的老板，会出现很多问题——

比如：老板不放权，经营团队几乎无权，团队成长不起来，审批流程也就形同虚设或者根本没有流程。

比如：老板喜欢签字，就有人投其所好，大事小事都让老板亲自签，把老板搞得很累。

比如：老板喜欢签字，就有人诱导老板签字。一大早跑到老板办公室，哎呀，老板今天状态好啊，老板最近显得真年轻啊，老板越来越有气质啦……一顿猛夸，把老板夸得满脸笑容时，他从背后拿出一张单子，老板呀，请给我签个字吧。老板一脸笑容，表情一时半会儿转换不到严肃频道上来，加上气氛过于融洽拉不下面子，连单子后面的附件都不好意思细看就签了。签完了，人家拿着单子也走了，望着人家远去的背影，老板一百个不放心一百个后悔。没办法，只好拿起电话给财务负责人打电话：那个我刚才给某某经理签了字，没有仔细看，你帮我把一下关。你当老板的都把不了关，人家财务负责人怎么把得了关？

比如：老板喜欢签字，就给了有些人踢皮球推卸责任的机会。签了字，哪天出事情了，你想追究责任时，责任人对你说：老板，您是签了字的，您是同意了的，我是按您的指示办的啊！

比如：……不比如了，签字越多的老板，越没前途。

抱着权力不放的老板，没有授权，没有分权，弱势下属干脆甩手不管了——公司是老板的，只要不少我工资，多一事不如少一事；强势下属，就可能想着夺点权力去。后者在家族企业中比较常见，老爷子抱着权力不放，儿女们没有权力，就会想方设法弄点权力——公司也有我一份，凭啥我不能说了算？

我服务的一个客户就是家族企业，老爷子是董事长，儿子是总经理，老妈是财务总监。儿子的岳父是生产总监、岳母是采购总监，儿子的老婆是营销总监。两家人把大官都当完了，硬是不给外人一丁点儿机会。

老板父子买了两套房子，门对门，除了睡觉分开，其余时间都在一起。上下班同坐一辆商务车，老爷子亲自开车。他们的工作好像每时每刻都在进行，但工作沟通大多以吵的方式开展。在公司里吵，在商务车上吵，在家里也吵。他们的会议也无处不在。比如，深更半夜，老两口在睡觉，老爷子突然想起些事情，叫醒枕边老板娘：起来开个会！然后把对门儿子一家人吵起来开会。两家人只有一个厨房，老板娘在厨房里忙活着，老爷子可能走过来：开个会！于是，两家人围着灶台把会就开了。商务车上开会做重要决定的情况，也十分常见。

刚接手服务他们公司那阵子，我去他们公司比较频繁。

有一天，我刚迈进董事长办公室，就听见嗖的一声，一个搪瓷茶杯迎面飞来，幸好我多年打沙袋，身材变形不太严重，动作也还敏捷，说时迟那时快，我一闪身，躲过了。结果，杯子与我擦身而过后，直接飞奔总经理额头，总经理额头上当即起了一个大青包！

"什么情况？董事长，是我服务不到位吗？"我问老爷子。

老爷子赶紧起身迎向我，一边道歉："邱老师啊，千万别误会，我不是砸你，我是砸他！"他指着总经理。

"那您为什么砸总经理呢？"我又问。

"他是我儿子，我是砸儿子，不是砸总经理。"

"他是总经理，在公司是总经理，回家才是您的儿子。"

"好吧，就算是儿子总经理吧！"老爷子很不情愿地说。

我把两个人分别拉到不同房间。我先单独问老爷子是什么情况。老爷子说，这个儿子总经理太不像话，很多事情自作主张，不向我这个爸爸董事长汇报。我一听就想起峨眉山了，老猴王的权力被侵犯了。我又去单独问儿子是什么情况。儿子说，老爸年龄大了，身体又不好，我想多为他分担点儿，有些事情我认为没必要对他讲，他就不高兴了，天天找我吵。明白了，小猴王长大了。

但根本问题不在于老猴王老了、小猴王壮了，而是公司缺乏一个权力分配机制。于是，我展开调研后发现，公司大事小事，最后都是要老爷子签字才算数。儿子觉得自己没有权力，有些事就不通过老爷子，而用自己总经理的身份压制其他人执行。对于这种事情，处理起来说难也难，难在父子俩对分权重要性的认识；说易也易，就是一个分权表单而已。经过好几轮沟通，两个人都意识到分权的重要性了，如果不分，下一次就可能不是扔搪瓷杯子，而是扔飞镖了。然后，我作了张分权表，明确哪些事情董事长说了算，哪些事情总经理说了算。

有了分权，董事长和总经理逐步各得其所，冲突一下子少了许多。后来，我又提出一个规范要求：只能在公司开会，并且要有秘书作纪要，大家在纪要上签字才能生效，出了公司大门开会都无效，决议也无效。这一要求很快落实下去，身为总经理的儿子说了一句心里话：终于感受到了自己除了工作时间，还有生活时间。为了避免家庭决策失误，我还建议他们引入独立董事。提出这一建议后，我立即后悔了，因为老爷子当即聘我为独立董事，我又摊上一堆事情。

我们再看看视签字为负担的老板。

签字是负担，说明签得累。签得累，说明管理上一定有问题：没有职业经理人认真签。职业经理人没把好关，事事得老板把关。没有人认真签，说明签字没有和责任挂钩。签字没有和责任挂钩，说明老板不会分解责任。说来说去，还是老板的问题。

有一家企业，董事长因为税务问题，受到严重惊吓，吓瘫痪了。董事长姓吕，他的孩子刚刚拿到美国一所大学的录取通知书，他只能让孩子中止学业，马上到公司接班。同时，吕老板找到我协助解决税务问题。我带领他的孩子经过一个多月努力，问题解决得很圆满，孩子也得到高强度高难度锻炼。吕老板一感动，就让他孩子拜我为师，并提出让我去他们公司挂职总经理，带带他的孩子。我说，我做总经理不行，我如果做总经理，你孩子永远也成长不起来，应该让孩子做总经理，我挂个副职，我协助他。

这是一家家族企业，公司里各大高管都是孩子的叔叔阿姨。现在孩子做总经理，要管叔叔阿姨了，还真是极大挑战。刚开始那阵子，开总经理会，这孩子发言都难，一发言，双腿就抖得比抖音还抖，我只好将一只手搭在孩子大腿上，使劲按住才稍微好一点——哦，忘了交代，是男孩子，女孩子我可不敢。

开会、发言还不算什么，最磨人的是签字。

公司不大不小，一年有2亿元左右营业额。孩子挺敬业的，每天早上天没亮就去上班，一直忙到次日凌晨。干吗呢？签字，签不完的字。签得很仔细很认真。因为不放心，因为不太懂，签字还老是问我：老师，这项支出该不该签？老师，这个票据规范不规范？老师，这个审批流程对不对？从早上开始，我陪着他，一天就回答他这些问题。晚上10点过了，他开车把我送到我家楼下，我上楼休息，他还在楼下茶馆继续工作两个多小时，然后开车回家。

"你这样签字，不行的！"一周多后，我熬不住了，对他说。

"老师，不这样签字也不行啊！"孩子说。

"你得放心，而且放手啊！"

"如果我放手，公司就出问题了，我爸身体肯定好不了了。"

"唉"，我叹了一口气，"你这样签字，公司还没垮，我这老师的身体就垮啦！"

孩子看着我，明白了："老师，您头发都白了，怎么办啊？"

"找个人帮你签字吧。"

找谁呢？孩子倒是放心我，但我是不愿意去签字的。我在头脑里排查了一遍，孩子的妈妈是农村妇女，连字都认不了多少。孩子的弟弟，在上初中。排查到第二天，我想到了人选：董事长秘书，一个20多岁的姑娘，曾经在跨国公司干过。

"邱老师，你就算打死我，我也不敢替总经理签字啊！"当我找到董事长秘书，提出想请她代总经理签字时，她这样对我说。

为什么？

"邱老师，你没看到吗？总经理为什么签字累，不就是各级管理人员都乱签字吗？他们乱签，不负责任，起不到把关的作用，总经理就必须认真把关了，总经理是最后一关啊！就像打仗，虽然有一道又一道城墙，可外围的守将都放弃了抵抗，内城的总经理就必须亲自抵抗了。"

我明白了，终审由谁执行并不是最重要的，最重要的是初审、复审是否认真履行。如果前面的人签字都不认真，总经理就必须认真；如果前面签字的人都认真，总经理就无须认真了。想要让他们认真签字，必须让他们承担起签字的责任。

几天后，我出台了一份文件，文件附在下面。在这份文件里，我规定，所有签字的人，都必须履行具体的职责、承担责任，并对前面的人签的字进行复核。如果前面的人签错了，你跟着签，承担连带责任。如果因为签字给公司造成损失了，按比例赔偿；如果损失全部追回来了，按追回额10%承担追偿成本；如果部分追回呢，就赔偿未追回部分并承担追回部分10%的追偿成本。文件下发后，很多人笑话我：呵呵，我们是打工的，怎么可能赔偿，邱庆剑你在搞笑吗？

关于落实各级管理人员资金审批签字责任的通知

司属各部门：

为了保障公司资金安全，落实各级管理人员签字责任，经公司研究出台本通知。

1. 资金审批签字流程

下面两个流程的签字顺序是不一样的，非正常付款会计在两个环节监督。

1）正常付款流程（借支、预付、报销、偿付）

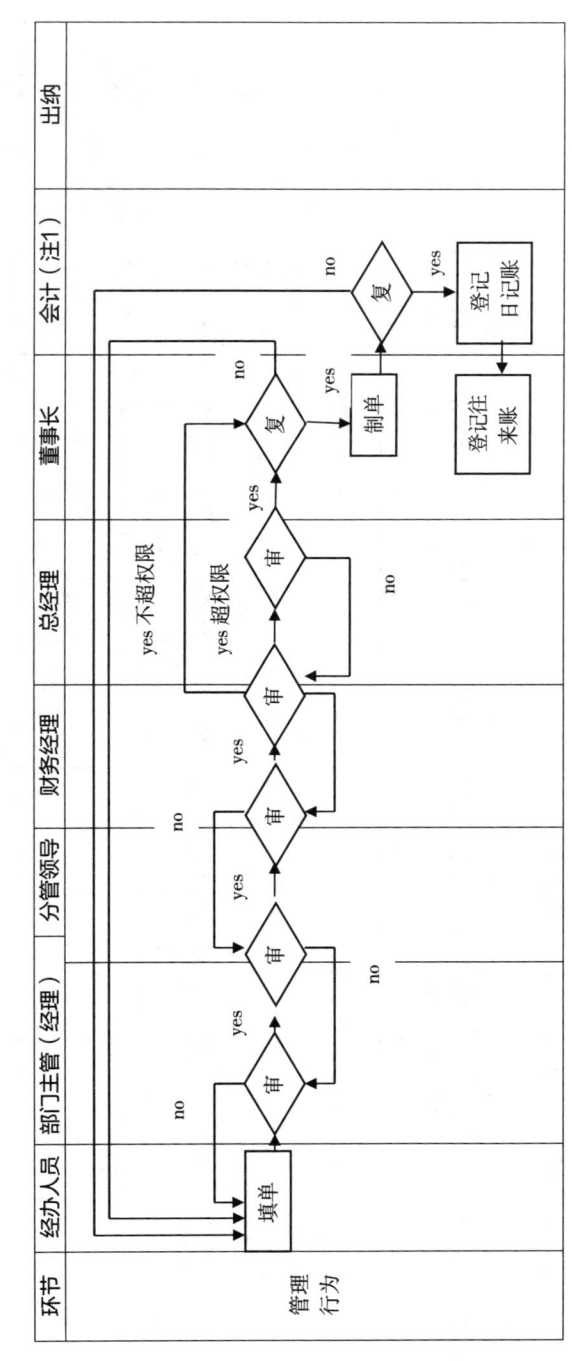

环节	经办人员	部门主管（经理）	分管领导	财务经理	总经理	董事长	会计（注1）	出纳
管理行为	填单	审 no/yes	审 no/yes	审 no/yes	审 yes不超权限 / yes超权限 no	复 yes/no	复 yes/no → 制单 → 登记往来账 / 登记日记账	

注1：借支和报销，由费用会计负责；预付和偿付由债权债务会计负责。

2) 非正常付款流程（退款、赔款等）

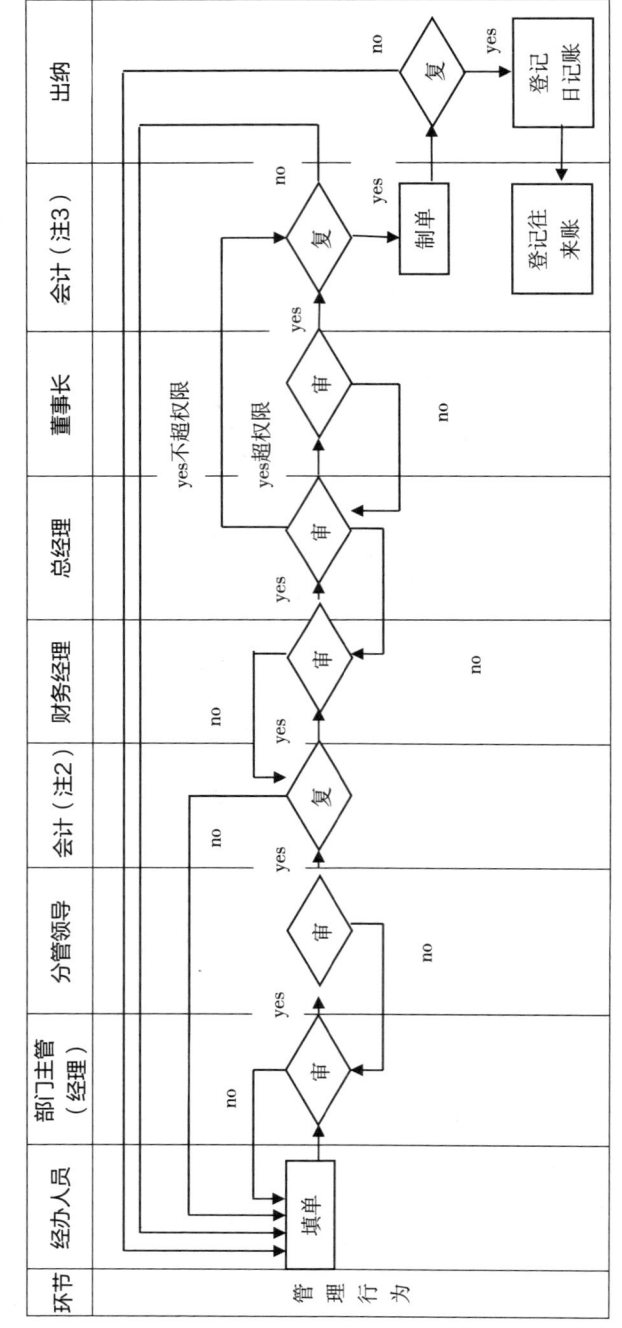

环节	经办人员	部门主管（经理）	分管领导	会计（注2）	财务经理	总经理	董事长	会计（注3）	出纳
管理行为	填单	审	审	复	审	审	审	复 / 制单 / 登记往来账	复 / 登记日记账

注2：非正常付款，需由经办会计（销售退款为销售会计，赔款为费用会计）事先复核，并做好记录；

注3：销售退款为销售会计负责，赔款为费用会计负责。

2. 各级签字人员的责任

1）正常付款各级责任

环节\责任	经办人员	部门主管（经理）	分管领导	财务经理	总经理	董事长	会计（注1）	出纳
责任	1.保证票据的真实性 2.保证填单的规范性	1.确定业务真实发生 2.确定符合报销范围	1.确定业务真实发生 2.确定符合报销范围	1.确定付款标准符合规定 2.确定票据真实有效 3.确定金额加计正确 4.确定部门（经理）、分管领导通过 5.确定填写规范	1.确定付款符合规定 2.确定部门主管（经理）、分管领导、财务经理已审核通过	确定部门主管（经理）、分管领导、总经理、财务经理已审核通过	1.确定付款标准符合规定 2.确定票据真实有效 3.确定金额加计正确 4.确定部门主管（经理）、分管领导、财务经理、总经理、董事长已审核通过 5.确定填写规范	1.确定票据真实有效 2.确定金额加计正确

注1：借支和报销，由费用会计负责；预付和偿付由债权债务会计负责。

做大做强做安全

2）非正常付款各级责任

环节	经办人员	部门主管（经理）	分管领导	会计（注2）	财务经理	总经理	董事长	会计（注3）	出纳
责任	1.保证票据的真实性 2.保证填单的规范性 3.确保备忘登记，避免款项重复、货物多发	1.确定业务真实发生 2.确定符合报销范围	1.确定业务真实发生 2.确定符合报销范围	1.确保登记及时，避免款项重付，货物多发生 2.确定付款标准合规定 3.确定票据真实有效 4.确定金额加计正确 5.确定部门主管（经理）、分管领导已审核通过 6.确定填写规范	1.确定付款标准符合规定 2.确定票据真实有效 3.确定金额加计正确 4.确定部门主管（经理）、分管领导已审核通过 5.确定填写规范	1.确定付款符合规定 2.确定部门主管（经理）、分管领导、财务经理已审核通过	1.确定部门主管（经理）、分管领导、总经理、财务经理已审核通过	1.再次确定付款标准符合规定 2.再次确定票据真实有效 3.再次确定金额加计正确 4.再次确定部门主管（经理）、分管领导、财务经理、总经理、董事长已审核通过 5.再次确定填写规范	1.确定票据真实有效 2.确定金额加计正确

注2：非正常付款，需由经办会计（销售退款为销售会计负责，赔款为费用会计负责）事先复核，并做好记录；

注3：销售退款为销售会计负责，赔款为费用会计负责。

第二部分 节流——把企业做强

3. 失责的处罚

1) 签字质量把关与处罚

签字质量两道把关：

第一道由总经理授权总办。操作办法为：（1）在总经理签字之前，总经办对签字前端人员的签字进行复核，对照上述责任表，若出现未尽责情况，每项每次对签字人员进行罚款，职员级100元，经理级200元，分管领导级300元，同时将付款手续退回；（2）当多个签字人员涉及同一项责任时，比如"确定业务真实发生"由部门负责人和分管领导共同承担，若出现这表责任未履行，均每项每次进行处罚，职员级100元，经理级200元，分管领导级300元。（3）总经办复核后，签字，然后才交总经理签字。

第二道把关由制单会计把关。操作办法同第一道关。

2) 损失赔偿

当出现重付、多付、货物多发、重发时，如果追回损失，则将追回损失的5%~10%作为追债成本，由签字人员承担；若未追回损失，则由签字人员全额承担。

145

各级签字人员承担比例如下。若经办人失踪，则经办人的5%由部门主管（经理）赔偿。

环节	经办人员	部门主管（经理）	分管领导	财务经理	总经办	会计	出纳
比例	5%	25%	25%	25%	2.5%	12.5%	5%

特此通知

深圳市××有限责任公司

××××年××月××日

想看我的笑话，可不是那么容易的。

文件下发不久，出了一件事情：公司修建一个屋顶花园，预算5万元，但最后需要支付人家8万元，多出来3万元纯粹是因为相关人员不负责任。无奈他们都签字了，不支付施工方肯定是不行的。在办理完结算后，我把这多出的3万元按比例在相关人员工资中扣除：经办员25%，主管25%，经理15%，分管总监15%，分管副总经理10%，财务审核5%，财务经理5%。邱庆剑动真格了！从此以后，所有签字的人员都认认真真签字了。

总经理把签字授权给了总经理秘书，从此摆脱了签字负担，我也轻松多了。总经理这孩子从签字中解脱后，一心扑到业务中，公司业绩突飞猛进，年年增长50%甚至翻番。瘫痪在床的董事长，天天看着报表喜笑颜开，结果，笑神经打通了任督二脉，瘫痪竟然好了。

董事长身体好了，找到我说要回公司上班。我说你是董事长，回公司上班是你说了算，不过，你回去可能会没事干了。在我下发的那份文件里，虽然保留了董事长签字那个环节，但实际上早已经形同虚设了。董事长回到公司枯坐了一个月，竟然没有人找他签字汇报工作，他无聊至极，又来找我想办法。

董事长该干啥？整合资源，优化企业外部生态环境！我这样开导他。在我的开导下，他想明白了，他去弄了一个商会，自封会长，天天带着一帮会员，开着越野车到野外搞生态。企业后来发展得咋样呢？2020年年初，总经理打电话跟我说，经过4年左右的快速发展，公司年营收已由董事长瘫痪前的2亿元左右增长到了10亿元左右!

这个案例,充分证明了我常常强调的一个观点:签字是签不出效益的,不签反而有效益!同时也证明了:放权不是放手那么简单,而是建立一种机制,让被授权者不敢乱用权力。

"三问检点表"让我纵横职场几十年

在过去几十年里,我接触过的老板有好几万人,深度服务过的也有好几千人。不知大家是否和我有一样的发现:在绝大多数时间里,绝大多数老板总是阴沉着脸的。他们不是故作深沉,而是真的不开心,甚至是焦虑。

老板们为什么不开心?

你可能会找到很多种理由。其实,最核心的理由,是他们睡不好觉。

为什么睡不好觉?

因为石头。

石头?我们看看一位陈姓老板的不开心,就明白是什么意思了。陈老板一大早就到了办公室,工作差不多2小时。9点左右,员工们陆续打卡进入了公司。陈老板给小张安排了一项工作,给小李安排了一项工作,给小王安排了一项工作,给小郑安排了一项工作……站在陈老板的视角想一想,每安排一件事情,是不是就在心里吊上一块石头了?安排完工作,陈老板就忙去了,这一忙就是一整天,到了晚上该休息时,回想今天安排的一项又一项工作,不知道小张他们做得咋样了，碍于情面，时间太晚又不方便打电话问他们。那若干块吊在心里的石头，在陈老板上床睡觉时也放不下来，而且，它们还晃晃荡荡砰砰砰响个不停……这一晚上注定睡不好了。第二天起来，陈老板萎靡不振、皮肤松弛、头晕脑涨，他能高兴起来？

作为职业经理人，让老板在每天下班前把心里吊着的石头放下来，既是一种职责，又是一种人道的表现。让老板把石头放下来，老板自己高兴，老板对你也高兴。

怎么让老板把石头放下来呢？

说起来很简单，就是每天下班前给老板一个明确的回复：完成了，或者完成到什么程度了，没完成的明天怎么继续执行。你没完成，理由正当，老板是可以接受的。你不闻不问、不声不响，老板就接受不了。

早年，我也是一名职业经理人。从20多岁的小青年开始，我就是职业经理人中的佼佼者。从小鲜肉到半老腊肉，百万年薪都已经让我没有感觉了。曾经有人说我一路开挂过来的。在我任职的其中一家企业，高级管理者能够熬过一年，就可以称为元老了，我却一干就是七八年，而且一直如日中天。

其实，我靠的仅仅是一个小小的工具——在我的电脑桌面上有一个表单，叫三问检点表。

作为职业经理人，想改善自己的生态环境，要做好几个动作：请示、汇报、沟通、回复。请示和汇报，是对上级；沟通是对平级和下级；回复是对上级、平级和下级。上级、平级、下级都对你满意，你自然就有了好的生态环境，我称之为"360度满意圈"。

主动请示、主动汇报、主动沟通、主动回复，是抬高对方、重视对方。一个人只有抬高了别人，别人才会抬高你；只有重视别人，别人才会重视你。三问检点表是每天早上上班、中午下班、下午下班三个时间，分别问自己"今天我请示了吗"、"今天我汇报了吗"、"今天我沟通了吗"和"今天我回复了吗"。这样做的目的，是让自己不遗漏工作，更是及时让对方把心里的"石头"放下来。遇事不请示，做了事不汇报，上级不高兴；遇事不沟通，平级认为你不把他放在眼里，下级认为你不重视他的意见；上级、平级、下级等你回复，你闷着不吱声，都对你不高兴。

我这里给大家提供了一个三问检点表样例（表4-2）。

表4-2 三问检点表样例

项目	早上上班	中午下班	下午上班	下午下班
昨天未完事项	1. 2. 3. 4. 5.	1. 2. 3. 4. 5.	1. 2. 3. 4. 5.	1. 2. 3. 4. 5.
今天我请示了吗？	1. 2. 3. 4. 5.	1. 2. 3. 4. 5.	1. 2. 3. 4. 5.	1. 2. 3. 4. 5.

（续表）

项目	早上上班	中午下班	下午上班	下午下班
今天我汇报了吗？	1. 2. 3. 4. 5.	1. 2. 3. 4. 5.	1. 2. 3. 4. 5.	1. 2. 3. 4. 5.
今天我沟通了吗？	1. 2. 3. 4. 5.	1. 2. 3. 4. 5.	1. 2. 3. 4. 5.	1. 2. 3. 4. 5.
今天我回复了吗？	1. 2. 3. 4. 5.	1. 2. 3. 4. 5.	1. 2. 3. 4. 5.	1. 2. 3. 4. 5.
今日小结	1. 2. 3. 4. 5.	1. 2. 3. 4. 5.	1. 2. 3. 4. 5.	1. 2. 3. 4. 5.

坊间有这么一个说法：晚上，员工都睡着了，老板就睡不着了；反之，员工都睡不着了，老板就可以呼呼大睡了。说的就是老板放不放心的问题。作为职业经理人，不仅要让老板放心睡，更要让上下左右的人都因为你而安然入睡。

土得掉渣的内控体系

2023年国庆节假期，我爬上深圳大南山，远望大海近看山脉，一激动，写了一首打油诗：

《登深圳南山有感》
远望前海海无前，近看南山山无南。
前后左右无旧路，只缘身在最高点。

当你站在一座山的最高点时，是没有路的，路得靠你自己踩出来。当你在某个学术领域站在最高点时，也是没有路的，没有前辈可瞻仰，没有经验可借鉴，没有案例可参考。你的每一步，都是开拓道路，都是积累经验和案例，你失败了就销声匿迹，成功了就是别人瞻仰的前辈。这首打油诗，表达了我自己不愿意走老路的志向。

曾经有人问我，为什么那么喜欢写书。其实，不是我喜欢，而是不得不写。现在你看的这本书，如果我没有统计错误的话，是我的第93本了。在工作中，每当我碰到困难时，我首先是找别人的书看有没有现成的方法。如果有，我就拿来试用，经过试验，行就继续用，不行的话就自己琢磨出一个方法来，琢磨出来后试用，试用成功就写成一本书，传播我的方法。我是一个实用主义者，我琢磨出来的方法，都土得掉渣，难登大雅之堂——我也不在意，能登车间和办公室就可以了！大雅堂旧址在四川省眉山市丹棱县，我的土办法，在大雅堂旁的企业就用得不错呢。

前面讲了高大上的内控，接下来我们讲一下实用的土内控。这套内控中有些方法，是司空见惯的工具，有些还是我的原创工具。

内控机制："五环内控"模型

如何建立有效的内控机制？

我常常被问及这个问题。为此，我根据自己多年积累的经验，分析不同规模企业的需求和管理成本承受能力，提出"五环内控"模型（图4-1）。初创微型企业，实施第一环；业务趋于稳定的小型企业，实施第一环和第二环；具备一定规模的中型企业，实施第一环、第二环和第三环；大型企业实施第一环、第二环、第三环和第四环；大型集团公司实施第一环、第二环、第三环、第四环和第五环。

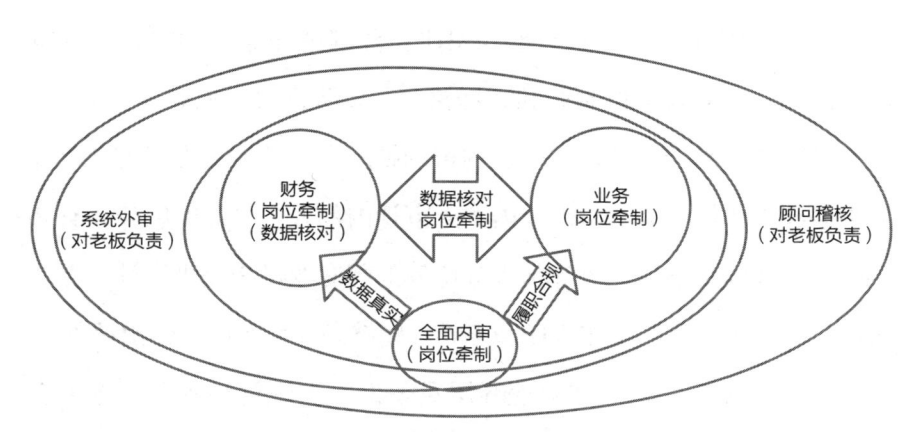

图4-1 "五环内控"模型（小微企业三环即可）

第一环：财务环。做好财务岗位设置与财务核算。从两个方面提升内控：财务岗位间不相容职责分工制约和岗位之间数据核对。不相容职责分开，避免腐败和舞弊，比如最基本的会计与出纳分开；

数据核对防范差错和人为篡改，比如总账与明细账核对。

第二环：业务环。做好业务岗位设置与业务管控。从三个方面提升内控：业务岗位间不相容职责分工制约、岗位之间数据核对，以及财务岗位与业务岗位数据核对。

第一环和第二环，也存在相互制约和数据核对。财务和业务在很多职责上是要分离的，比如财务人员就不能参与采购、仓储管理等。财务与业务数据核对，指的是财务要验证业务的统计数据，业务要验证财务的核算数据，通过验证减少差错。

第三环：全面内审环。全面内审不仅仅审财务，也要审各职能部门。对财务的审计是审计财务数据真实性、准确性和及时性。对职能部门的审计，是审计制度建设及时性、完整性、有效性和必要性。全面内审和传统的内部审计相比，范围更加宽泛和深入。内审部门内部，也需要岗位制约和数据核对，以降低舞弊或腐败行为。

第四环：系统外审环。全面内审的缺陷是审计人员可能与被审计方串通起来作假，为了防范"内部人审计内部人"可能的缺陷，有必要聘请会计师事务所、审计师事务所等外部专业机构提供审计。专业机构审计有系统性的工作程序和工具，能够高效率对内控作出评价。

内审舞弊或腐败，在企业界屡见案例。出现这种问题，老板有很大责任，老板给了内审部门过大的权力，却缺乏应有的制约。这个制约包括三个方面：一是内审部门内部的相互监督制约；二是外审对内审的监督制约；三是各职能部门包括财务部门对内审部门的监督。在一家大型家私企业，老板安排自己的堂弟做内审经理，授予了该经理非常夸张的权力和非常夸张的权威。夸张到什么程度？

任何人都不敢对内审经理和内审部门提出一点点质疑，一旦质疑就被打击报复。在这个过程中，老板也行为夸张：他认为内审部门打击得越厉害，意味着内审部门越有责任心，越维护企业和老板的利益。结果呢？内审经理后来成了公司最大的蛀虫，贪污额高达数亿元。

第五环：顾问稽核环。外审通常是采用抽样审计，抽样审计存在固有缺陷，即样本过小或抽样方法不当，可能发现不了某些问题。因此，大型企业还聘请专业顾问，再一次防范内控失效。顾问对企业最高层负责，直接向老板汇报工作。

上述五环内控，后面一个环是对前面一个环缺陷的防范，后面一个环是在前面一个环基础上又增加一道"保险"。你如果记不住，可以哼一下那首歌：啊，五环，你比四环多一环；啊，五环，你比六环少一环……

内控方法：内控9个方向27个关键点

"五环内控"建立内控机制，那具体方法有哪些呢？我总结出27个关键点，这27个关键点分别对应内控的9个方向：

1. 淘汰机制+账期模式+库存管理：控制供应商并实现变相融资
2. 采购询价+舞弊重罚+奖励机制：杜绝收回扣并净化供应渠道
3. 成本预算+成本考核+节约奖励：控制浪费形成全员理财文化
4. 收支平行+权限划分+收支日报：杜绝资金流失挪用贪污腐败
5. 岗位制约+账实盘查+反向监督：杜绝假账串通作案群体腐败
6. 索赔机制+监察审计+全员监督：打击官僚杜绝形式群众监督
7. 目标到人+考核到人+工作分析：杜绝混日子不作为人力浪费
8. 责任分解+梯形沟通+桥梁考核：打击推卸责任强化协作效率
9. 淘汰机制+信用监测+账期模式：控制经销商和市场降低坏账

方向一：控制供应商并实现变相融资

稳定的供应，是对采购部门的基本要求。通过优化采购，实现变相融资，是对采购部门的高标准要求。包括三个关键点：

一是淘汰机制。每年对供应商合作情况进行考核，奖优罚劣，合作好的让利，合作不好的淘汰出局。这种机制一旦形成，企业在采购方面就可以获得更多好处。恒大公司每年都对供应商进行评比，为了拿个金牌供应商称号，多少供应商抢得头破血流。当供应商之间激烈竞争时，采购商就轻松了。当年抢得最卖力的供应商，最后是被恒大坑得最惨的供应商。

二是账期模式。不知从何时起，这个世界上欠钱的成了大爷。在采购方面，就算有钱，也要欠钱。欠钱有两个好处：一是欠钱的是大爷，在合作中处于主动和强势地位；二是欠钱是一种变相融资行为，把供应商的钱拿来自己花，比花银行的爽多了，银行要利息而供应商不敢向你要利息。黄光裕把国美电器开成了银行，电器公司把商品放在国美店里卖，他不给钱，卖了也不一定马上给钱，而是拿来自己周转一段时间后才给供应商。这就如同把邻居家的母鸡抱回自己家里，母鸡生了若干个蛋之后，再把母鸡还给邻居。马云把淘宝开成了钱庄，买家给了现钱，淘宝却并没有马上把钱给卖家，而是7天后才给，这7天里，钱就被淘宝当母鸡抱回家了。

三是库存管理。库存管理也是一种变相融资行为：一方面库存量多，占用资金多，库存量低，占用资金少；另一方面，把库存压力转嫁给供应商，资金压力就成了供应商的了。

我们常听说某某企业管理好，实现了零库存。世界上有零库存企业吗？当然没有，所谓零库存，是把自己的库存转嫁给了供应商。

我曾经在一家大型制造企业担任高管职务。在我进入这家企业后，我发现该公司材料中心非常庞大，占地2000多亩[①]，仓管员工达200多人，年工资支出2000多万元，账面材料占用资金近8亿元。这不是有钱，而是奢侈！经过进一步分析，我发现这家公司采购管理相当不科学，8亿元资金至少有3亿元是多占用的。如果把这多占用的3亿元资金省下来投入运营，一年利润可以增加3000万元！

我先是找到采购中心，希望他们实现经济批量采购，但收效甚微。大企业内部相当复杂，关系复杂，利益纠葛复杂，非一朝一夕能够改变。接下来，我找到材料中心，希望他们推动采购和生产两个部门优化材料占用量，效果还是不明显。在突破经营管理困境方面，我有一个多年的认知：攻内不行则攻外，安内不行则攘外。外部斗争可以激发内部团结，外部矛盾可以化解内部矛盾。我想到从供应商角度着力。我做了三步工作：

第一步，建立信用。我一一梳理供应商欠款，承诺按时付款，并实实在在兑现承诺。当我找到供应商表达这一意思时，他们竟然不相信："邱老师，你是新来的吧？你们公司什么时候信守了承诺啊？"但我做到了，不是没钱，而是没有用好钱，我用好钱，兑现承诺却没有增加公司资金压力。一时，公司信用度和口碑迅速提升。

第二步，约定欠账期。因为有了信用，大部分供应商都支持。当我提出3个月账期时，有的供应商说3个月太好了，以前3年都

[①] 1亩≈666.67平方米。

不一定能够拿到钱。当然，也有极少数供应商不高兴，因为他们以前和采购人员关系好，几天就拿到钱了。但钱在我手里，我是大爷，极少数不高兴的给我忍着。

第三步，递进式缩短送货期。先是要求供应商接到送货需求单时7天内到货，然后缩短到6天，再缩短到5天、4天、3天、2天、1天，最后缩短到4小时、1小时、半小时、10分钟、5分钟。在我提出3天到货时，距离远的供应商就吃不消了。我是大爷，吃不消你自己想办法。想什么办法？他们跑来问我，邱老师，你们公司旁边有没有库房，我们租下来，把材料放那里，以便保证3天到货。我说有啊，我们材料中心占地2000多亩呢。不断有供应商要租库房，最后，我们把占地2000多亩的库房都租出去了。人呢？材料中心的200多人要么直接辞退了，要么转成供应商的员工了，材料还是那么多放在里面，但我们自己却是零库存了，我们省下了8个亿的材料资金，省下2000多万元的人员工资。库房的材料安全问题，也成了供应商的问题了。

方向二：杜绝回扣并净化供应渠道

采购吃回扣，是令很多企业头疼的事情。不放心外人，很多老板亲自抓采购，或者让老婆抓采购，实在不行就让亲戚抓采购，总比外人值得信任，最坏的情况也不过肥水流到自家田。

在杜绝吃回扣方面，我们也提出三个关键点：

一是采购询价。这是一个很传统的手段，就是货比三家。询价工作、供应商谈判工作、合同签订工作三分离，能够在很大程度上防范舞弊和腐败。

二是舞弊重罚。对舞弊行为加以重罚，包括对供应商重罚和对采购人员重罚，让其不敢轻易行贿受贿。

三是建立奖励机制，包括举报他人奖、举报供应商奖、自我举报奖——拒绝不了回扣而上交，给予上交者奖励。

方向三：杜绝浪费形成全员理财文化

让每一分钱产生效益，是财务管理的基本要求。在财务管理中，我们有利润中心和成本中心一说，但我认为，如果让每一分钱都产生效益了，就没有成本中心了，都成为利润中心了。全员理财，就是要让每一个员工花的每一分钱都产生效益。

在杜绝浪费方面，我们建议三个关键点：

一是做好成本预算，让每一个员工知道自己的业绩目标是多少，能够花多少钱，让他主动去规划如何把钱用在刀刃上。这里的预算，包括生产成本、采购成本，以及各种期间费用。

二是做好成本考核。有了目标，不予考核，目标就会成为虚设。通过考核，奖优罚劣，推动每一个员工重视预算，认真工作。

三是实施节约奖励。将节约业绩与个人收入挂钩，是最有效也是最直接的驱动力。比如，制定一个节约目标，节约额的百分之几十给到个人。

方向四：杜绝资金流失挪用贪污腐败

资金流失，是每一个老板都担心和关心的事情。一些老板想到的方法是安"眼线"，人盯人。但"眼线"也有被腐化的可能，人盯人不如定措施，措施结合机制，钱就很难丢了。

在杜绝资金流失方面，我们推荐三个关键工具：

一是收支平行，即收支两条线。收支两条线，是我们财务管理中非常基础的一个工具，但为什么要收支两条线，很多人知其然不知其所以然，故而心中就难以重视起来。比如，在某些老板心目中，办事处今天收到10万元，又要开支10万元，收到的是人民币，支出的也是人民币，何必还搞那么麻烦，收到就花得了。收到就花，叫"坐支"。支持坐支的老板，并没有意识到坐支的害处。我们搞收支两条线，可以知道每天收了多少钱，又花了多少钱。如果坐支，收款单位就不用报告了，收到就花，财务部门就不知道他们收了多少钱。收款单位钱多了，管钱的人就会动歪心思，这钱是不是装一点进自己口袋呢，是不是拿去炒个股呢，是不是拿去给网红刷个礼物呢。收款单位收到钱就可以花，10万元是花，100万元也是花，1000万元也是花，这就绕开了支出审批，那还要审批控制干什么呢？坐支，架空了财务监管部门，也早晚架空老板，所以，搞得麻烦有麻烦的道理。

二是权限划分。这个内容，我们在前面已经讲过了，一定要有明确的权限，哪一级人多大权力，不能越权审批。

三是收支日报。这更是一个非常基础的工具，就是一个收支明细报表。收支单位每天向监管方提供收入和支出明细。监管方每天索要并检查这个报表，收支单位就每天感觉到有一双眼睛在盯着，不敢动歪心思。

方向五：杜绝假账串通作案群体腐败

一旦出现群体腐败，企业就非常危险了。我们看那些倒下的知名大企业，在其倒下之前，几乎都存在群体腐败，大家眼见企业不行了，就开始各自捞钱，有的捞完跑了，有的还没跑企业就垮了。

长期受老板强力管控的企业，一旦老板放松管控，也容易出现群体腐败。

我有一个学员，女强人，在企业里拥有绝对权威，没有人敢说一个"不"字，虽然多年以来企业没有什么成系统的制度，却丝毫没有出问题。但有一年，她不得不休假6个月，因为生孩子。休假之前，她每个月能从公司拿出上百万元利润。自打休假开始，她每个月不仅拿不走利润，还得往公司贴钱。当她对我说起这个情况时，我问她营收有没有下滑，她说不仅没有下滑，还在增长。营收在增长，却要倒贴钱，要么是成本费用出了问题，要么是销售回款出了问题。经过调研，我发现是自她休假开始，成本突然显著提高。经过进一步调研，我发现是采购、生产、财务一条龙串通作假。采购和供应商勾结起来，虚入空库，比如，供应商拉来8吨材料，采购人员让供应商开10吨的发票，多出来的2吨由供应商折现给采购人员；采购人员再和仓储人员串通，虚开2吨入库单入库房；采购人员再和生产人员勾结，在领料时虚开2吨领料单。当然，这一切离不开财务参与做假账和利益共享。老板被动之处在于，所有环节，该签字的人都有签字，她和供应商打官司，居然还输了。

防范串通作案，我们强调三个关键点：

一是岗位制约。即不相容职务相互分离，比如，会计和出纳分离，出纳与会计档案管理分离，会计与采购分离，会计与验收分离，会计与仓储分离，采购与仓储分离，采购与验收分离，询价与签合同分离，生产与检验分离，生产与成本核算分离，赊销与赊销审批分离，等等。

二是账实盘点。这是一个非常传统的控制手段，包括定期的存货盘点、设备盘点、货币资金盘点和有价证券盘点等。

这里有一个案例，具有普遍性。某建材公司，设有多个销售办事处，办事处负责销售、财务核算、仓储管理和台账核算等。办事处仓储商品，本来应该由总部财务组织盘验，但由于距离遥远，每个月财务部都委托办事处仓管人员代盘点，把盘点表报给财务部。这不是自己人盘验自己人吗？仓管人员每个月都是走走形式而已。后来，其中一个办事处经理发现了这个漏洞，他串通仓管人员，把商品拿出去卖了，收取现金，商品出库却不作记录，每月盘点也照抄账面数据。当老板听到风声后，安排财务人员到办事处查验时，发现被偷偷卖掉的商品价值达一千多万元，货款也被办事处经理挪用了。再查其他办事处，也存在同样的问题，只是金额大小不一样。

三是反向监督。我们通常理解的监督，是审计监督财务，财务监督业务，上级监督下级。反向监督就是反过来也要实施监督，业务监督财务，财务监督审计，下级监督上级。

方向六：打击官僚杜绝形式群众监督

官僚主义，是很多大企业老板的心病。企业是老板的、股东的，有些身为高管的职业经理人，却在企业里做起了官老爷，架子派头比老板还要大。官僚主义盛行的企业，形式主义和虚无主义也会盛行，浪费、瞎指挥、乱决策、滥用权力、以权谋私、公报私仇也相当严重。在这样的企业里，年轻人和基层员工看不到未来和希望，老板也很难体察到年轻人和基层员工的痛苦。这样的企业是相当危险的，关门只是时间问题。

打击官僚主义，杜绝形式主义，实现群众监督，我们也强调三个关键点：

一是索赔机制。身为企业管理者，权力不是给你玩的，而是让你利用权力为企业创造价值的。行使权力，是一件相当严谨的事情，管理者应该有敬畏之心，行使权力时应当谨小慎微甚至如履薄冰。这里讲的索赔机制，是执行者向管理者索赔。如果管理者指挥决策失误，给执行者带来损失，执行者有权索赔。另外，企业遭受了损失，如果是管理者的原因，企业也有权向管理者索赔。指挥决策后果，与指挥决策者的个人利益挂钩，迫使指挥决策者不敢瞎指挥、乱决策。另外，不作为、拖延指挥决策，带来损失，也在索赔范围之内。

二是监察审计。监察审计工作面对的范围相当宽泛，但很多企业有一个通病，除非老板明确指示，监察审计常常只针对基层人员和普通执行者，对管理者尤其是官僚管理者却网开一面。打击官僚主义和形式主义，必须把监察审计的矛头对准管理者，管理者获取的利益远远高于普通员工，对他们的要求也应该远远高于普通员工才合理。

三是全员监督。全员监督就是群众监督，群众能够发现很多问题，除了群众的眼睛是雪亮的外，更关键的是群众眼睛多啊，群众眼睛无处不在。给予群众监督的权力，鼓励群众监督，甚至接受群众监督的偏差和错误。

方向七：杜绝混日子不作为人力浪费

企业最不可控的成本，是人力成本。

企业最易浪费的成本，是人力成本。

之所以不可控，是因为人力成本购买价格是已知的，收益却是未知的。每天工作 8 小时，给了 8 小时工资，但他有没有把 8 小时都用在工作上？有没有认真工作 8 小时？他为公司创造的价值，是否达到了工资额？

之所以易浪费，是因为它浪费了，你还不一定能够发现。材料浪费了，基本上能一眼看得出来；能源浪费了，基本上也是能一眼看得出来。人力成本浪费了，却很难看得出来，员工在摸鱼，你却可能认为他在认真奉献。

减少人力成本浪费，我们建议三个关键点：

一是目标到人，将经营目标细分到每一人头上。人人头上有指标，人人心中有压力，才可能人人关心企业赚钱的事情。经营管理最忌目标不细化和目标不落到人头。不要期望团队中每一个人都是主动为目标实现而拼搏的人。

二是考核到人。考核到人，是目标到人的保障，有目标不考核等于没有目标。如果不考核到具体的人，而只是考核到团队，就一定有人存消极应对心态：天塌下来，有高个子顶着，我担心什么呢？

三是工作分析。我们这里的工作分析，指的是工作时间应用分析，通过分析一个员工的时间分配和使用，来指导员工如何提升时间管理能力，让工作时间实现最大的工作效益。

我们曾经对成都一家企业的基层白领进行工作时间分析，结果惨不忍睹：在8小时工作时间中如果有2小时用于工作了，那就算得上工作狂了！

　　大家可能都听说过，成都人的夜生活从晚上11点才开始。这话某种程度上不假。成都人打完麻将吃完火锅，11点进入夜店或逛夜市，生活味才算浓到深处。夜生活持续到凌晨一两点钟，成都街头还是人头攒动，他们从夜店或夜市出来，到街边吃串串香，吃"鬼饮食"，边吃边喝边聊天边刷手机，一直干到凌晨四五点钟。这样的生活参与者，以年轻人为主，其中很大一部分人就是基层白领，人年轻，睡觉不重要，玩才重要。

　　大家可能还听说过，成都姑娘漂亮。成都姑娘是漂亮，但成都姑娘夜生活耽误太多时间，睡眠不足，早上又得赶早去上班，洗脸洗干净没，都是一个值得思考的问题。坊间传说，某个天气阴暗的下午，成都西门车站一个歹徒砍了一个姑娘脸上一刀，大家都以为姑娘破相了，结果呢？姑娘脸上毫无伤损，伤损的只是多日来没有洗掉的厚厚的化妆品！姑娘们睡眠不足，小伙子们睡眠估计更不足，因为他们除了夜生活，还要打游戏。

　　睡眠不足的姑娘和小伙子们，早上睡眼惺忪地走出家门，洗脸都不一定顾得上，吃饭更是顾不上了。他们走出地铁口时，顺手在路边摊扫码付款拎走一些小塑料袋，里面是豆浆、包子或油条。然后，一路小跑奔向写字楼，挤进电梯，卡在9点之前蹿进办公室，打卡上班，然后坐下来大喘一口气：总算没有迟到！

　　从他们喘气那一刻起，我们的工作时间分析也就开始了。我们来看一下，上午9点到12点，这些睡眠不足的年轻人，工作时间是

165

如何分配与使用的。9点打卡，喘口气后，是吃那个塑料袋里的早点，一声不响地吃不符合他们的风格，得边吃边聊，很费时间。吃完收拾一下桌子，泡一天上班的第一杯茶或咖啡，在茶水间，还要聊下八卦、服装或游戏。这一折腾，9点半甚至接近10点了，还得上个卫生间吧——早上起得晚走得匆忙，卫生间没顾得上上，这会儿腹中补充了食物，不排泄是万万不行的了。在卫生间里，抽烟、刷朋友圈、刷快手、刷抖音，都大大降低了排泄的效率！卫生间上完，这时要开始工作了，当然，是先酝酿工作状态，回想一下做到哪了、做得怎么样了，理一下今天的思路。一边工作，一边还有微信在不停嘀嘀嘀，有抖音在提示某某网红发了新作品，白领们一边梳理工作，一边给"企鹅"公司免费提供内容和广告点击。工作约莫半小时，该泡第二杯茶或咖啡了吧，该上第二次卫生间了吧，低效率解决好生理卫生后，差不多11点过了。得考虑中午吃什么了。在成都，这是一个很难决策的事情，因为成都大街小巷好吃的实在是太多了，多得让吃客们需要用集体讨论、集体智慧、集体决策最后靠运气抓阄来影响餐饮老板们的生意了。当把中午的饭确定下来时，时间已经快12点了，也做不了什么事情了，摆几句闲龙门阵，收拾桌子，排队打卡吧。

大家看看，上午3小时，用于工作的也就半小时，还不论这半小时回了多少条微信看了多少个网红。这些员工的时间管理能力，还有很大的提升空间，这家企业的人力成本浪费，也还有很大的改善空间。

方向八：打击推卸责任强化协作效率

推卸责任必然协作效率差，企业内耗必然严重，营业周期必然变长，资金周转必然变慢，赢利能力必然下降。"加快资金周转"被传统财务管理定义为财务的职责，事实上，要加强资金周转，必须是企业供、产、销全体努力，才能实现的，责任心是其中最重要的因素。

强化责任提升协作效率，我们提出三个关键点：

一是责任分解。责任不是只属于管理者，而是属于每一个人，责任不只属于部门，也属于每一个岗位。任何一项工作或一个项目，都需要把责任分解到人头，让每一个人清楚自己做砸了得承担多大的责任。如果真做砸了，这个责任就要追究到人头。责任和目标是两个不同的概念，但在分解到人头方面，是一致的。

二是梯形沟通。关于梯形沟通我曾用一本小书来描述，书名叫《梯形沟通》。传统的沟通是金字塔沟通，老板在塔尖，员工在塔底，中间是各级管理者。金字塔沟通的弊端是上传下达可能不畅通。老板下达的指令，到了中间层被错误理解，或者中间层懈怠而未及时下达下去。上传呢，当下面出了问题，员工反映上来时，出于自我保护，中层干部主观上不希望老板知道，于是人为地捂住，结果一捂捂爆了，错过了最佳解决时机。梯形沟通把金字塔改为一个梯子形状，这一沟通方法解决了传统金字塔沟通上传下达的问题，解决问题的效率能够提升90%以上。有兴趣的朋友可以去看看这本书。

三是桥梁式考核。关于桥梁式考核我也曾用一本书来描述，书名叫《桥梁式考核》。桥梁式考核是通过部门之间相互考核打分，来减少部门对抗，提升部门协作。关于这一方法，我们在本书后面讲沟通成本时，还将详细讲解。需要详细了解的朋友，也可以去看看这本书。

方向九：控制经销商和市场降低坏账

在供应商面前，我们可能是大爷，而在经销商和客户面前，我们极可能是孙子。控制供应商，是为了保证供应稳定，并实现变相融资。控制经销商和市场：一是防范货款收不回来，二是实现变相融资。

我们同样提出三个关键点：

一是淘汰机制。制定指标，对经销商或客户进行年度评价，奖优罚劣，差的甚至取消合作资格。

二是信用监测。这些年，因为客户爆雷受拖累的企业不时出现，金立手机爆雷，炸飞若干老板的梦想；恒大爆雷，更是炸烂了若干老板的基本生活。时时监测经销商和客户的信用状况，提前预见爆雷，及时调整策略，将损失降到最低。

根据近些年出现的一些爆雷事项，建议还要增加对老板个人的监测，老板有没有不良嗜好，老板个人有没有信用危机，老板是否在转移个人财产到海外等。比如，有的老板喜欢找未成年小姑娘谈恋爱，有的老板喜欢跑去澳门赌博，有的老板喜欢舞刀弄枪，这些都可能危及企业。

三是账期模式。提前收到钱，就是融资。对经销商和客户，最佳模式是预收货款，次之是现金销售，再次是能够按约定的账期回款。账期太长，会大量蚕食利润。某些企业做政府机关或事业单位的业务，看似利润还不错，却被两条"蚕"把利润给啃光了：一是回款期极长，资金利息抵减利润；二是业务介绍费太高，而且很多业务介绍费明明支出了，却无法取得成本发票。

上面介绍的9个方向27个关键点，是我们提供给大家的土得掉渣的内控体系的基本方法。

内控基础：全面预算与税收预算

全面预算

全面预算是内控的基础。大型企业中落地全面预算的比例大一些。中小企业尤其是民营企业中，落实全面预算的比例相当小，90%的企业没有真正意义上的预算，经营跟着感觉走；而在有预算的企业中，90%的企业预算走形式或者预算不全面。民营企业预算走形式，或者预算不全面，有两个重要的影响因素：

一是老板不重视，甚至老板就是破坏预算的主要因素。老板认为多年以来自己没有预算，照样把企业做起来了，对预算不重视。更有一些老板，公司做了预算，也不遵守；有些人想突破预算时，老板也不讲程序，大笔一挥就把字签了，让整个预算体系流产。

二是很多企业税务不规范，做的是两本账甚至多本账，害怕全面预算让大家知道了真实数据。我发现有相当多的民营企业，财务数据是保密的，专门使用一套软件，业务数据则是另外一套软件，两套软件相互独立，数据不能共享，造成大量的重复的数据录入工作，而且相互之间难以核对。

很多企业的所谓预算，其实就是一个资金计划。全面预算的"全"，包括三个"全"：

一是全方位：全部经济活动均纳入预算体系。

二是全过程：各项经济活动的事前、事中、事后均要纳入预算管理过程。

三是全员参与：各部门、各单位、各岗位、各级人员共同参与预算编制和实施，不能只靠着财务来实施。

全面预算，是一切工作计划与开展的基础，因为工作要花钱，预算明确了具体的工作可以花多少钱应该带来多少回报。很多企业没有预算，工作计划却是年年都有的，真是太神奇了。但只要细看这些计划，就会发现很多都是瞎编的：我明年要出差300次，招待客人800批次……为什么敢这么写？因为你没有用预算限定我用多少钱嘛。如果明年差旅费就3000元，招待费就2000元，我就不敢这样胡乱计划了。没有预算，也没有决算，但各个企业年度总结会却开得轰轰烈烈，一细听，却都是诉苦大会：今年我多么多么努力，取得哪些成绩，另外有两点不足，明年要取得哪些成绩。我们曾经给一家企业做会议成本控制。在我们服务之前，他们每年的年度会议要开一周多，大家通过诉苦来感动老板，每个人上台都要几小时甚至大半天。我们服务时，要求用数据说话，量化工作成果和计划，结果，同样还是那些人，上台没机会诉苦了，就一个数据表格，一会儿就讲完了。那一年，他们还是订了一周的酒店，会议却一天就开完了，余下6天干吗？邱老师教他们打麻将。

全面预算的作用，也不只是"有计划地挣钱，有计划地花钱"那么单一，如果只是计划而已，很多老板就可以理直气壮地拒绝：计划不如变化，还是不折腾什么全面预算了。全面预算的作用，概括起来，有四个要点：

一是有利于企业的各级各部门明确其在计划期间的工作目标。

二是有利于协调企业内部各职能部门的工作，最大限度地实现企业整体目标。

三是有利于控制企业日常经济活动。

四是有利于评定企业各级各部门的工作业绩。

我在一家门窗企业落地全面预算的案例，能够充分证明全面预算的重要价值。

刚进入这家企业时，我发现其营销费用偏高，占到年营收的12%。当我向营销总监提出要控制营销费用，把占年营收的比例下降2个百分点时，营销总监相当生气，坚决说不可能，更没有意义，如果可能的话就让我去做营销总监。我一个顾问，就算我有做营销总监的能力，老板也不敢冒险让我去尝试啊。

在金钱面前，99.999%的人，都会变得友善。世界上99.999%的温情脉脉，都是基于金钱，一旦没了金钱润滑，你看还有没有温情。比如，你住酒店，人家对你多温情，一旦你欠了房费哪怕是推迟退房，你再看看他们的态度。在被营销总监拒绝后，我想到了金钱，想到了利益驱动。

如果我们把节省下来的期间费用的一半用于奖励给你们营销中心，你觉得还有没有意义控制费用呢？我对营销总监说。

"邱老师，你说的不算数啊。"

"我如果找老板做一个亲自签批，是否算数呢？"我又问。

"当然算数。"营销总监说，眼神明显没有那么犀利了。

我写了一份费用控制奖励计划，请示老板同意把节约的费用的一半用于部门奖励。可能因为我是外来的顾问，老板很支持我的工作，大笔一挥，亲批同意了。

那天下午，我把老板的批示放到营销总监面前时，他满眼柔情，激动地握着我的手说："邱老师，我今天晚上认认真真思考一下。"

第二天还没有上班，营销总监就打来电话，请求我给他一点点时间，他要到我办公室来汇报工作。他汇报什么？早上一进我办公室，他就给了我一个拥抱，然后激动得语无伦次："邱老师，经过一夜的思考，我认为，营销费用占年营收的比例，下降2个百分点的目标太保守了，我们怎么也得下降4个百分点！"

"你怎么能做到下降4个百分点呢？"我问他。

我原来有个错误的认知，认为手下人越多，我的地位就越高，就像部队里师长管的人比团长管的人多。现在改变这个认知了，互联网时代，很多工作可以网络化智能化，哪里还需要那么多人呢？我打算把办事处由16个缩编为6个办事处10个营销联络点，人员减少一半，同时对办事处硬件配置作出调整。就卖个门窗而已，哪里需要在那么豪华的甲级写字楼办公呢？车辆也没有必要配备那么多了，现在打车比养车划算多了！

他的一番话，把我感动得不行，真是老板的忠诚干部啊！就在我感动得眼泪快掉下来时，我又忍住了。我知道，这都是节约额一半奖励带来的，是经济问题，不是情感问题，掉眼泪太肤浅太没格局了。

自那以后，我并没有花多少精力，可各部门的费用硬是直线下降，尤其是营销费用，下降4个百分点一点都不成问题。

接近当年年底时，营销总监开始频繁地在我面前晃来晃去。我知道，他是在提醒我，年底要让老板兑现奖励。我当然没有忘记。年底要开年度总结会了，我打了一份报告，请示老板同意将控制费用的节约额的一半奖励给控制部门，其中营销费用占年营收比重下降了 4.4%，由 12% 下降到了 7.6%，实现了惊人的业绩，节约额 4000 多万元，应该给予营销中心 2000 余万元的奖励。这可不是小钱，当然得老板亲自签批了。

然而，老板接到报告时，脸色却变得异常凝重。他沉默了半天，才调整好表情，礼貌地微笑着对我说："邱老师，我们不要太认真嘛！"

我懂老板的意思。当初，他签请示时那么容易，其实不仅仅是支持我的工作，而是他没有想到会节约这么多钱！我马上对老板说：如果我们不认真，不兑现这个承诺，营销中心这帮兄弟可能就跑了，甚至跑到竞争对手那去了。即使不跑，明年的营销费用肯定会回到从前，甚至高于 12%。更重要的是，老板的威信受到影响了。

最后，老板还是签字同意了。那可能是他一生中签得最艰难的字，毕竟 2000 多万元，他一笔一画地签，每写一笔就停一下，停一下再写一笔，平时不到两秒的签字，这回用了三四分钟。我相信，在签的过程中，他多次想停下来，他一定在心中无数次埋怨我甚至骂我。

这家门窗公司，不仅营销费用下降，管理费用也下降了许多。年底总结下来，这一年的全面预算工作带来了七个方面的显著成绩：

第一，实现了费用的自我控制，营销费用率由 12% 降为 7.6%，管理费用率由 8.4% 降为 6.7%。

第二，销售收入达成率达到 97%，此前各年度从来没有超过

80%。

第三，预算内开支由各分管负责人审批，预算外开支按程序追加预算时才由老板审批，减轻了老板的管理负担。

第四，按预算开支，审批效率提升，经销商、供应商满意度提升。

第五，按预算采购和结算，降低了舞弊行为。

第六，管理规范度提升，未来业绩预估更可靠，战略投资者和银行更为认可。

第七，打造出自主开源节流的企业氛围。

税收预算

我们再来看税收预算。

税收预算，是我 2017 年提出的一个新概念。

我发现在很多企业里，总是到月末了，财务人员才去向老板汇报：老板，这个月进项发票不够！进项发票不够，意味着要缴纳更多的增值税。月末了，你才说不够，老板又不是印发票的，老板也没有办法。他只好拿出手机，翻看平时给他发短信卖发票的人（为了规避网络监管，这些虚开发票的不法分子用的是"发嘌"两个字），想虚开几张发票回来。这不是在把老板往监狱里送吗？好在财务人员也比较重感情，很多时候，老板进了监狱，财务也跟着进去了。当然，进去不是陪老板斗地主或打麻将。

财务人员为什么不早点向老板汇报发票不够呢？这事还真不怪财务人员，因为财务人员也无法提前预知发票不够。比如，8 月份销项 100 万元进项 95 万元，本来进项发票是基本够的，只缴 5 万元×13%=0.65万元增值税，但销售部门在月末突然说还要开100万元发票给客户，客户答应付款了。收款是最高命令，必须开啊，这一下子销项200万元，进项还是95万元，销项、进项一抵减还要缴105万元×13%=13.65万元。连锁反应来了，原来只准备了0.65万元用于缴税，现在需要13.65万元，那不是要挤占别的资金了？

销售人员为什么不提前和财务部说要开发票呢？这就是缺乏预算：一是缺乏全面预算，每月的收款付款没有预算；二是缺乏税收预算。

税收预算应该作为全面预算的一个组成部分，同时，又有其独立性。税收预算怎么做呢？我提出六个步骤：

第一步，细化未来一年内每个月销售开出的发票情况，细化到发票开给谁、开多少、开什么产品、开什么税率的发票——开13%的、6%的、3%的，还是普通发票。

第二步，细化未来一年内每个月采购开回来的发票情况，细化到发票是谁开的、开多少、开什么材料或设备、开什么税率的发票——开13%的、6%的、3%的，还是普通发票。

第三步，细化未来一年内每个月费用支出开回来的发票情况，细化到发票是谁开的、开多少、开什么费用、开什么税率的发票——开6%的、3%的，还是普通发票。

第四步，根据未来一年内每个月薪酬发放计划和分红计划，预计未来每个月的个税额度。

第五步，根据上述第一、二、三步预算未来一年内每个月应纳增值税额，计算出发票缺口，并将发票缺口细化到具体的材料、设备或费用，具体的发票税率——是 13% 的、6% 的，还是 3% 的。

第六步，将发票缺口和个税情况报告给老板，由老板决策如何解决。还有一年时间，老板有非常宽裕的时间纠结要不要请一个名叫邱庆剑的人来帮忙合法降低税负。

内控保障：财务的自我控制

控己方能控人。

作为内控机制建立和落实的核心部门，财务部应率先实现自我控制。如果财务部都不能控制自己，又如何要求别的部门遵守内控制度呢？

有些腐败，就是从财务开始的。而且财务管着钱，一旦腐败了，比其他部门更有杀伤力。经常能在网上看到财务人员或出纳挪用资金的案例，就是财务自我控制失灵了。

财务功能转型

财务要实现自我控制，第一要紧的，就是财务要实现功能转型，由以财务核算为主，转为以决策支持为主。转型前决策支持只是其功能的 10%，转型后决策支持是其功能的 60%（图 4-2）。

财务转型的基本路径，我总结出四条：

第一，账务处理、报表管理借助软件，或者外包，让财务人员腾出更多精力为决策者服务。

第二，业财融合，变控制为服务，把对方的痛点解决作为自己的工作目标。

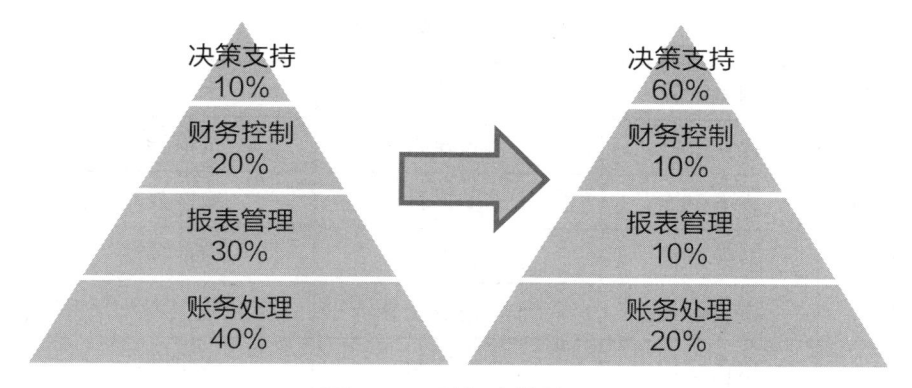

图 4-2　财务功能转型

第三，深刻理解公司战略，理解老板意图和需求，为老板提供决策支持。

第四，与业务部门形成合作伙伴关系，理解其意图和需求，为业务部门提供决策支持。

财务职责转型

第一要紧的，是财务要实现自我控制；第二要紧的，是财务要实现职责转变，由利润导向型的财务转为价值导向型的财务。见表4-3，转变财务职责，需要从 9 个职责维度去转变：存在价值维度，由利润导向到价值导向；成本思维维度，由成本核算到成本战略；财务报告维度，由事后报告到事前预测；报表体系维度，由标准化报表及分析到定制化报表及分析；角色定位维度，由监督控制到咨询顾问；数据利用维度，由数据存储到信息共享；驱动力量维度，由结果驱动到结果过程双驱动；税收思维维度，由纳税管理到节税管理；风险控制维度，由财务风险到经营风险。

表 4-3 财务职责转变

序号	职责维度	当下职责	未来职责
1	存在价值	利润导向	价值导向
2	成本思维	成本核算	成本战略
3	财务报告	事后报告	事前预测
4	报表体系	标准化报表及分析	定制化报表及分析
5	角色定位	监督控制	咨询顾问
6	数据利用	数据存储	信息共享
7	驱动力量	结果驱动	结果过程双驱动
8	税收思维	纳税管理	节税管理
9	风险控制	财务风险	经营风险

财务自我控制的维度

实现财务的自我控制,具体从三个维度去实施(图 4-3):

第一维度:确保账务记录正确。包括:凭证格式规范,凭证连续编号,规范的凭证传递程序,规范的凭证保管借阅制度和手续,业务记录有依有据、有始有终,接受审计和业务部门监督。

第二维度:不相容职务分离。包括:授权与执行分离,执行与审核分离,执行与记录分离,保管与记录分离,保管与盘验分离,明细账与总账分离,日记账与总账分离。

第三维度:完善授权机制。包括:明确授权范围、权限、程序和责任,未经授权不得执行,不得随意授权,不得越权执行,授权必须严格执行,履权审计,强化监督,不得滥用权力。

上述这些自我控制，看似十分普通、十分基础，相信很多财务人员或老板看了都不以为然，但若做得不好，比如，职务分离中的"保管与盘验"，就可能出现巨额资金流失。

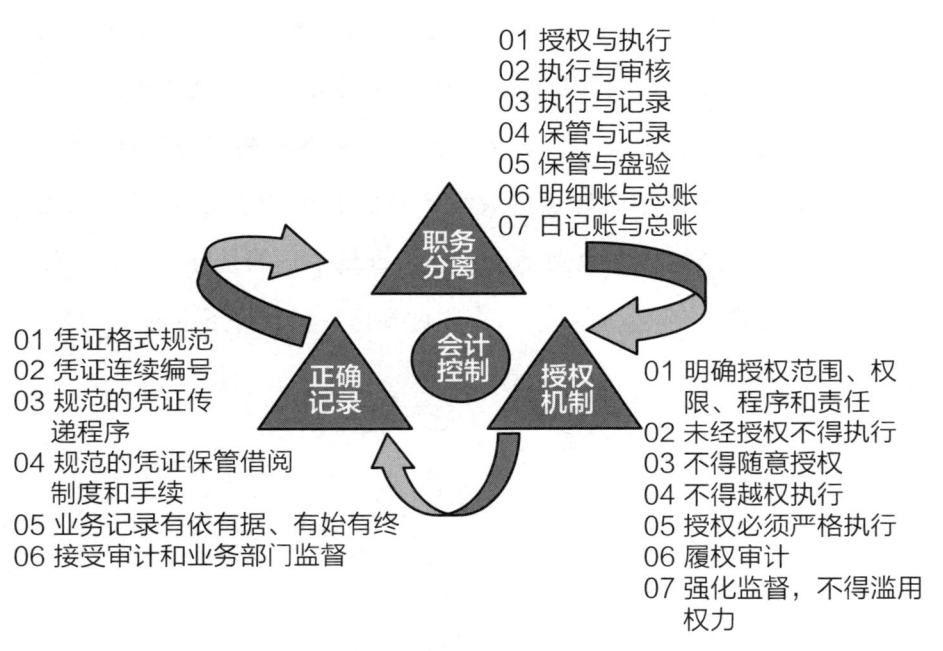

```
                        01 授权与执行
                        02 执行与审核
                        03 执行与记录
                        04 保管与记录
                        05 保管与盘验
                        06 明细账与总账
                        07 日记账与总账
                   ▲职务分离

01 凭证格式规范                           01 明确授权范围、权
02 凭证连续编号      ▲正确   会计  ▲授权     限、程序和责任
03 规范的凭证传       记录    控制   机制   02 未经授权不得执行
   递程序                                03 不得随意授权
04 规范的凭证保管借阅                      04 不得越权执行
   制度和手续                            05 授权必须严格执行
05 业务记录有依有据、有始有终              06 履权审计
06 接受审计和业务部门监督                  07 强化监督，不得滥用
                                           权力
```

图 4-3　财务的自我控制

某公司财务部设有出纳一名，是老板的表妹，虽然职务不高，但实际地位很高，财务经理都管不了她。因为是表妹，老板对其十分信任，在很多问题上，老板相信表妹却不相信财务经理。出纳管钱，却不接受定期盘点。出纳管着各种票据，还管着支票、财务章、法人章。财务经理刚进公司，就发现了不妥并向老板提出来，老板却不以为然。财务经理得不到支持，自然无法改善。后来，出纳认识了一个有家室的男人，在男人的花言巧语下，她竟做了这个男人

的地下情人。男人说有炒股内幕消息，转眼就可以赚几百万元甚至几千万元，让出纳把公司保险柜里的钱拿出来周转一下，赚了钱，再把本金放回保险柜，谁也不知道。男人还给她出主意，支票在你手里，印章也在你手里，你开支票盖上章，把银行的钱也支出来周转。做地下情人3个月，出纳弄了1000多万元出来给男人炒股，无奈碰上股灾，亏得血本无归。男人跑了，留下出纳哭鼻子抹眼泪。老板震怒之下想要把表妹送进大牢，老板那90多岁的老母亲却出来横加阻拦。老板什么也做不了，空余日复一日的长吁短叹。人间三千事，淡然一笑间。说归说，真要做到这一点，可不容易。

第五章　成本
——消灭成本，更要消灭利润

卓越的内控，保证你赚钱并且钱不浪费不丢失。

企业要做强，还必须具备低成本竞争能力和强大的吸引力。在这部分内容中，我们讲述低成本。

人力成本是最大成本

如果问企业最大的成本是什么，可能很多人会回答是材料。这个回答好像是对的，因为材料需要企业花很大一笔钱去买回来，因为在企业产品成本三大构成"材料""人工""费用"中，材料占的比重是最大的。

材料成本真的是最大的成本吗？我们看几组数据吧——

第一组：某公司购买100万元材料，投入30万元人工，另外耗费20万元各种费用，生产出来一批产品，产品总成本是150万元，材料占66.7%，人工成本占20%。当月，这批产品卖出去，收到回款200万元。

第二组：某公司购买100万元材料，投入30万元人工，另外耗费20万元各种费用，生产出来一批产品，产品总成本是150万元，材料占66.7%。但是，遇到市场不景气，产品连续放了5个月才卖出去，回款200万元，但这5个月里，每月又发放了人员基本工资20万元，共100万元，把这个成本加到产品成本里，产品成本是材料100万元，人工30万元+100万元=130万元，费用还是20万元。材料成本占比为40%，人工成本占52%。

第三组：某公司购买100万元材料，投入30万元人工，另外耗费20万元各种费用，但由于停电停工，产品没有生产出来，老板月底把材料以保本100万元转手卖出去。该公司的成本中，材料应该扣除，占比为0；人工占比60%；费用占比40%。

第四组：某公司购买100万元材料，投入30万元人工，另外耗费20万元各种费用，生产出来一批产品，产品总成本是150万元。但是，就在当月，发生一起生产安全事故，一名工人受伤，赔偿300万元，这个应该计作人工成本。当月产品卖出去，回款200万元。该公司当月的成本中，材料占22.2%，人工占73.3%。有人说，按会计制度，300万元赔偿应该算作期间费用。没错，会计是这么做账，但这个钱不管放哪个科目，都得老板掏啊，都是因为人工而发生的啊，计入期间费用，假装不存在不是掩耳盗铃吗？

如果有必要，我们还可以罗列出很多组数据来。上面四组数据，在后面三组中，人力成本都比材料成本高。第一组是非常理想的状态，当月投入当月收回。但现实中，理想状态并不多，常常是投入下去，产品也出来了，却相当一段时间卖不出去；卖出去了，又要相当一段时间才能收回资金。只要理想状态没有出现，人工成本就是最大的成本——人是活口，每天得吃啊。

人工成本之所以成为最大的成本，和材料对比分析一下，不外乎三种原因：

第一，材料买进来，可以变现卖出，只是变现时间早晚和金额大小问题，而人力成本一购入就成为沉淀成本了，变不了现的，且时间越长，沉淀越多。材料在仓库里，不吵不闹，最多就是仓储费用在日积月累；人员招到公司，不管有没有生意，你一个月不发工资，大家就会吵起来——人家等着还房贷，等着给娃买奶粉呢。

第二，材料成本是可控的，产品设计成形，理论上用多少材料就明确了，实际用料不会有太大的出入。但人工是不可控的，是充满弹性的。人员情绪好一点，效率高一些，人力成本可能下降；人员情绪差一些，返工多一些，窝工多一些。

第三，材料成本不具备生物属性，是"死成本"，放着也不需要喂养；人员有生物属性，是"活成本"，待着一动不动，也得吃喝。所以，有老板这样说，材料买回来不可怕，用不上的话大不了转手卖掉，人员招进来却是可怕的，用不上你能转手卖掉吗？

人力成本包括哪些

材料成本比较简单，就是材料购入价格，加上仓储管理费用。人工成本却要复杂得多。

我在课堂上问大家人力成本包括哪些内容时，绝大多数老板回答是工资奖金和保险费用。其实，稍微仔细分析一下就会发现，人力成本至少包括下面八项：

第一，工资和奖金。

第二，社保和住房公积金。

第三，个人所得税。有人说个人所得税是员工承担的。没错，但很多人只看实际拿到手多少，很多人在求职时就要求"税后工资"，个税还是得企业出。

第四，增值税。这个是很多人没有注意到的。我们给员工发工资，有增值税专用发票吗？没有。每发100元工资，拿一般纳税人制造业或贸易业来看，就对应着13%的增值税。比如，某一般纳税人制造企业购入材料30万元（假设都能取得13%的增值税专用发票），上个月投入人工20万元，费用10万元（假设费用都没有增值税专用发票），产品卖出去65万元，缴纳增值税是（65万元-30万元）×13%=4.55万元。到了本月，人工上涨，涨工资后，人工由20万元变成了22万元，材料还是30万元能够取全13%专用发票，费用10万元依然没有专用发票，为了保证利润水平，销售价格随人工上涨上调为67万元并且卖出去了，本月应该缴纳的增值税是（67万元-30万元）×13%=4.81万元。看看，利润没有增加一分钱，增值税却增加了0.26万元，这增加的增值税，刚好就是增加的人力成本的13%，即2万元×13%=0.26万元。

第五，意外工伤。车间意外伤害，办公室摔个骨折，上下班途中跌倒弄伤，中午外出吃饭喝多了摔个伤残……人类是碳基生命，受个伤太容易了。这些都是企业义不容辞的责任，都属于工伤。招一个人来，好像除了衰老不负责，其他都得负责。

第六，人力浪费。这个在前面讲得比较多了，本来只需2个人，但因为浪费，不得不配备3个人。

第七，人格成本。这个提法比较新鲜，我也是刚刚想到这个词语。我给它的定义是：因为人格低下，给企业带来负面影响而增加或浪费掉的成本。近年在演艺圈，这个成本尤其打眼，一部影视剧拍完了，明星却出事被封杀了。这一封杀，刚拍完的影视剧不能播了，那损失多大啊！非演艺界也有类似成本，安徽某餐饮店老板娘遛个狗要整死别人，餐饮店品牌受到巨大影响就是典型案例。丰田公司的汽车销售人员叫嚣"买个十万的车吵什么吵"，让丰田多支出多少公关费啊！

第八，破坏成本。这个提法也比较新鲜。材料买回来，它不会搞破坏，最多就是自己坏掉烂掉。人可不一样，人不会自己坏掉烂掉，却可以让别的东西或人坏掉烂掉，因为人有主观能动性。一个员工情绪不好，他可能破坏公司财物；一个员工心怀不满，可能向同事捅刀子；一个员工记恨老板，可能出卖公司商业机密；一个员工心态不平衡，可能跑到工商局或劳动局或税务局弄个举报，相关部门把企业查个半死，就算没查出问题也足以把企业折腾得奄奄一息。相比之下，成事不足败事有余的员工，比起破坏性员工还算优秀若干倍了。

就上面八项，已经够多了。红海不可怕，蓝海不可怕，人海才可怕；实力没压力，财力没压力，人力才是压力。

把人放对地方

世界上没有垃圾，只是物品放错了地方。

东德西德合并时，拆除柏林墙的一堆烂砖头，有人做历史纪念品卖了高价；法国人送给美国人一个自由女神像却不负责维修，美国人维修自由女神像弄下一堆破碎废料没法儿处理时，有人把垃圾做成旅游纪念品高价出售。

人也没有废人，关键是怎么安放。基于人力成本是企业最大的成本，怎么安放，是件慎重的大事：放错了，天才也只会耗成本；放对了，蠢材也能干出业绩。古时候有一个种瓜的财主，两个儿子都不健全，大儿子耳聋但视力特好，二儿子眼盲但听力特好。财主就让大儿子白天守瓜田，二儿子晚上守瓜田，两个儿子都守得非常好。

人力资源和人力成本的区别是什么？

人力资源是能够为企业创造剩余价值的人。人力成本是不能为企业创造剩余价值的人。

把人放对地方，有两个关键点：

第一，要充分了解即将安放的人，即了解这个人能够做什么、擅长做什么。要充分了解一个人，除了背景调查、面试判断外，有一些人力资源工具，可以用于测评其性格特质和职业倾向。

第二，要充分了解即将安放的岗位需求。了解岗位对人员知识技能、性格特征、做事风格的要求，以便匹配最适合的人才。社会人才和企业人才是两个概念，只要知识技能高，都算得上社会人才，企业人才却是要在具体的企业里能够创造价值的。因此，匹配人才，不得单纯追求高大上，而是要追求适用性。数学家韦东奕在北大教书是适合的，让他到企业上班可能就不合适。一个身材高大的士兵，当步兵是优势，去当坦克兵可能就不合适。

关于"把人放对地方"这个话题,我曾经也写了一本书来阐述,书名叫《脸谱式团队》。这本书的一个核心目的,就是让"群体"成为"团队"。群体就是把一些人随机地放在一起工作,团队却是把一些人精准地安放在恰当的位置上。

让不少老板纳闷的一件事是,8小时内有气无力的员工,在8小时之外却个个生龙活虎!工作时间一副受苦受难的样子,工作之余就翻身得解放。为了将8小时之外的生机与活力,复制到8小时之内,老板们费尽了心机。思想教育或愿景规划,这个有效,但似乎不能持久。晋升、奖励、比赛,这些也是有效果的,但晋升不具备普遍适用性,奖励和比赛也不便于作为常规方法天天用,就像给小朋友发糖果,发多了也就没有吸引力了。有些老板找不到方法了,就开始忽悠——见人就许诺:你今天好好工作,明天我给你回报。许诺多了,兑现不了,最终只会把老板自己搞得威信扫地,最初说话还有人听有人信,后来就充耳不闻了。

"搞好团队建设!"这是很多老板挂在嘴边的一句话。

团队建设的确可以在一定程度上解决工作激情、工作效率、工作质量的问题。但是,很多人并没有搞明白团队的真实含义。在他们看来,整个组织是一个大团队,各个部门则是一个又一个小团队。实际上,他们看到的只是"群体"而已,一个大群体,中间包含了一个又一个小群体。"团队"作为热门词语,开始于20世纪90年代。在此之前,宝洁公司、通用汽车就已经在实践中运用团队管理了。然而,直到今天,我们能够看到的成功团队却并不多,倒是"群体"随处可见。

"群体"的建设很简单。把一群人集合在一起，让他们工作，群体就建设好了。"团队"建设却相对要难得多。团队本身也是一种群体，但不是一群人简单地集合在一起。团队成员有准确的角色定位，技能和风格互补，有共同的目标，有强大的凝聚力、行动标准，步伐协调，相互承担责任。有人给"团队"这样定义：团队是由员工和管理层组成的一个共同体，它合理利用每一个成员的知识和技能协同工作，解决问题，达到共同的目标。

我们做一个通俗的比喻吧。

在学校操场上，临时聚在一起的五六个男生，在一个篮球架下打篮球。他们没有分成小组，没有小组对抗，没有角色扮演，没有相互配合，每一个人都是独立的，谁抢到篮球就往筐里投，决不传与他人。这种玩法在学校里是很常见的。而在另外一个篮球场上，有10个人，分成了两个对抗小组。每个小组中有明确的角色：控球后卫、得分后卫、小前锋、大前锋、中锋。每个小组团结一致，目标是打败对手赢得胜利。在对抗过程中，小组成员相互协调与配合，以获取最强的战斗力。这两群人，前一群是典型的"群体"，后一群是典型的"团队"。很显然，前一群人，纯粹是玩，谈不上战斗力；后一群人是在竞技，战斗力超强。

反观组织，比如在企业里，一个又一个部门无异于那五六个玩篮球的男生，他们算不上团队，执行力自然强不起来。在玩篮球的五六个男生中，我们常常会发现一个现象：个别篮球技术好的，抢到球的机会多于他人，投中的概率高于他人，他成了中心，成了"明星"，其他人更多地沦为了"陪玩"角色，更弱的个别人，甚至很消极，球撞到自己手上了才接一下，其余时间根本不肯主动去抢——他们知道，抢也抢不过那些"明星"。在企业里，也常常是这样的：一个部门中，有个别员工是"明星"，他们表现出色，做得多，很辛苦，而另一些人懒洋洋的，几乎沦为观众了——连啦啦队都算不上，起码啦啦队还能为运动员加油鼓劲。

如何打造高效率团队，让每一个人精准地成为团队角色，而不只是群体的一员？《脸谱式团队》中做了详细讲述。这里简单总结一些内容给读者朋友。

脸谱式团队是由特征以脸谱方式外化的多个角色组成的，利用具有互补性的知识、技能和性格特质，各司其职又相互配合协调，解决共同问题，达成共同目标的工作共同体。脸谱式团队的最大特征，就是"特征以脸谱方式外化"。外化的目标有两个：一是让角色担任者明确认知自己的角色，从而履行好职责，即让执行者明白"我是谁，我该做什么"；二是让配合者直观认知被配合者的角色，从而降低配合难度，即让配合者明白"他是谁，是不是我配合的对象"。

脸谱系统包括六个不同基本色调的脸谱：

第一，蓝色脸谱。

蓝色是最冷的色彩，它是永恒的象征，有着勇气、冷静、理智、准确、永不言弃的含义。但它也代表着忧郁。

蓝色脸谱相当于剧组中的"导演"。在企业中，如果以部门为团队，蓝色脸谱则相当于部门副经理或骨干员工。他是团队的领导者（但不一定是部门领导者，甚至可以是普通职员），在部门负责人授权下，具备一定的团队管理权力。沉稳是他们的优点，但如果过于沉稳，就成了缺点，显得死板。通常情况下，不提倡部门经理担任蓝色脸谱，部门负责人作为团队成员之一，容易给成员带来压力，影响团队气氛。

第二，白色脸谱。

白色是中性的，客观的，它不是冷色，也不是暖色，没有色彩倾向。白色寓意公正、纯洁、端庄、正直。但同时，它也给人单调、乏味的感觉。

白色脸谱相当于"剧评家"。在企业中，白色脸谱相当于负责团队进度控制、成绩评价和考核的人员。他们强调数据和事实，有时显得没有人情味儿。这里的控制、评价和考核，都是基于团队自己提升管理和业绩的需要，与人力资源部的控制、评价和考核不是一回事。

第三，红色脸谱。

红色是感性的，它代表着吉祥、喜气、热烈、奔放、激情、斗志。但同时，它也隐含着攻击性、肆意行动、不满、性急、不沉着、虚荣心强等。

在企业里，心直口快、原则性强的人就是红色脸谱。他们注重感情，爱憎分明，与他们相处好了就是非常要好的朋友，相处不好，就可能矛盾不断。他们的沟通能力常常较差，甚至不近人情。他们适合担任需要严格坚持原则的岗位。在该禁止的问题上面，他们通常能够很好地坚持。关于这一点，我们联想一下交通信号灯中的红灯，就更容易记住和理解了。

第四，黄色脸谱。

黄色代表着阳光，给人轻快、透明、辉煌、充满希望和活力的感觉，但同时它又给人不稳定、多变的印象。

在企业里，心态阳光、积极向上的人就是黄色脸谱。他们凡事往好的方面想，受到打击后容易寻找到平衡。他们适合承担压力较大的工作。

第五，绿色脸谱。

绿色是大自然中最常见的色彩，它代表着生命、创造和希望。但同时，它也隐含着原则性差、随意性强等意味。与红色相反，绿色常常代表着准许。联想一下交通信号灯中的绿灯，就容易记住这一点了。

在企业里，善于思考和创造的人可以归为绿色脸谱这一类。他们适合承担创造性工作，常常处理比较棘手的问题。

第六，黑色脸谱。

黑色常常带有贬义，但我们这里是讨论团队建设，要抛开这些贬义的联想。黑色是稳重的，代表着冷静与严肃。但同时，黑色也代表消极、悲观。

在企业里，循规蹈矩、谨小慎微的人通常是黑色脸谱，凡事先想到最坏的情况。他们适合从事风险管控工作。

在六色脸谱中，蓝脸角色（领导者）处于核心地位。白脸（评价者）可以由蓝脸角色或其他色彩的角色兼任。其余色彩角色不能被兼任，必须独立存在，他们属于执行者（表5-1）。

表 5-1 脸谱式团队三类角色

类别	角色	人数	职责
领导者	蓝色脸谱	1人	对团队实施管理和控制，担任团队的核心角色
评价者	白色脸谱	1人或数人	对团队工作进度、绩效进行控制、评价和考核
执行者	红色脸谱	1人或数人	按照团队标准操作手册，执行团队工作
	黑色脸谱	1人或数人	按照团队标准操作手册，执行团队工作
	黄色脸谱	1人或数人	按照团队标准操作手册，执行团队工作
	绿色脸谱	1人或数人	按照团队标准操作手册，执行团队工作

我们曾经利用"脸谱式团队"为企业打造财务团队，把每一个财务人员放对地方。这里做一个简单介绍供大家学习。

每家具备一定规模的企业，都会有多名财务人员，这些人员分布在不同岗位上，共同完成财务核算和管控工作。失败的财务团队，常常出现两种情形：一种是一团和气，无原则的和气；另一种是矛盾重重，相互之间不配合。这两种情况都会导致财务监管失效，财务工作效率低下。脸谱式团队管理主张把每一个人放在最适合的地方，发挥其长项，规避其短板。什么岗位需要白色脸谱，什么岗位需要红色脸谱，什么岗位需要黑色脸谱，必须根据岗位性质来确定。角色配置有三项基础工作：一是人员的知识、技能和性格测试；二是部门工作量分析；三是人力资源管理中的工作分析——对每一岗位的工作量、工作效率等进行分析。角色配置，就是根据部门内部人员的特点，对应蓝、白、红、黄、绿、黑六色脸谱来配置人员。我们要明确地告诉所配置人员两个信息："你在我们团队中，是……脸谱"；"你在我们团队中，履行……职责"。

根据我们的实践经验，表5-2是一种较为适当的角色匹配。

表 5-2　财务脸谱式团队角色配置

脸谱	岗位	主要工作
蓝色脸谱	主办会计	负责整个团队的管理、协调，并负责向部门负责人汇报工作并传递其指标
白色脸谱	财务分析会计	负责财务分析，出具分析报告，并对团队各成员的工作进行分析和进度控制
红色脸谱	出纳员	负责资金的收付，需要严格把关，并对各级审批的规范性进行复核
黄色脸谱	税务会计	负责税务核算与申报、缴纳，负责税务政策的落实。需要经常与税务征管人员打交道
绿色脸谱	核算会计	负责销售、材料、往来账、费用等核算；与各业务部门打交道比较多，工作中需要较多的创造性
黑色脸谱	资产管理会计	负责资产安全控制、资金链控制，负责组织资产清查等工作，需要较强的安全意识

应用脸谱式团队，精准配备财务人员，可以让"人性"劣势变为优势。人的个性没有对错之分，因为是天生的。比如，一个人性格耿直，总是和他人发生冲撞，你不能说人家有罪吧。但人性一定

有优劣之分，比如脾气暴躁就显然是一种劣势，它常常破坏人际关系，把事情弄得一团糟。但在脸谱式团队中，我们可以化劣势为优势。首先是个性接纳问题，团队成员之间深刻了解和认识对方，并接纳他的个性。其次是个性与工作性质相匹配，红色脸谱原则性强，那就让他做把关类工作；黑色脸谱悲观、谨小慎微，那就让他做资产管理、风险控制工作。这样，原来的个性劣势因为用得恰当，反而成了优势。

应用脸谱式团队，可以让财务团队实现"自运转"。当一个团队能够"自运转"时，管理者就很轻松，哪怕出差十天半个月，团队照样把工作处理得很好。实现"自运转"，考核是一种手段。但有很多事务，特别是临时性事务，比较难以量化考核。不少管理者觉得管人太难，特别是下属较多的管理者，一会儿这个来汇报工作，一会儿那个来请示问题，时间都被一个个下属瓜分了，根本没有整块时间规划部门的工作，更没时间思考重要问题。怎么办？有些企业采用的手段是增设管理层级，比如经理忙不过来，就设一个副经理，或者主管，或者设几个科长。这样好不好？在管理层级扁平化已成为大趋势的情况下，多设层级一方面增加了管理成本，另一方面降低了上下沟通效率。如果增加的那个级别上的人不称职，反而多了一个下属要管理，经理层会更累。在六色脸谱中，蓝色和白色非常重要。这两个角色，可以不是"官"，而是和其他角色平起平坐的普通职员，但他们的职责却有"官"的成分。蓝色脸谱：负责整个团队的管理、协调，并负责向部门负责人汇报工作及传递其指标。白色脸谱：负责财务分析，出具分析报告，并对团队各成员的工作进行分析和进度控制。也就是说，你有几个下属，在这些下属当中，有一个人帮助你做管理、协调工作，还有一个人为你做分析、进度把控工作，你难道还不轻松吗？曾经有人问我：这两个人也是普通职员，其他职能角色能够接受他们的"管理"吗？脸谱式团队管理实施过程中，首先就是要解决角色职责划分，以及角色相互接纳问题。这两个角色，虽然做的是"管理性质"的工作，但依然只是他们的岗位职责中的一部分。当明白了这是对方的职责，其他角色就没有理由不接受了。

依靠脸谱式团队，可以实现财务"自主安全"。当一群会计各自为政地工作，安全就得财务经理去把关。如果财务经理陷入琐事，无暇顾及安全问题，就可能出大问题。但如果这一群会计组成优秀团队，实现"自主安全"，既不用财务经理盯着，又能够实现安全，岂不是很好吗？脸谱式团队实际上很好地解决了这个问题。在资金方面有原则性强的"红色脸谱"出纳把关，在资产方面有"黑色脸谱"资产管理会计守门，另外，"白色脸谱"分析会计进行分析控制，还有"蓝色脸谱"主办会计负责整个团队的管理与协调，可谓多层保险。在这种团队面前，财务经理完全可以旁观，适时、适当指导就可以了。

以脸谱式团队管理方法打造钻石级财务团队，我们总结出六个基本步骤：

第1步：检查。资深财务专家检查前期财务核算工作质量。

第2步：测试。最科学最先进的职业倾向及性格特质测试。

第3步：脸谱式团队植入。"脸谱式团队"落地植入。

第 4 步：制度建设。根据企业现状重建或优化财务制度（10—30 项），实现"制度管人"。

第 5 步：流程再造。重建或优化 30 余项财务流程，实现"流程载人"——就像高速路"载"汽车，人只是乘车沿高速前进。

第 6 步：专家辅导。资深财务专家辅导将咨询成果"落地"。

通过上面六个步骤，可以获得两方面的回报：

一是人力资源回报，深层次职业性向测试，筛选出最优秀的"苗子"；植入"脸谱式团队"，让财务团队成为"梦之队"；超级技能辅导，让每一名会计成为"单项冠军"。

二是经济回报，控制成本和费用，让财务创造效益；不多缴"糊涂税"，避免税务损失；化解税务风险，让企业轻装上阵；强化资产管理能力，杜绝隐性损失；提升财务信息质量，助推管理决策。

沟通成本是第二大成本

人力成本是企业最大的成本，材料却不是第二大成本。第二大成本也与人有关，是人与人的沟通成本。人与人之间，因为立场、知识和认知的差异，沟通变得很难。

立场问题，一眼就看得出来，没有对错，只是各为其利益罢了。立场不同产生的沟通分歧，几乎不可能达成一致。

因为知识问题出现沟通分歧时，知识丰富的一方，能够看出知识少的一方的错误，但知识少的一方看不出自己的错误。这种分歧，通过知识的讲解，是容易达成一致的。

认知不是知识，认知是综合经验、知识、理解能力、理解偏好等多种因素而形成的一种判断结果。改变一个人的认知太难了。一个住在高山顶上的人，他看到了云层之上有太阳。可一个住山谷里的人，他看见的是厚厚的云层。一个人说今天是晴天，一个人说今天是阴天，都对，却达不成一致。

沟通是沟通双方的事情，员工沟而不通往往会找老板裁决。裁决不是沟通，固然裁决能够有结果，但那会耗费老板的精力，更会给老板出难题。裁决很难让双方都满意，不满意的一方就会对老板产生负面情绪。称职的职业经理人，应该尽可能自己实现沟通，而不找老板裁决。

降落伞掉到仙人掌上怎么办

情感是影响沟通的重要因素。如果关系好，沟通方面就容易相互退让从而达成一致。

绝大多数人到一家企业去工作，都属于空降兵——空降到一个陌生的环境，周围都是陌生人，说不上关系好，谈不上有感情。降落伞掉到哪里，也有一定的随机性，掉到水里、丛林里、草地上、农田里……掉到仙人掌上面是比较痛苦的一种，扎得你满脸肿，扎得你屁股坐不了板凳。它常常用于比喻到了一个新单位，周围的人都不愿意配合你，甚至不愿意友善地与你相处，故意找你碴儿，给你下马威，让你臣服，日后好对你颐指气使，甚至骑在你头上作威作福。通常情况下，职位越高的职业经理人，落到仙人掌上的概率就越大。

落到仙人掌上，该怎么办呢？如果搞不定这个问题，就谈不上沟通顺畅。

我曾经空降到一家中等规模民营企业,担任财务中心总经理,也是该公司第一个外聘职业经理人。我一进去就感觉到自己格格不入。

公司规模不小,可管理基础相当差,年营收接近10个亿,竟然没有一份像样的财务管理制度。全公司上下连借款单都没人填写得规范,借款审批也没有什么流程,都是老板一个人签字。我到公司第二天,就下达了一份非常基础的文件,告诉大家如何填借款单,数字一至十的大写该如何写,借钱该找哪些人签字,并画出借款单样表。与文件一同下发的,是我让行政部到文具店买的空白借款单,一个部门一本。

公司环境卫生也差,我的办公室外不远处就有一个垃圾桶。下达文件后的第二天早上,我刚刚坐进办公室,就看到一个人在垃圾桶里翻找东西,边翻找还边抬头看我。他找到了一个废弃的香烟盒。这个人是谁呢?我刚到时,老板就向我介绍过,他是老板的堂弟,以前是一个"社会组织"的小头目,后来退出江湖,到公司里协助老板进行生产管理工作。

他拿着香烟盒径直走进我办公室,意味深长地冲我笑笑,说了一声"邱总好",就趴在我的办公桌上,展开香烟盒,在香烟盒纸背面写下借款5万元的借条。

"邱总啊,十万火急,车间发电机坏了,要借5万元去买一台新的,请您签批一下,越快越好!"写完,他说道。

我头一天才发布了正式文件,告诉大家如何填写借款单,并同时下发了空白借款单,他却从垃圾桶里找一个香烟盒来填借款单,这不是在挑战我吗？我立即感觉自己坐在了一个长满了刺的仙人掌上。

这字是签还是不签？

我当时愣了一下，没想到对抗来得这么快。这字如果签了，那我就是带头否定了自己下发的文件和自己定的规则，以后就只有受他欺负了。如果这字不签，发电机买不回来车间停产，责任就可以推到我头上了。

好在我很快镇静下来。

我很亲切地叫他老弟——他比我小——并请他在桌子旁边的椅子上坐下来。

他坐了下来。

"老弟啊，在签这个字之前，我想问你一个问题，你知道我来这家公司，老板给我多少工资吗？"

知道啊，老板对我讲了，他给你一年×百万元。

"×百万不是小数目，我说，我来这家公司首先就是冲着这钱来的，这家公司对我很重要。我也知道老板给你一年×百万，还给你配了一辆奔驰车，比我的车还好。这家公司对你来说，重不重要呢？"

"当然重要啊，公司好我也好，公司一直好下去我才能拿到每年×百万。"他说。

"老弟啊，这么说来，这家公司对我很重要，对你也很重要。我接着说，但我如果换一家公司做财务管理者，我也能够拿到×百万，老弟你相信吗？"

"这个我相信，老板说了，你很厉害，是注册会计师，还是作家,在超大集团工作过,在北京工作过,还在海外工作过。"

我继续说:"这家公司对我很重要,我一年能拿×百万。但我换一家公司,照样能拿到差不多的工资,这就说明,我不是非要在这家公司工作不可,这家公司对我既重要又不重要。但是,这家公司对老弟你呢?如果公司哪天没了,你出去到别的企业工作,你有把握一年拿到×百万吗?"

"大概率拿不到了",他说。

"这么说来,这家公司对你很重要,对我也很重要,我们两个在这家公司里,利益是一致的,我们一起把这家公司搞好,我们都能拿高收入。但相对来说,我还有别的选择,公司对我不像对你那么重要,不瞒老弟,我已经准备离职了。"

"啊——",他显然很惊讶,"不会吧,老哥,你才来啊,这才第三天呢!"

"老弟,工作太难做啦,大家都不支持我,全公司上下只有一个人能够帮助我,可这个人不帮我呀。"我说。

"谁啊,谁敢不支持你?"他问。

"这个人是全公司上下除了老板之外,最有能量、最有影响力的人。他如果帮我,我就能够继续干下去;他不帮我,我就干不下去了。"

"是谁啊?老哥。"

"这个人就是老弟你啊!"我望着他说。

"怎么会是我呢?"

"就是你啊,老弟,你愿意帮我吗?我们两个到这家公司来,都是为了挣高工资,但要挣高工资,就得齐心协力帮老板把公司做好,我们两个目标是一样的，方向是一样的啊，都是让公司一天比一天好！我来之前就打听了，全公司除了老板就你最有威信，最有号召力。"

我这一捧一吹，他就激动了，一拍胸口："老哥，这事好办，你说，我该怎么帮助你！"

我对他说："我昨天下发了文件，请大家规范借款程序和手续，这对公司有好处，可老弟你却没有帮我。你如果真心帮我，我就以你的名义填一张借款单，你抄一份，我们把它放大了复印一份，贴到公司大门去让大家都看看。"

他又一拍胸口，"老哥，小事一桩，我帮了！"

我们写好抄好复印好，一起来到公司大门口，刚贴上，就哗啦啦涌过来上千人围观——我一下子明白了，这些人肯定早就准备好了，埋伏在那里等着看笑话的。可他们没有看到笑话，而是看到老板堂弟站在那里，大声对他们说："你们看好了，这张借款单，是我按照邱老哥的要求填写的。你们以后都得按他的要求办事，全力以赴支持他的工作，谁不支持我收拾谁！"

列举这个事例，我要表达的意思是：当你掉到仙人掌上，或碰到沟通障碍时，有两点很重要：一是找到你与对方的利益或需求共同点，不要只强调你的需求；二是向对方表明，你比他有更多的选择；三是把对方抬高，让对方觉得你很重视他。

桥梁式考核

桥梁式考核既能杜绝推卸责任，又能促进沟通，它是除了梯形沟通外，我创造的又一个重要的沟通工具。

在移居深圳之前，我有差不多20年生活在西部一个城市。刚到该城市时，我住在一个河边小区。这个小区只有一个出入口，进出要经过一座桥，桥只有80米长，可我开车经过通常要花费半小时，最久一次竟然开车3小时。为什么？堵车。

我住的是该城市H区，河对面是该城市N区。一群来自乡下的农民兄弟，开辆小拖车卖菜卖杂货。他们先在H区摆摊，H区的城管赶他们走，不让摆摊。他们跨过桥，来到N区摆摊。N区的城管也赶他们走，不让他们摆摊。于是，他们来到桥上摆摊。H区派出8名城管守在桥头，N区也派出8名城管守在桥头。本来连两车道通行都紧张，农民兄弟一边摆一排小拖车，占据了2/3的桥面道路。再加上买菜买杂货的，就几乎占满全部路面了。开车从桥上过，你还不能按喇叭，按了有人说被你吓着了，找你麻烦。桥上开车，汽车的反光镜肯定是要合上的。如果有人推辆自行车在路上买菜挡着你了，你把脑袋伸出窗外请让让，对方让你就挪半轮，不让你就得等着。

天天这样堵，实在受不了啦。我以民主党派人士身份，很正式地去寻求解决。我先找到H区的相关部门，请他们出面解决。H区的部门回答我："邱老师，实在抱歉，我们只管到桥头。"我又找到N区相关部门。N区的部门回答我："邱老师，实在抱歉，我们也只管到桥头。"我想这桥在河上，找河道管理部门应该是对口的，可河道管理部门说："邱老师，这桥我们都没有登记在册，建议您找公路管理部门。"好吧，我找公路管理部门，可公路管理部门说："邱老师,桥是你们小区开发商修的,我们没有登记啊,管不了啊,你找找开发商吧。"我回到小区,找到开发商的工作人员,对方对我说:"邱老师,你看看,我们那些保安,老得牙齿都没几颗了,哪敢出去啊,H区N区各派8个青壮城管都搞不定,我们哪搞得定啊。对不起了,老师,你还是忍忍吧。"

唉,树挪死,人挪活,我搬家吧。搬家了,从此每天都畅通地上下班。可人就这么怪,被堵车虐待若干年,突然少了这份虐待,我心里倒有点不自在。更夸张的是,我竟然好几次忍不住开车回去,把车停在桥头,站在那里,看堵车的盛况,回味当年自己被堵的滋味,竟然不是难受的滋味。

有一天,我正站在桥头时,突然想:这和企业管理何其相似啊!每一个部门内部,效率都十分高,可一旦涉及跨部门地带,就各种推诿,你不管我不管他不管最终没人管。如果大家都多一点责任心,都往前跨一步,主动沟通共同协商,怎么会出现问题长期解决不了呢?头脑中灵感乍现,《桥梁式考核》一书的构想就此诞生。

桥梁的两个桥墩,代表两个业务关联的部门,桥面代表相互考核。两个部门相互提服务需求,并将服务需求转化为考核指标,月末相互打分。原来两个部门,可能相互不买账,甚至针锋相对,沟通不了时就找老板裁决。桥梁式考核一启动,情形变了:对立的两个部门一碰到问题,早早地就坐下来沟通了,主动、谦虚、恭敬、谦让,还一定要让对方满意。为什么这样?因为不这样,月末就要被对方扣分。有了谦让,就没有沟通不了的事情,事事都沟通好了,就没有老板什么事情了。

消灭利润：利润也是成本

消灭利润？利润也是成本？没有搞错吧？

放在多年以前，我也会这么诧异。

那是 2008 年，我在国外参加一个能源招标项目，参与投标的有 5 家世界顶级企业，共有 7 位评标专家，我是评标专家之一。在开标之前，我看了 5 家公司的财务报表，有 4 家亏损，1 家赚钱。赚钱的那家企业，累计利润也不过几千万美金，相对于该企业的体量来说，只能算微利。我当时想，这还用评标吗？

最后的结果却让我大感意外，6 位专家给亏损最多的那家企业打了最高分，只有我一个人给赚钱那家企业打了最高分。亏损最多的那家企业中标了。

为什么这么评选呢？

那些专家却不愿意告诉我，他们认为像我这样厉害的专家，不可能不懂，肯定像其他中国人一样，喜欢把自己搞得虚怀若谷。他们甚至认为我是中国最厉害的财税专家，当然这太夸张了，他们在中国就认识我一个人，我当然是他们认识的人中间最厉害的专家了。

在交流中，我听到其中一位专家说了一句话，"账面利润太多，伤害股东利益"。这句话让我更迷惑了，我们不是一直强调利润最大化吗？股东不是希望赚得越多越好吗？怎么利润多了却伤害股东利益了呢？

我带着困惑和惭愧回到了国内，对这件事情一直不能释怀，一有空就会想起来，忍不住琢磨到底是为什么。这一困惑就是十年，十年中我无数次思考，最后我终于有点明白了。我专程找到说"账面利润太多，伤害股东利益"的那位专家。

邱先生，您真的思考了十年？那位专家对此感到非常不可思议，他笑得前仰后合，觉得这样的事情根本不应该发生在我的身上。

企业账面利润多，不如企业价值高。账面利润高，意味着税收高，拿我们中国的税收政策来说，账面上产生1000万元利润，就要交250万元企业所得税，余下750万元如果分红到个人，还有20%的个税即150万元，两税加起来是400万元。交税太多意味着股东分红就少，这就是他们说的伤害股东利益。我们传统的财务工作，只要把利润准确计算出来，就完成任务了。那位专家却提出一个非常新颖的理念，他说，因为利润意味着税收，所以利润也是一种成本，优秀的财务人员应该学会消灭利润。

消灭利润，当然不是让企业不赚钱，也不是把利润隐瞒起来。不赚钱，股东断然不会同意。把利润隐瞒起来，那是逃税，轻则罚款重则坐牢，在大数据面前，隐瞒都是自欺欺人掩耳盗铃的事情。既要赚钱，又想不产生过高税收成本，就要采取合法的手段。最有效的手段，就是一边赚钱，一边让所赚的钱转化为企业资产。比如，通过预算，今年要赚1000万元，那么，从1月份开始，就有计划地花钱，让利润转化为费用，进而转化为资产、研发成果、技术专利等，到年底时，没有1000万元利润了，但企业价值却增加了。这就是消灭利润。

当然，消灭利润不是乱花钱，而是要经过周密的投资测算，作出数据模型。最佳状态是投资出去，成功了，600万元转化为资产了，理论上应该缴税的 400 万元也转化为资产了。如果亏了，把最高亏损线控制在 400 万元，而这个亏损线，实际也是理论上应该缴纳的税金。因此，专家又提出一个更为重要的理念：以税收搏风险。

从这个事例中我受到的启示是：账面利润多的企业，不一定是优秀的企业；优秀的老板要主动消灭利润，学会把理论上的税收成本转化为企业的资产。

消灭成本中心：让每一分钱都有回报

传统的责任会计理论中，有利润中心和成本中心的说法：利润中心对利润负责，比如销售部门；成本中心对成本负责，比如生产部门。在众多管理思维中，我也接触过都对利润负责的观点，比如阿米巴系统，比如内部市场化管理理论。

我认为，如果能够让每一分钱都有回报，就不存在成本中心了。为了践行这一观点，我还创造了一套系统叫"全员财政"。

在"全员财政"系统里，是以岗位为最小责任单位，把责任分解到人头，把目标分解到人头，而且还核算到人头——每个月为每个岗位每个人都做一张利润表出来。

要实现核算到人头，就必须确认每个岗位的收支要素。首先是确认内部结算价格和服务收入，内部部门与部门之间、岗位与岗位之间实行市场化，服务方向被服务方收取费用，每个岗位的服务收入即为岗位利润表的收入。其次是确认每个岗位的成本，各岗位人员的工资、应分摊的房租水电费办公费，就是其成本。当然，该员工为其他岗位服务，如果出现了差错，被服务岗位是可以索赔的，这个索赔也属于岗位成本。岗位收入减去岗位支出，就是岗位当月的利润。员工的月度奖金、季度奖金、年度奖金，都和这个利润表挂钩。个别员工因为被索赔过多，他的利润表可能出现亏损，但为了不违背劳动法规，还是要给他发工资，由公司"贷款"给这个岗位用于发工资。

岗位利润目标是公司总利润目标的分解，所有岗位利润目标加起来，等于公司总利润预算。当每个岗位都赚钱了，公司就必然赚钱；当每个岗位都为利润而努力时，就不存在成本中心了，大家都在为利润负责。

早年，我写了一本书《像老板一样工作》，是职业素养类图书，只有理论，没有实践。"全员财政"算得上《像老板一样工作》的实践手册。在"全员财政"系统中，每个员工都是老板，是岗位的老板，岗位赚不赚钱，取决于岗位上这个老板，当岗位赚钱了，优先得到利益回报的也是岗位上这个老板。"全员财政"被称为中国版的阿米巴，但和阿米巴也有很大的不同，它吸收了阿米巴的部分思想，在某些方面作了深入和延伸，而在某些方面又作了简化。尤其值得一提的是，"全员财政"最首要的是利用我创造的"财税顶层设计"化解税务风险，让老板敢于实现数据透明化，敢于让每个员工都清楚经营成果。

邱庆剑成本控制体系

我总结的这套成本控制体系，包括对管理成本、设计成本、生产成本、期间费用的控制。

六大管理成本控制

我们这里提的"管理"，包括人事行政、营销管理和财务管理。相对应的管理成本，指的是三大期间费用，即管理费用、营销费用和财务费用，进一步细化为六大管理成本，包括人力成本、组织成本、沟通成本、管控成本、服务成本和资金成本。

人力成本

前面已经讲到一些人力成本的内容，这里作一个总结和补充。控制人力成本，主要从六个方面着手（图5-1）：

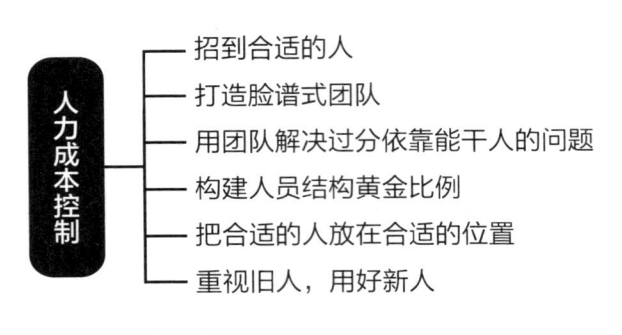

人力成本控制
- 招到合适的人
- 打造脸谱式团队
- 用团队解决过分依靠能干人的问题
- 构建人员结构黄金比例
- 把合适的人放在合适的位置
- 重视旧人，用好新人

图 5-1　人力成本控制

第一，招到合适的人。

要招到合适的人，除了各种测评工具、背景调查外，还需要招聘人员有火眼金睛，能够准确识人。其中，面试环节就是感性考察加理性分析的最佳场景。

面试，不是从对方坐到你面前开始，而是从敲门开始的。

一个人敲门重而且快，性格方面比较有攻击性，适合干采购、营销或公关工作；敲门轻、慢，而且连续两到三次就会停下来听一下动静，不会执着地敲下去，这种人比较在乎他人的感受，适合从事人事和行政工作；敲门节奏均匀，不轻不重，不快不慢，没有反应就执着地一直敲，这种人好钻研，能够坚持把一件事情做好，适合从事技术研发类或生产类工作；轻轻敲一下或两下，把耳朵贴到门上听一听，犹豫着要不要再敲，这种人比较谨慎，适合干财务工作。有一种人，是坚决不能用的，那就是把门推开一条缝，探脑袋进来瞅，这种人有极强的偷窥欲，很可能出卖公司商业机密。

敲门进来后，观其如何坐下，也是考察。有的人单手用力甚至粗鲁地把椅子拉开，这种人做事不重视细节，而且容易与人产生矛盾；有的人双手轻轻拉开椅子，这种人中规中矩，比较在意他人的感受；有的人单手把椅子旋转一点，一屁股挤下去，这种人做事情随意性很大，不重视规则。坐下时，看他把手中的包或文件袋放在哪里，也提示他的为人和个性，把包或文件袋顺手放在你桌上的，容易侵占他人利益和越权办事；把包或文件袋放在旁边凳子上的人，不喜欢受约束；把包或文件袋放在自己膝盖上的，中规中矩，部分人偏保守；把包或文件袋放在背后，用后背与椅背夹着，这种人比较重视自己的个人利益。

考察到这一步，一个人适合干什么工作大致就已经可以确定了，接下来的谈话，就可以重点考察其专业水平了。

第二，打造脸谱式团队。

普通的一群人，可以打造成卓越的团队，脸谱式团队在前面已经讲述过了，此处不赘述。

第三，用团队解决过分依靠能干人的问题。

很多中小企业，都是靠极少数甚至一两个能干人支撑着，如果能干人是老板，企业做不大。如果能干人不是老板，企业做不久。

老板作为能干人撑着企业，员工起不了主要作用，很难成长起来，也易造成人力浪费。这在一些专业服务公司，比如设计事务所，就比较常见。员工作为能干人撑着企业，老板就会事事让着能干人三分，事事依赖能干人，对能干人的要求一般也不能回绝，能干人的人力成本自然不低。作为能干人的员工一旦跳槽，对企业对老板来说，就是灾难性事件，甚至造成企业停摆。跳槽的员工还可能带走企业相当一部分优质资源和团队。

企业要控制人力成本，避免停摆风险，就要解决过分依靠能干人的问题。怎么解决？找更多的能干人，当然是一个办法，但问题是找不到那么多能干人，就算找得到，也不一定养得起，就算养得起，也不一定留得住——新来的能干人大概率会像降落伞掉到仙人掌上，或者大脚板儿被穿小鞋子，用不了几天就被挤走了。除了找更多能干人外，就是打造团队，让团队替代能干人。比如，原来是能干人单独完成的工作，现在切分成几段，由团队成员各做一段，如此，原来对能干人的依赖，就成了对一个团队的依赖，整个团队都跳槽的概率要小得多。如果整个团队都跳了，那应该是老板或公司出了大问题。

某培训公司一直面临一个问题：找到一个能干的客服经理，业务就起来了；能干的客服经理走了，业务就下降了。在培训公司，客户资源都掌握在客服经理手里，前期对接、业务交付、后期服务，客服经理全程参与，客户与客服经理的关系好感情深，客户对客服经理的信任甚至远超对培训公司的信任，客服经理在哪家公司，客户就跟到哪家公司。后来，在高人的指点下，这家培训公司把客户服务切分为前期对接、中期交付、后期服务三个阶段，分别由不同的人完成，不同的人形成一个团队。这样一来，客户信任的是团队而不是个人了，进而增强了对公司的信任，某一个客服经理离开时，客户还愿意与这家公司合作。

第四，构建人员结构黄金比例。

在一个部门或团队里，不是高级人才越多越好。高级人才多了，反而开展不了工作，你高级我高级，听你的还是听我的？是我配合你还是你配合我？高级人才多了，也是一种浪费。控制人力成本，需要做人才结构模型，中高初级人才实现黄金比例，用有限的人力完成最大化的工作。中高初级人才的科学配比，也有利于人才梯队建设，有利于新老人才平衡交替。

第五，把合适的人放在合适的位置。

关于这一点，也可以应用脸谱式团队来提升。

第六，重视旧人，用好新人。

有一个笑话，一个开发区小领导在汇报工作时，说"站在床头看新妻，新妻总比旧妻好"，引得哄堂大笑。其实，他讲的是"站在船头看新区，新区总比旧区好"，这个广东人粤语超棒但普通话不过关。

喜新厌旧，人之常情。老板也脱离不了常情，对老员工不满意，经过一再提示后还是达不到要求，老板就想着是不是换一个新的。以我多年从事咨询的经验，90%的不满意，其实都是沟通问题，是员工不能正确理解老板意图，只有10%的不满意是因为员工技能不过关。培养新员工的代价非常高。培养100个，可能只留下10个，留下10个，可能只有1个是满意的，这1个还不能保证长期留下来。就算这1个员工是很优秀的，但不熟悉流程，企业用他就要容忍效率牺牲，耗费培训成本。

天下没有废物，关键是怎么利用。用好1个老员工，胜过寻找10个新员工。

组织成本

组织由一个又一个部门构成，而部门是企业分配权力和资源的方式，是企业为完成市场目标而运行的单元。分配的合理性、运行的效率，都会直接影响管理成本。控制组织成本，可以从五个方面着手（图5-2）：

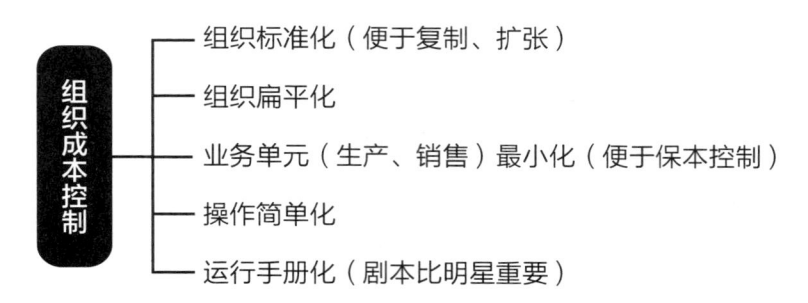

组织成本控制
- 组织标准化（便于复制、扩张）
- 组织扁平化
- 业务单元（生产、销售）最小化（便于保本控制）
- 操作简单化
- 运行手册化（剧本比明星重要）

图5-2 组织成本控制

第一，组织标准化。

组织标准化，包括组织形式、层级关系、人员配置、运转流程在内都实现标准化。标准化能够让新员工尽快上手、减少差错，标准化能够避免人员冗余和流程冗余，标准化有利于提升工作效率，保证服务质量。当一家企业要扩张时，标准化还便于复制和扩张——有样板，照抄就是了。

世界上有很多知名连锁企业，在组织标准化方面就做得很好。比如麦当劳，它每一家店的组织管理都是一样的。

第二，组织扁平化。

组织扁平化，是减少管理层级，扩宽管理幅度。比如"总经理—副总经理—总监—部门经理—主管—员工"就是六级，而"总经理—部门经理—员工"则是三级，后者比前者更扁平。甲总经理管5个副总经理，乙总经理管2个副总经理，甲总经理的管理幅度比乙总经理的管理幅度更宽。

管理层级越多，上传下达效率就越低，传达中出现差错的可能性也就越大。"一匹尾巴上有黑斑的白马经过"，让10个人来传递这个信息，从第一个人传到最后一个人，可能就成了"一匹黑马经过"。组织扁平化，一方面可以提升效率减少差错从而降低管理成本；一方面可以减少"当官的"人数，直接降低人力成本；另一方面还能够打击官僚主义形式主义。在信息传递过程中，层级太多，有权或有权威的人有时也会左右真相。

第三，业务单元最小化。

尽可能化小组织单元，管理指向的岗位和人员更具体，目标和责任分解到人头，让员工"自运转"，达到甚至不需要管理的地步，管理成本自然就降低了，阿米巴和"全员财政"都证明了这一点。

组织单元最小化后，每个人都清楚自己的目标是什么，清楚自己可以花多少钱，每个人都精打细算，单元的保本量放在每个人心中，每个人都知道要努力到什么程度才能保本，努力到什么程度才有钱赚，人人都像老板一样操心，还需要什么管理呢？管理的最高境界是无为，是管理不存在，当一家公司的员工几乎看不到老板，甚至感觉不到老板的存在，而公司业绩还上涨，这家公司就达到了管理无为的境界。

第四，操作简单化。

操作简单化，最大的好处就是新员工上手快，避免过分依靠老员工。简单也是效率和正确的保证。最典型的场景，就是部队里面士兵着装和配备武器，都非常简单非常标准。

第五，运行手册化。

一部好的电影，是明星重要，还是剧本重要？当然，我们要抛开流量明星不谈。真正有艺术水准的电影，剧本才是关键。有了好的剧本，张三或李四来演，差距就取决于导演水平而不是演员水平了。

作为企业老板，你如果招到了顶流明星式员工，那恭喜你。但这种好运并不多，很多时候，你招到的都是毛坯员工，你如果有财力、精力和耐心去"装修"也是可以的，否则，你就该有一个好的"剧本"。你说我不是厉害的导演啊，这也好办，剧本越详细，导演就越轻松。比如，"一个男人进到屋里"这句话，给张艺谋完全够了，他可以设计出很精彩的进屋方式，但对一个能力不强的导演，你就要把这句话描绘得很精细，比如写成"哐的一声，门被重重地踢倒，一个身穿迷彩背心和迷彩裤子，双手抱着机枪，身上挂满手雷的男人冲进来，在小男孩面前停下来。跌坐在地上的小男孩看清男人的脸，他胳膊上的肌肉像山丘一样起伏，头发染得焦黄，根根发丝像刺猬的刺一样竖立着，肤色黑中泛着油亮。这是一头野兽，小男孩心中充满了恐惧"。企业的剧本，就是标准化的运行手册，包括岗位分工、目标分解、工作流程、接洽关系、考核指标等。员工一进来，扔一本手册给他，他就可以照着手册开始他的表演，他一旦"入戏"了，就没老板什么事了。

沟通成本

我曾经和老板们开玩笑说：执行层的成本，一半以上被看微信刷抖音耗费了；管理层的成本，一半以上被扯皮耗费了；老板的成本，一半以上被多管闲事耗费了。虽是玩笑，却并不夸张。

办公室也有政治，办公室也有政客，这些政客扯起皮来，不亚于政坛朝野党派之间的互撕。扯皮的原因，就是沟通机制和沟通方式的缺位或不完善，日复一日达不成一致，沟通如同大海漫漫无边。

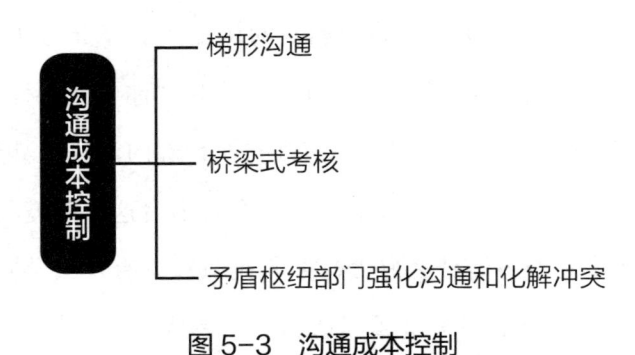

沟通成本控制
- 梯形沟通
- 桥梁式考核
- 矛盾枢纽部门强化沟通和化解冲突

图 5-3　沟通成本控制

控制沟通成本，我们从三个方面着力（图5-3）：

第一，梯形沟通。

我们在前面介绍过梯形沟通，它对打击推卸责任有很大帮助，对强化沟通也有很大帮助，它本身就是一种新的沟通工具。

第二，桥梁式考核。

我们在前面也介绍过桥梁式考核，它打击推卸责任，同时强化沟通。

第三，矛盾枢纽部门强化沟通和化解冲突。

矛盾交集多的部门，我称之为"矛盾枢纽部门"，这些部门强化沟通与化解冲突，就可以强化整个组织的沟通，化解整个组织大部分冲突。

在企业中，有两个矛盾枢纽部门：人力资源部和财务部。这两个部门共同的特点有两个：一是职能无处不在，有人的地方就有人力资源管理，有财产的地方就有财务管理；二是这两个部门出台的规范性制度多，而且要监督业务部门执行。

这两个部门与其他部门冲突多的原因，除了职能上是一方监督一方执行外，还因为缺乏对共同利益的认知。监督部门认为"你应该执行，你为什么不执行"，而执行部门认为"你要我执行，我为什么要执行"。作为制度出台部门，应该与执行部门沟通，甚至需要讨论、培训，让执行部门充分理解"为什么要出台这一制度"，然后要分析这一制度对双方有什么好处，尤其是对双方有什么共同的好处。而现实中，这两个部门常常闭门造出一个制度，扔给执行部门要求执行，人家不执行，就罚款，最后给人留下一个"霸道""不讲理"

的印象。

在强化沟通化解冲突方面，我提示大家正确理解"服务与监督"的关系。大家看监督的"督"字是怎么写的呢？上面一个"叔"字，下面是一个"目"，督就是叔叔一辈的人拿眼睛盯着你的一言一行。谁愿意老是被别人盯着呢？我们经常碰到这样的情形，一个人看着另一个人，另一个人就生气："看什么看？"美国街头，一对情侣看了一下一个男人，这个男人就把情侣中的男朋友杀死了。盯着一个人，很容易被认为是一种挑衅。在企业管理中，如何降低这个"督"字的杀伤力从而增强和谐呢？送大家三句话：

第一句：只有服务，没有监督。如果抱着监督的心态，始终会受到抵制；如果抱着服务的心态，就一直能够受到欢迎。那是不要监督了吗？请看第二句话。

第二句：服务是最好的监督。你服务他，就了解他的一言一行，你了解他了，岂不就是监督他了？我曾经在一家企业做财务总监，当时生产部门的成本居高不下，财务部门出台了多项成本管控制度，都落实不下去。不得已，我们只好实施人工抽查。出台制度就已经遭受抵制，实施人工抽查后，抵制得更加厉害，生产中心的人甚至设"暗哨"，看到财务中心的人去了，就拉警报。这还怎么监督啊？后来，我想明白了。我找到生产中心负责人，真诚和他交流，对他说，你们太辛苦了，你们的任务主要是交期和质量，确实腾不出精力做好统计和数据工作，我们前期工作没做好，对这方面的要求脱离了实际。现在，我想来协助你，为你们提供更好的服务，我们财务中心派几个人来协助你们作统计和数据分析工作，这几个人的工资由我们财务中心发,人归你管理就是了。这种好事情,谁愿意拒绝?生产中心负责人非常感动,当即开大会宣布:老邱借几个会计来服务我们,大家全力配合,谁不配合我收拾谁!我们统计数据、分析数据,所有信息所有资料我们都充分掌握,所有流程所有环节我们都深度介入,你说我们是在服务还是在监督呢?在这项服务中,我们找到了成本居高不下的原因,并协助他们解决这些问题,最终在很和谐的状态下,把成本给降下来了。

第三句:监督本质上就是服务。打一个比方,你为什么监督你的孩子?不就是因为爱孩子吗?监督,是为了让被监督对象不犯错误少走弯路,所以本质上还是一种服务。

管控成本

管控成本指的是因为管理控制而产生的直接费用、间接费用,管控不力而降低效率带来的浪费,以及因为管控不力而造成的各种损失。降低管控成本,我们建议从六个方面来改善管控工作(图5-4)。

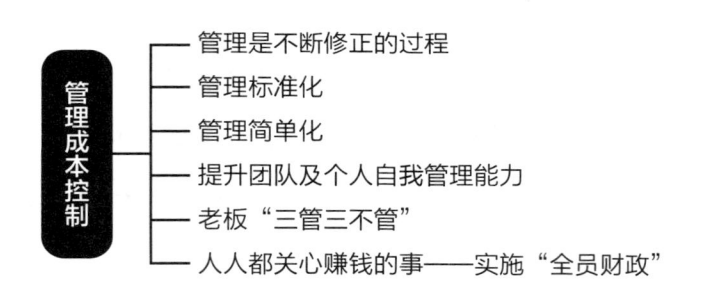

管理成本控制
- 管理是不断修正的过程
- 管理标准化
- 管理简单化
- 提升团队及个人自我管理能力
- 老板"三管三不管"
- 人人都关心赚钱的事——实施"全员财政"

图 5-4 管理成本控制

第一,不断修正管理。

没有一成不变的管理,管理本身就是一个随着企业发展不断修正的过程。

我们从一个养羊人的经历，来看一下管理的修正。

有一个养羊的，他开始时有三五只羊，每天晚上把羊带进自己屋里，与羊同住，羊从来没有丢失过。

后来，他有十几只羊了，屋里住不下了，他修了一个羊圈。这时，他开始丢羊了，因为晚上偶尔会忘了关羊圈的门，狼从门外进去，或者羊从门里出去了。

他"亡羊关门"，每晚亲自检查，还养了一只牧羊犬。但羊还是在丢。原因是狼经过多次尝试，发现羊圈的栅栏不够高，可以跳进来；羊经过尝试，也发现栅栏不够高，可以跳出去。牧羊犬也有打盹儿的时候。

牧羊人为此加高了栅栏。

羊就不丢了吗？还是丢，因为栅栏经日晒雨淋，有些看不见的地方腐朽了，等发现时狼已经得逞了。

牧羊人觉得很痛苦，自己已经很仔细了，怎么还是丢羊呢？他觉得自从扩大养殖规模后，自己的生活质量就下降了，幸福感也下降了，虽然钱更多了。

最后，他作了一个决定，把大部分羊卖了，羊圈拆了，只留下三五只羊，每天晚上把羊带进自己屋里，与羊同住，羊再也没有丢过了。

牧羊人最开始不丢羊，最后回到开始的状态也不再丢羊，是因为这两种状态下没有管理，自然不会出管理问题。那个羊圈，就是管理制度。有了制度还出问题，是制度没有执行到位——没有关门。

制度执行了——关门了，还养了牧羊犬，但还是出问题，是因为随着企业发展，制度跟不上需要了——栅栏矮了。制度进行更新——加高了，但还是出问题，是企业进一步发展后，制度落后了——腐朽了。

只要存在管理，就存在管理的问题。管理者需要有预见性，提前预见问题，提前修正。

第二，管理标准化。

我们前面讲过组织标准化，这里讲管理标准化。管理越标准化，管理效率就越高，管理成本就越低，差错率就越低。这里的标准化，包括岗位标准化、流程标准化、考核标准化。

第三，管理简单化。

标准化的，通常也是简单化的。有很多企业的制度，复杂到制度草拟人都不一定记得住，执行者又如何能够很好地执行呢？复杂的制度束之高阁，在两个领域是重灾区：一是内控手册，很多企业的内控手册洋洋洒洒数百万字甚至上千万字，但没有几条真正落实到位了；二是ISO 900、ISO 2000等体系手册，写的和做的完全是两回事，体系要年度审核了，才拿出来应付应付，审核完了，又高高放起了。

第四，提升团队及个人自我管理能力。

自我管理能力越高，管理就越轻松越简单，投入的管理成本就越少。"自动自发地工作"，这是在2000年左右，培训界喊得很响亮的一句口号。事实证明，只喊口号是不够的。要提升自我管理能力，利益挂钩是关键，让每个员工都知道自己多努力一分就能够多挣多少钱，他们就根本不需要你管理了。

第五，老板"三管三不管"。

老板的管理越往基层下沉，管理的成本就越大。一方面由于老板的人力成本高——老板去做基层工作，就如同用大炮打蚊子，能打下来吗？能，但浪费。另一方面，老板做过多的琐事管理，损失的机会收益非常大，可能花1小时做管理，却错过了好几单上千万元的业务。要解放老板，我们在前面讲到了"三管三不管"，即管预算不管钱、管制度不管人、管考核不管事。

第六，人人都关心赚钱的事——实施"全员财政"。

实施全员财政，让人人都关心赚钱的事情，这一点我们在前面也已经讲到。

服务成本

服务成本主要体现在营销管理环节，它和其他管理费用一样，是利润的重要抵减项。在服务成本管控方面，我们建议从三个方面着力：

第一，服务标准化。

我们再次讲到了标准化，标准化可以提升效率、降低成本、减少差错。有些服务很容易标准化，比如快餐连锁、工程施工、安装服务、电信服务等；而有些服务很难标准化，比如智力性质的服务，要满足客户很多个性化需求。

智力性质的服务，是不是在标准化方面就无能为力了呢？当然不是，可以将智力性服务模块化，将其中一些模块尽可能标准化。比如财务咨询服务，就是非常个性化的服务。但我们在财税咨询领域却实现了最大限度的标准化。

我们是怎么做到的呢？首先，我们把服务分成几个阶段：前期调研、现场诊断、咨询报告、落地规划、后续服务、服务总结。其次，我们对每个阶段都形成标准化的工作底稿、标准化的文本模块、标准化的工作流程、标准化的问题要点，让所有咨询师按照基本相同的思路开展工作。再次，事先主动为客户列出问题，并给出答案。最后一点是最难的，但你如果为相当多的企业提供了服务，世界上能够碰到的财务问题你都碰到并且解决过了，就不难了。在对客户所处的行业和基本财务情况有了了解之后，你比客户还清楚他有哪些问题，而这些问题你在其他企业刚好解决过，你只需要把答案从你的"答案库房"拎出来，稍加完善就可以给到客户去落实。

第二，服务专业化。

专业化是标准化的保证，专业化也是标准化的延伸。专业的事情必须交给专业人员来做。近些年来，财税服务成为大热门，很多半路出家的专家杀进这个领域。专业的东西，是包装不出来的，也是忽悠不下去的，没在财务领域工作十几二十年，连财务政策发展的脉络都厘不清楚的人，如何做得了财税咨询服务？我们的财务咨询师有两个特点：一是工作年限长，二是以中年人居多。工作年限长，经验丰富；中年人，孩子已经上大学或已大学毕业，不用天天在家辅导作业，能够长时间出差。

第三，服务套餐化。

服务套餐化，也是标准化和专业化的保证和延伸。当一项服务涉及几个模块，每个模块对经验或专业要求有侧重，将其制作成一个套餐，每个模块都选择经验或专业特长与之相匹配的专家来实施，自然更能标准化和专业化。比如，我们在做财税咨询服务时，会先看客户的需求，再匹配工作小组。如果一个客户涉及资产重组财务、股权优化财务、人力资源财务等方面对应的需求，我们就会制作一个由三个模块组成的套餐，分别匹配擅长重组、擅长股权、擅长人力资源的专家来服务。

同时，服务套餐化也是提升客户满意度、增强客户黏性的重要手段。首先，客户能够感受到每一个模块，都有最优秀的咨询师在服务，获得感强；其次，由一个团队提供服务，客户更有安全感，如果只是由一个人服务，客户就会担心这个咨询师如果离职了，服务会不会受到影响；再次，客户不会轻易想到挖人，有些企业看到咨询师厉害，就会许以高薪挖人，但如果是由一个团队为其提供服务，挖人的想法就少得多，因为挖一个团队并不容易。

资金成本

发展企业，离不开人和钱。钱对应的成本，就是资金成本。控制资金成本，可以从三个方面下功夫（图5-5）：

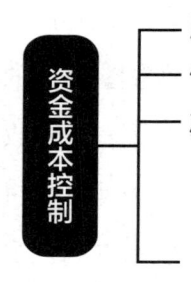

资金成本控制
- 股债比例合理化：降低资金成本，降低税收
- 低成本融资：机会融资、预售预收、会员制
- 加快资金周转：
  （1）存货周转率（次数）=主营业务成本÷平均存货
  （2）应收账款周转率=主营业务收入÷平均应收账款
  （3）营业周期=存货周转天数+应收账款周转天数

图5-5 资金成本控制

第一，股债比例合理化。

很多小微企业发展不起来，和没有机会用上"债"字有关系。即没有途径和机会借到钱，仅靠自己微薄的资金周转，碰到市场机会也不敢接，因为接到不是被机会带着飞，而是被机会压死。

很多发展起来的大企业最后倒下，和过度用上"债"字有关系。恒大集团就是典型例子，坊间有说法叫债多不愁，但要有个限度，你让债权人活不去了，债权人肯定先把你给掐死。

保持合理的股债比例，既是成长的需要、稳定的需要，又是资金成本控制的需要。股，即股权，股东投的钱；债，即债权，债主借的钱。股东的钱没有利息，而且一般也不用还，股东是赚到钱才分配利益；债主的钱有利息，而且肯定该还，债主不管你赚没赚到钱，都要通过收取利息的方式分配利益。这就决定了股权的资金成本比债权要低得多。

但如果只这么看，就肤浅了。

因为，税收也是企业的重要支出。同样一笔钱，如果是税收，就应该及时支付给国家；如果不是税收，就可以在企业内部周转，从而减少新的融资、减少新的资金成本。股东分红，属于税后分配，企业需要按营业收入的 6% 或 13% 先缴纳增值税，再通常按 25% 的税率缴纳企业所得税，股东再缴 20% 个税之后，才能分配；债主收取利息，是税前分配，而且利息本身可以抵企业成本。当然，支付债主利息，债主还是有个税成本。相比较而言，支付股东红利比支付债主利息的税收成本要高得多。如果把税收视为变相的资金成本，显然股权的资金成本远远高于债权的资金成本。

那怎么决策呢？

如果项目赚钱预期大，尽可能选择债权融资；如果项目赚钱预期小，尽可能选择股权融资。

第二，低成本融资。

融资成本是最直接的资金成本，融资成本高低，直接影响财务费用高低。

融资就是借钱。不同渠道借钱，资金成本是不一样的。"借"字是怎么写的呢？左边单人旁，表示有人，右边一个昔字，表示过去，两边合起来，就是"过去有人"，进一步扩展一下，就是"过去有人脉有信用，现在能借钱"。一个陌生人，在大街上找你借钱，你肯定不借；一个老朋友，在大街上开口向你借钱，你大概率会借，因为你们彼此是"过去的人"。

要低成本融资，就是用好"过去"。建立在信任和感情基础上的融资，成本都不会高得离谱。建立在纯金钱基础上的融资，比如高利贷，成本常常高得离谱。

总结起来，常见的低成本融资有三个途径：

一是机会融资。你有一个赚钱的机会，把机会分享给别人，别人抱着钱来与你合作。当然有个前提，你必须是对方"过去的人"，至少你有影响力和知名度，值得信赖，你们虽然没有见过面，但对方早把你放在他心中很长时间了。机会融资又分为股权融资和加工外包。股权融资是把投资机会分享给别人；加工外包是把市场机会分享给别人。

我们看看高人是如何实现机会融资的。本书前面就讲到乔布斯了，这里还要讲一下他。乔布斯推出智能手机时，并没有打算自己去建工厂，因为他知道自己不擅长生产也不喜欢机器的轰鸣声，更因为他要把钱花在刀刃上——研发手机和建立手机生态。于是，他找到擅长生产并且喜欢听机器轰鸣声的郭台铭：老郭啊，我有一个生意可以给你做，每年给我加工多少台手机。乔布斯这么知名，当然早列入老郭心中的"昔"了。就这样，老乔就一句话，老郭就抱着若干个美金小目标，给老乔加工手机了。老乔真是融资高手啊！当然，老郭也是高人，他找到地方政府：我有一个机会，可以协助你们发展地方经济。老郭也就一句话，地方政府不仅低价给他地，还发动基层公务员满街满村为老郭招工人，老郭拿着地去银行抵押，钱就回来了。

所谓空手套白狼，白狼更在白狼后！纯粹没的套的，就是老百姓——绿油油的韭菜！韭菜，永远是韭菜，推动经济发展的韭菜没有机会去割别人了。

二是预售制。这套路被房地产开发商们玩到了宇宙最高级别。他们把图纸一画，扔给建筑商，建筑商垫资挖个坑，开发商就搭起售楼处，开始卖房了。这种融资，银行见了都自叹不如。银行深知竞争对手太强大，就加入竞争对手，于是，银行最后都成了很多开发商的帮手甚至帮凶，这才导致大量韭菜掏空三代人"六个钱包"。

三是会员制。这在国内随地可见：发廊里剪个头发，Tony们说办个会员卡打五折；超市买瓶酱油，促销员说充个值，享受会员优惠；饭店吃个饭，收银员说办个会员卡，今天就可以充100送

100……搞得人都不敢上街了！不过，话说回来，人家这确实是一种无息融资手段，甚至有白天让你充值，晚上就卷款跑路的。

第三，加快资金周转。

控制资金成本，除了合理化股债比例、低成本融资外，就是加快周转了。

我的客户主要是企业老板，这里还是讲企业的例子吧。企业要想一分钱当作两分钱花，一个最直接的方法，就是加快周转。借到一分钱回来，这一分钱周转一次，是一分钱，周转两次，是两分钱，周转三次是三分钱了……不管周转多少次，你始终还是只负债一分钱。

加快资金周转，涉及的环节：采购环节——欠别人的钱，能晚支付就晚支付；生产加工环节——以最短的时间生产出来；销售环节——别人欠我们的钱，尽可能早收回来，能够提前预收最好。采购环节和销售环节常常不可控，因为得看别人是否答应。生产加工环节在自己手里，常常是可控的，那么，这个环节如何加快周转？利用我们的"梯形沟通""桥梁式考核""脸谱式团队"可以让流程速度更快，从而加快资金周转。

在很多企业，存货占用资金太多，也是造成周转慢的重要原因。降低存货占用资金，一是采购环节按经济批量采购；二是仓储要实现动态数据分析，随时掌握存货进存出数据；三是生产耗用要均衡耗用（图5-6）。

```
采 → 经济批量采购
存 → 动态数据分析
用 → 材料均衡耗用
```

图 5-6　降低存货占用资金

设计成本控制

设计成本是一个产品的先天性成本，它对产品成本高低的影响权重超过 90%。控制设计成本，要考虑四个因素：

第一，材料选用。在达到品质和功能要求的前提下，尽可能选择价格低的材料。如果能找到价格更低的替代材料，就更能降低成本。

第二，工艺及人员配置。生产这款产品，用什么样的工艺，配置什么样的操作人员。工艺越复杂，所配置人员的技能水平就越高，成本自然就越高。

第三，设备。设备有贵贱——便宜的设备摊到产品中的成本自然低；设备操作难度有高低——难度越低对操作人员的要求就越低；设备运行中人力投入有多少——人力投入越多成本越高，而且人力成本没有增值税进项抵扣，人力成本投入越多增值税税负就越高。

第四，做长长板，而不是补短板。长板是差异化的保证，同时也是降低成本的突破口。做擅长的，花的代价小；做不擅长的，花的代价高。就像一个学生，他擅长英语，花 1 小时可以考到第一名；不擅长数学，花 10 小时可能还是考最后一名。

商务酒店的诞生，就是通过做长长板实现差异化的典型案例。20 世纪 40 年代，第一个创建商务酒店的人发现酒店都在往豪华方面发展，大堂越修越气派，会议室越修越漂亮，餐厅、棋牌室、健身房等应有尽有。但这个人又发现，有那么一个群体，他们忙于商务出差，晚上很晚才到酒店，第二天天没亮又离开了酒店，他们连大堂都没看清楚，会议室、餐厅、健身房和他们都没有关系，他们只想要好好睡一觉。他们睡的当然是房间，大堂再气派也不会睡大堂。于是，这个人想到了创建一个专门为商务人士准备的酒店，他把大堂缩小得只放得下前台接待员，把会议室、餐厅、棋牌室、健身房等和睡觉无关的都省掉，而把节省的钱认认真真花在房间隔音和卫生上面（图 5-7）。事实证明，他的创意是成功的。今天，商务酒店已经遍布世界各地。

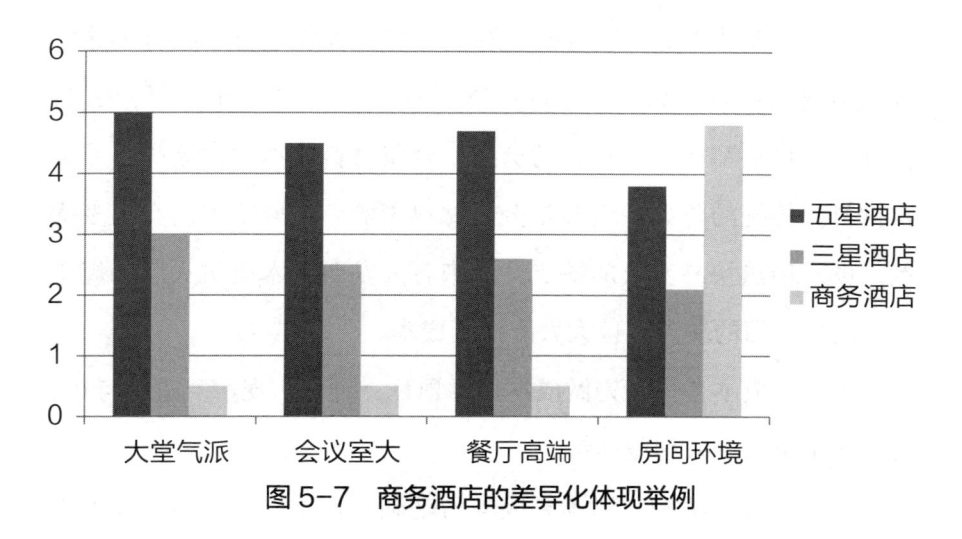

图 5-7　商务酒店的差异化体现举例

生产成本控制

面对管理成本（即三大期间费用）、设计成本、生产成本三种成本，很多缺乏经验的财务人员认为，重点是生产成本管控。这种观点好像没毛病，因为产品成本形成于生产环节，是生产部门那帮人搞出来的。这个观点，其实和"税收是财务人员搞出来的"一样，是不对的。如果设计成本太高，生产环节无论怎么控制成本，产品照样没有竞争力；如果管理成本太高，就算产品本身有毛利，也被费用抵消掉了。

我们这里有一个公式：

"成功的设计+准确的核算+有效的机制=低成本战略"。

设计决定产品先天成本高低，核算的准确性为成本控制机制提供数据支撑，管理成本和生产成本主要靠管控机制。

材料成本

生产成本中的材料成本控制，可以从四个方面着手：

第一，设计中的用料选择。我们在讲设计成本时已经讲到这一点，用料选择对产品的先天性成本影响非常大。比如，做防火门，就有金属材料和非金属材料的选择，金属材料成本常常远高于非金属材料。传统的防火门大多是金属材料做的，金属防火门有很多优点，也有传热快易变形的缺点。后来有人发明了木质防火门，规避了金属防火门的缺点，也大大降低了成本。

第二，成本考核。先做成本目标预算，再对实现情况进行考核，将考核结果与个人利益挂钩。

第三，成本奖励。以预算成本为基础，超支的部分由责任人承担，节约的部分奖励给责任人。

第四，低值易耗品购买制。

低值易耗品单价不高，但总耗用量还是不低。低值易耗品实物监管不方便，控制难度比设备、工具等要难得多。多年前，我在一家劳动密集型公司工作时，对劳保用品的管理就很头疼。当时，公司旁边有一家劳保用品店，该店的商品，其实就是我所工作的公司工人低价卖给他们的。工人今天说口罩坏了，明天说手套坏了，后天说刀片没了，你能不发给他吗？发给他，他转手就卖给了旁边的商店，自己继续用旧的。后来，我们想到一个办法，通过预算，给每个工人发低值易耗品购买票，如果不够用，自己掏钱买；如果月末还有节余，节余的部分就奖励给他。比如，发给每个工人60元，如果他月末还有10元节余，这10元就奖给他。这个方法一推出，不到两个月，旁边那家劳保用品店就倒闭了。

人工成本

生产成本中人工成本的控制，可以从四个方面去考虑：

第一，生产单元人才结构与配备标准。一个生产单元，熟练工、学徒工、新人按最合理的比例配置，并形成标准。

第二，深入研究作业人员动作。让作业人员动作最科学、最省力、效率最高。与动作研究密切相关的是工位设置要科学，工件传输设置要高效顺畅。

第三，坚持首件检验，强化工段检验。每一批产品首件检验，避免大批量残次品；工段之间检验，在过程中消灭批量残次品出现，提升一次性合格率，减少返工。

第四，作业流程控制，成套入库考核。作业流程控制的一个重要要求，就是尽可能使同一产品的不同部件同速度加工，最终实现同时入库。

一家门窗企业曾经出现交货困难，但仓库产成品却堆积如山。受老板委托，我们去提供帮助。我们发现，之所以产成品堆积如山却交货困难，是因为产品不配套。门窗是定制化产品，各个开发商修建的房子门洞尺寸不统一，窗洞尺寸也不统一，销售方要先量尺寸，再下料实行个性化生产，A客户的产品并不能发给B客户用。以一套木门为例，主要部件包括门楣1块、门板1块、门套2副、门边条6根，这10个部件必须都入了库房，才能发货给客户安装，少一件也不行。但因为流程管控不力，再加上每个部件都单独入库，工人也是按每个部件单独计提计件工资，成不成套只有销售人员着急。在咨询过程中，我们首先是梳理生产流程，指导各部门生产单位保持高效率和同步生产，其次是规定成套木门入库房后，才能计提计件工资，生产管理部门才能发放奖金。原来是各个单元生产自己的产品，不管不问别的部件生产进度，成套考核出台后，各生产单元总是积极沟通还相互帮助。经过6个月努力，该企业按时交货率提升了90%，而且产成品存货量下降了80%，客户满意度也大幅提升。

费用节流的基本途径

"砍成本"的基本途径

"砍成本"是所有企业老板和财务的期望，挣钱不容易，省钱却相对容易一些。我们提出"3+3"途径（图5-8）。

```
                    ┌─────────────────────┐
                    │  "砍成本"的途径     │
                    │   （3+3个途径）     │
                    └──────────┬──────────┘
                    ┌──────────┴──────────┐
┌───────────────────────────┐   ┌───────────────────────────┐
│ 1. 砍成本的基本途径：砍事、│   │ 2. 砍成本的辅助途径       │
│    砍人、砍机构           │   │ 1）压低固定资产——轻公司  │
│ 砍金额不如砍事情，砍事情不如│   │ 2）压低存货——别让货币睡大觉│
│ 砍人员，砍人员不如砍机构  │   │ 3）舍弃低回报高投入的客户 │
└───────────────────────────┘   └───────────────────────────┘
```

图 5-8 "砍成本"的途径

先看第一个"3"：砍事、砍人、砍机构。砍金额不如砍事情，砍事情不如砍人，砍人不如砍机构。

所谓砍金额，就是压低开支标准。比如，坐了商务舱，但依标准只能按经济舱报销；喝了茅台酒，但依标准只能按剑南春报销。砍事情就是不让事情发生，连经济舱都不用坐了，连剑南春都不用喝了。那有人会说，我是财务人员，有什么权力要求人家的事情不要发生呢？有啊，用好全面预算！如果在你的预算中，他只有一点点钱，他自然不会超标了，自然就会考虑这笔钱要不要花了，即这件事情要不要做了。

有一个场景：某个周末，寒风凛冽。我拖着拉杆箱走到公司门口时碰到了老板。我说，老板，我今天出差去北京，我从来没有体会过坐头等舱是什么滋味，能不能坐一回。老板一看天寒地冻的还是周末，心一软就答应了。我又说，老板，我一把年纪了，还没住过五星级酒店，想在退休前体验一下五星级酒店服务。老板心又一软，答应了。我开心啊，到了北京，工作目标完美达成。可是，出差回来我到财务部报账时，财务却不同意，要求我自己承担超出经济舱标准的机票款和超出商务酒店标准的住宿费，因为我的级别低，不能坐头等舱，不能住五星级酒店。我找到老板，老板为难了，如果让财务开绿灯，那就是为我搞特殊了，财务心里不爽；如果让我承担，我心里不高兴，下回出差，估计再也没有工作热情了，我大概率会在商务酒店睡三天回来对老板说事情没办成。

还有一个场景：某个周末，寒风凛冽。我拖着拉杆箱走到公司门口时碰到了老板。老板见我在天寒地冻的周末还为公司去北京出差，心里很感动，主动对我说，邱老师，你坐头等舱去吧。我抬了抬脚，让老板看我的跑步鞋。我说，谢谢老板，我跑步到北京去。老板不忍心啦，又说，你到了北京，去住五星级酒店吧。我回答说，谢谢老板，我在北京东直门立交桥下已经找好位置了，我在那里蹲一晚上。我为什么这么抠门了？不是我抠门，是在财务部主导的全面预算中，我今年的差旅费用就5000元，超过了我自己贴上，节约了归我，我能省一分是一分！

与其纠结花多少钱，不如让花钱的事情不要发生。

上面讲了砍事情，我们再来讲砍人。所谓砍人，就是裁掉不能产生价值的人员。在公司里，一个人不能产生价值，就是超级浪费，他坐在公司里，哪怕一分钱工资不发，也得耗费场地租金、办公费，上个卫生间，还得消耗公司的卫生纸和水呢！

怎么砍人？有人说，找人力资源专家来做人员编制，做工作分析，然后推出裁员名单。我发现，如果不是老板感觉到公司快发不起工资而痛下决心裁员之外，平常所谓压缩编制，总是越压编制人员越多。你不提编制，大家都在认真干活儿；你一提编制，大家都说自己部门人不够了。我提出了一个简单粗暴的"砍人"方式：谁离开了，公司还能运转，谁就可以砍掉，包括老板都可以砍掉——让老板去别的地方打工，老板的公司交给不可或缺的人经营。

我曾经碰到一家企业，28个工人，非一线人员却高达120人。老板一直认为非一线人员太多了，费用太高，几乎发不起工资了，但总是裁不下来，找了专家也没有裁下来。当他找到我时，我让他拿起笔来，一边想一边写谁离开了公司还可以运转。从哪里开始想？回想自己创业之初，有多少人，创业之初能够运转，现在恢复到创业之初的人员规模，也就能够运转。他想到创业之初，是自己亲自记账报税，财务部可以裁掉；他想到创业之初，是自己亲自算工资发工资做人事，人力资源部可以裁掉；他想到创业之初，几个人是在路边店吃饭，食堂人员全部裁掉；他想到创业之初，自己亲自开车，司机裁掉……想到最后，实在想不出哪些人可以裁掉时，他把脑门一拍：创业之初，我在公司门口拴了一只狼狗，保安部门可以裁掉！这样一思考，他最后裁掉了90个非一线人员，公司没倒，反而运转得更加良好！

再看看砍机构。事情是人做的，所以砍事情不如砍人。而人在机构里，所以砍人不如砍机构——整个部门一窝端掉。这需要一种断臂的勇气，面对那些没有回报或者回报低的部门，果断砍掉它。很多老板有恋旧情结，对没做好或没做成的，总不愿割舍，一拖再拖，天天拖掉若干人民币。对于投资项目，要做投资预算，并且要做失败打算，损失到了报警线，就要果断止损。

再看第二个"3"：三个辅助途径。

一是砍资产，压低重资产比例，做一家轻公司。从经营角度来说，重资产周转慢、回报低。当然，如果你买的是房产，且房产在快速涨价，另当别论。

二是砍存货，压低存货在流动资产中的比重。存货是沉睡中的货币，睡得越久，潜在亏损越多。

三是砍客户，砍掉低回报高投入的客户，把你的热情转移到认可你信任你的客户身上去。相信你的，一个眼神就够了。不相信你的，喊破喉咙还是不会跟你走。

"转嫁成本"的四个技巧

转嫁成本，降低企业经营压力，有四个技巧：

第一，固定成本分摊到员工人头。把各种固定开支分摊到每个员工头上，并不是让员工承担，比如，员工就不可能带着办公费、房租来上班的。分摊是让每个员工明白企业的压力有多大，明白做多少业绩才能实现保本，再做多少业绩才有可能赚回工资和奖金。虽然，本质上并没有让员工承担，但这种分摊对员工的促进作用还是非常明显的。有一家房屋中介连锁公司就做得很成功。公司把每个门店的各项费用都分摊到人头，每天做保本考核，每个员工都像小马达一样充满动力与激情，拼命追求业绩。而且还有一个有趣的细节，每个门店的办公工位，永远比员工少一个，每天最后一个到店的员工就第一个出去跑业务——找房源、找客户。

第二，变动费用与订单挂钩。即变动费用实行业绩包干，有业绩就可以报销费用，没业绩就报销不了费用。

第三，业务费用尽可能转嫁给客户。这一点，有很多老外做得不错。我给你打了电话，对不起，月末一个清单来了，叫你付电话费；你到这里来，我请你喝了茶，对不起，月末一个清单来了，叫你付茶水钱。当然，我到你那去提供技术咨询、人员培训等，各项费用自然也少不得由你承担。

第四，项目成本，尽可能让第三方承担。这个比较好理解。比如，你要搞一个活动，一定要拉几个合办方来，你出创意，他们出费用，各取所需，你的事办成了，自己却没出钱。

减法管理

简单就是高效率，简单就是低成本。

我写过一本书，叫《减法管理》，书中专门讨论如何管理简单化。我也看到不少老板错误地理解"规范"，认为规范就是制度多流程多，把管理搞得太复杂，耗费太多的成本费用。

我曾经在一位老板手下工作，他赚了不少钱，出手大方，也因此被"砖家们"忽悠了不少钱。我当时是他公司的财务中心总经理，他被忽悠走的钱，我都清楚账目甚至亲自经办转账。

老板多年都未出去参加过培训，有一年心血来潮，要做学习型企业家了。他第一次出去上课，发现外面的世界很精彩，外面的"砖家"很可爱。

有一个博士，口才特别好，妙语如珠，段子连篇，讲1小时不喘一口气。老板对他崇拜得恨不得自己有六体，可以来个六体投地。在老板盛情邀请下，博士愿意委屈自己，答应来公司担任总裁，年薪600万元，先转300万元才到岗。钱是我亲自转的，老板不想让其他人知道博士工资这么高，因为其他人，也包括我，年薪远远没有这么高。

博士来了，老板要求所有人碰上就要称博士，不能称某某总，而且还要鞠躬。

博士来了，公司气象的确大变样。每天早中晚三次要跑步集合喊口号背企业文化；每天至少开两三小时的会议听博士口若悬河，讲得我们心潮澎湃；每天还要花不少时间规划工作流程，撰写各种制度并学习讨论制度。总之，原来机器轰鸣、粉尘满天、人人灰头土脑的工厂，俨然成了一所大学，窗明几净加机静，人人衣冠楚楚彬彬有礼。

3个月的快乐时光一晃就过去了，老板不快乐了，因为公司差不多要垮了。

老板找到我，说博士的文化层次太高了，只怪我们公司团队没文化，跟不上博士的节奏，打算终止与博士的合作。我和老板找到博士，老板只说了句"我们最近工作可能要做些调整"，博士就明白了。都知道，先开口为王，先说分手就不会成为恋爱中被甩的一方。博士说，贵公司整体都缺乏文化，我这博士太孤独了，我早就打算离开了。既然现在要离开了，钱还是要算清楚的，因为天天扎根在这里，耽误了很多重要课题，余下的300万元，老板还得给我，不然我就损失太大了。老板是个大方的人，当下就说，哪能亏着博士。当着博士的面，老板让我安排转款手续。

博士走了，留下一大堆手册。那手册精美，封面金碧辉煌，内页全是高档彩色纸，连字体都个个如书法家写的。

博士走了，老板学习的步伐并没有停下来。不久，他又遇上一个更厉害的人物，某某大学的客座教授。这个世界上，教授是有些多了点，正式的教授多，连客座的也多。我不是很了解客座教授是什么，但我想应该和云游僧人差不多，到了某座寺庙，挂个单待一阵子，然后又走了。曾经，也有人建议给我弄一个客座教授的称号，我想了想，还是算了，感觉教授都快成贬义词了。

这个教授，老板给的年薪是 1000 万元，先转 500 万元。公司也下发了文件，相逢必须称教授，不得称某某总，鞠躬时腰必须弯得比面对博士时还多。

1000 万元"砖家"的段位，怎么也得和 600 万元"砖家"的段位体现出差异化啊。为了体现差异化，教授把博士那一套全部推翻了，当然，教授还是天天让我们跑步喊口号，区别在于，博士让我们围着食堂顺时针跑，教授说不行，顺时针是随波逐流，得逆流而上，要逆时针跑。后来我想，这对我们的健康是有好处的，因为有的员工总是偏着脑袋跑步，长期一个方向跑，可能头就长偏了。口号，教授作了一些改动，把喊的顺序变了，而且我们原来是面对办公楼上老板的办公室喊，教授说不行，哪能对着老板大吼大叫，应该对着食堂吼。教授也让我们写制度写流程，也让我们天天开会天天讨论，一个很大的不同是，教授要求我们在会议室里按五行方位坐，不能相克只能相生，尤其是那些与老板五行相克的员工，坐下时绝对不能正面对着老板。

工厂又一次机静，又一次窗明几净，大家重回学生时代，又一次衣冠楚楚彬彬有礼。1000万元段位的"砖家",生命力还是差不多3个月。公司团队没文化,已经跟不上博士了,跟不上教授那也是必然的。老板发现公司只有最后一口气了。在差不多的场景下,公司再次成为失恋中被甩的一方,教授余下的500万元,也是老板安排我转的。我当时想,教授两个字还是挺值钱的啊。当然,金碧辉煌的手册依然有一大堆。

教授走了,你以为老板就安分了?

不。不久,他在外出参加培训时,碰上了一个大师。大师请进来,年薪1600万元,先转800万元。公司下发文件,逢必称大师,鞠躬时,上半身与下半身的夹角再次减小,不少腰椎间盘突出的员工十分害怕与教授碰面。1600万元了,动静得更大,行为得更创新,才能证明自己值1600万元,而前面的只值600万元和1000万元。差异化,创新,推倒重来!我后来才发现,大师搞的内容和前两个在本质上没多大的差别,可形式上就差别太大了。比如,跑步顺时针不行逆时针也不行,得按"8"字形跑,8是发嘛。比如,对着老板办公室喊口号不对,对着食堂也不对——不能老是想着张大嘴吃饭,得对着远处那座大山喊,如果哪天把山吼没了,就成功了。比如,开会不能从正门进去,宫廷正门是给皇帝走的,会议室的正门是给老板走的,员工只能走侧门——为此,公司每一个会议室都由一个门开成三个门。比如,不仅会议室讲风水,整个公司都讲风水,但风水太土了,得讲西方星宿学等,为了让公司团队能够尽快吸收西学,大师还教大家学习英语。那段时间,客户进到公司,就如同进到了宠物鸟儿市场。不过,教授的确让员工们,甚至一些农村来的农民兄弟都能说个"爷死""哈漏""古到摸你""古到你屋去""阴沟里去"。

结局差不多，大师比教授多挺了一个月，余下的800万元还是安排我转的，留下的手册封面有所区别，除了金碧辉煌外，还有老板的小孙子的三只脚板印——有创意，难怪老板开心，马屁都拍到第三代身上了！

差不多了吧，老板？

没呢！老板再次碰上高人，一个同时拥有博士和教授名头，有海外工作背景，还留一头长发，穿一身长袍，有仙人范儿道人风，走路像发疯的人——老板说，你们看看，人家走路都争分夺秒，人家走路都那么专注，人家走路都在思考伟大的事业。你们再修炼一万年，也没有他那种风度！这时该称什么呢？大师都称过了，这回称"圣人"！这次当然也下发文件，鞠躬不仅让腰不好的人害怕，让胳膊不便的人也害怕了，让发音不准的人也害怕了，因为鞠躬还得配套作揖，作揖还要配套一句咒语，这句咒语我也不知道是什么意思，发音也难以用中文描述，大约是"打你刮你挤不动你就搓你嗨死个龟孙子兮矣"。

圣人年薪是2600万元，先转1300万元。圣人当然得把大师那一套重建：制度重建、流程重建、会议重建，推倒一切，才能创立一切嘛！我深深地承认，我已经跟不上圣人了，我也不知道他那一套好不好，或者是否比博士、教授、大师的好，但差异化我是有切身感受的。比如，跑步按照北斗七星跑，口号对着天狼星座叫，男女上班背对背，碰上老板头下垂……还有一个大的差异，开会大家得穿袍子，那袍子不像道袍，有点像教堂神职人员的服装，但又不全像。

圣人最后也走了，余下的1300万元拿走。留下的手册，除了金碧辉煌外，每本都有一把锁，里面有电池，你得念一段咒语，发音准确了，才能打开。

我相信，如果不是几家银行的行长跑来，对老板说"你再把工厂搞成大学，我们的经营贷款就全部收回了"，老板绝对还停不下爱才的癖好的。老板静下心来，看看身边的人，如梦初醒，变得现实了。我知道，在那些宇宙级人才待在他身边的日子里，他看我们有多么不顺眼，有多么恨我们这些铁成不了钢。这时，我也知道，他醒悟了，铁，至少还可以打，钢，他是打不动了的。

5800万元的薪资，换来什么呢？换来一间屋金碧辉煌的、绝对差异化的手册。我估算了一下，应该有2吨重，换算下来2.9元/千克，也不贵哦，比起公司每年30多亿元的营收，也算不了啥。比起我的书呢？有卖盗版书的，卖我的书，3元/千克。但放手册的那个房间，是我们财务中心的。我们办公室紧张，我多次建议老板把那些手册处理掉，把房间腾给我们用，老板不答应，还和我急，处理？怎么处理？一把火烧掉？那是几千万换来的啊！现在用不上，将来用得上！我有好几次无意中看到，老板一个人悄悄地潜入那个房间里，也不知道他在里面干什么，反正每一次进去，都待上几小时才出来。

引入高级职业经理人的目的，是"解放"老板，实际却差点"解决"掉老板。

上面这个老板的经历，并不是个案，类似的老板我碰到不少，只不过没这个老板夸张而已——当然，不夸张的老板，主要是钱少，如果他们都年营收几十个亿了，个个都会夸张到极致的。

可恨之人，不一定有可怜之处。可怜之人，却一定有可恨之处。讲了这个老板这么多，我总结一下：减法管理，就是减掉不必要的制度、不必要的流程、不必要的会议。规范不等于复杂，复杂也不等于规范，够用、能用、有用才是真理。让企业回归企业吧，让大学回归大学吧，让神学回归神学吧！哦，让"砖家"们回归建筑工地吧！

第六章 吸引力
——美女不是追来的

做好内控，降低成本，企业的"内功"就练得差不多了，该练"外功"——如何吸引资源了。强大的企业，无论对资金、市场还是人才，都有强大的吸引力。想要成为强大的企业，打造吸引力非常重要。你的吸引力够强大，客户对你念念不忘，与你合作了还想继续合作。

出门求人不如坐等上门

大唐时期，有一个故事发生在一个不知名的姑娘和一个知名的诗人身上。

这个姑娘家境普通，长相却极不普通，为了解决生存问题，她曾多次想过出去打工谋生，或者是嫁一户好人家，甚至想过去青楼。凭她的条件，嫁人不难，但不能保证遇到良人，万一遇到的是酒鬼赌鬼、家暴男可就惨了。凭她的条件，在青楼混个头牌轻而易举，但万一染上病可就连命都难保了。至于出去打工，那个年代工业不发达，没地方打螺丝，手工作坊倒是不少，但到了那种小作坊，她的长相就成了危险因素了，大概率是羊入虎口。犹豫来纠结去，她不敢出门，但站在自家门前还是敢的。于是，她每天打扮得花枝招展，在自家门前毫无目的地晃来晃去。

在一个阳光明媚的春日，一个叫崔护的公子哥儿出城郊游。当他来到一处被桃树环绕的农舍前，看到桃花迎着暖阳，当下就如美酒沁心，一阵说不出的开心。而就在他开心之际，农舍的门吱呀打开了，一个极其漂亮的姑娘走出门来，出现在桃花下，姑娘被眼前这个一身正气风度翩翩的男子吸引了，她对他浅浅一笑。崔护当场就醉得不知所措，表情僵硬，四肢发麻，手心冒汗，两眼无光——如死鱼眼一般。姑娘并没有注意到崔护的异常，她再次浅浅一笑，轻轻盈盈转过身，进了门，又轻轻地合上了院门，但没有拉上门闩。

崔护见人家关上了门，才回过神来，后悔没有及时把姑娘叫住。无奈此时的公子哥儿，已是朝廷大员，虽然此日是独自微服私出，但也不敢做出冲撞民宅的行为。万一院内还有别的男人，争打起来可咋办？抑或没有男人，就姑娘一人，孤男寡女独处小院，岂能说得清？崔公子无奈转过身，失魂落魄地回到办公室。

崔护呀崔护，这就是好男人的"良悲"——善良的悲哀，为什么那么多天鹅肉被癞蛤蟆吃了，就是好男人太多啊。当时，还有一个猥琐的男人在不远处看见了一切，巧的是，这个男人那天的穿着和崔护撞了衫，长相还接近得不一般。当崔护转身离去时，那个男人走向院门口，举手推门。

姑娘正在门内等着呢，她的心跳得咚咚响，如同体内发生了地震，震得她头都晕了。当听见门吱呀一声时，她晕着就迎了上去。一段悲剧就此发生，这个男人，后来被证明是一个酒鬼、赌鬼、色鬼兼家暴男。

崔护呢？因为官员交流，他被临时借调到外地去了。次年，再回到原任地时，又是春暖花开的日子。

崔护终于下定决心，要去结识那个姑娘，因为这一年的相思苦，已经让他形销骨立。可是，当他再次来那个农舍时，农舍早已破败不堪无人居住。他想向周围打听，可那时人口不如如今这么稠密，方圆几里都没有住户，而几里外的人又根本不知情。万分痛苦之下，他掏出笔墨，在农舍墙上挥笔写下流传后世的名作——

去年今日此门中，人面桃花相映红。
人面不知何处去，桃花依旧笑春风。

崔护为什么再次来到农舍？因为姑娘强大的吸引力。如果姑娘选择了去青楼，两个人相遇在青楼，虽然可以有一小段亲密时光，但绝对不会在崔护心中留下多久的记忆，我们也绝对读不到这么优美的诗句。当然，命运对姑娘实在太不公平了。美丽是魅力，美丽也是危险。

说完这首唐诗，我们再来看看一家小企业的老板的经历。

这个老板坚信勤奋是成功的基础，汗水浇出来的花值钱。他每天穿梭于各个商会协会培训会，去认识不同的大老板，期望与他们做生意。但他坚持几年下来，效果十分差。有一天，他跑来向我求助，让我分析一下是什么原因。

"我比太多的人勤奋太多，为什么我的收获如此微薄？"他问。

勤奋是成功的基础，但并不是唯一的基础，还要看机缘，看你的勤奋有没有聚焦在正确的事情上面。我想起我的母亲，她一生中总是在干活儿，不是下地，就是张罗着喂鸡、喂鸭、喂猪。在我印象中，都没有她坐下来歇一会儿的时候，即使是端着饭碗，也是一边走一边吃，东瞅瞅西看看，观察房前屋后田间地头有没有什么疏漏。就这样，她一生也没有富起来。

我认识很多大老板，很多大老板也认识我，为什么生意还是做不起来呢？他又问我。

你认识多少人不重要，多少人认识你也不重要，重要的是有多少人认可你。我认识你这么多年了，都不知道你是做什么生意的，你能说说你的价值在哪里吗？我给他分析道。他说他自己的确没有什么长处，但他能把有价值的人介绍给需要价值的人。他这种中介，在信息不透明不对称的年代，的确是有价值的，但在当今信息大透明的时代，大家都不想要中间商赚差价，谁还需要你介绍呢？我建议道，你放弃这种天天拜访大老板的做法，大老板能够抽出时间见你，已经给你很大的面子了，再给你生意做，可能性就很小了。你要做三件事：

第一件，把你认识的老板们进行仔细分类，分成若干个具有共同需求的群体。

第二件，分析你自己的资源和能够提供的价值，即进行"价值供应定位"，如果你发现自己本身没有什么价值，我就建议你先闭关学习修炼一项特长出来，再进行这个定位工作。

第三件，将你所细分的每一个老板群体，进行价值需求分析——"价值需求定位"，再把你的"价值供应定位"与这些"价值需求定位"逐一匹配，找到你能够供应而对方又恰好需要的那个群体，作为你的重点拜访对象。

3个月后，这个小老板又来找我了。他说经过分析，他发现很多老板相信风水，他自己有一些易经和风水学方面的功底，又去拜师学了两个月，现在准备给老板们提供风水方面的服务。我一听，觉得这个方向是对的，但风水领域也是红海，中国风水大师太多了，为抢老板资源已经争得头破血流。

你是学什么专业的？我问他。

邱老师，我和你是同专业，我也是学财会的，但我在你面前不值一提。

我说你只要是学财会专业的就行了，你把风水服务范围再缩小一点，专为老板们提供财务室的风水服务，包括财务室设在哪里，财务室内部怎么设置，财务人员的五行如何匹配，财务负责人与老板的五行如何匹配等。出门求人，不如坐等上门。你整理好这套理论和实践方法后，就不要去天天拜访了，你找个会所躲起来，你再找个助理，把你能做这件事情的信息散播到各商会协会培训会就是了，然后坐等老板们上门来找你。

他按照我的建议去做，迅速打开了局面，渡过了经济难关。

这个小老板的经历，值得很多刚刚起步，还在摸索路上的创业者借鉴。在你没有价值时，再多人认识你，也只是短暂的相逢，转眼就把你忘掉了。在你有价值时，你还要让别人上门来找你，而不是自己主动送上门去。有句流行的话叫"高明的猎人，总是以猎物的方式出现"。吸引力不是主动出击，而是吸引别人向你靠拢。

美女不是追求来的

我上大学时,班上有一个男生,其貌不扬,也算不上有钱,但他身边总是美女环绕,三五天就换一个美若天仙的女朋友,搞得一众找不到对象的男生羡慕忌妒恨。

有几个和他关系好的男生,忍不住去向他请教如何追求漂亮女生。

追?去哪追?他很不屑地说,我说你们怎么打光棍呢,原来你们认为女生是追来的!女生是怎么来的,是吸引来的。招蜂引蝶是什么意思,懂吗?孔雀开屏是什么意思,懂吗?花美不会孤独,屏靓不会寂寞。

他越说越得意,不过,他该得意,我认为他说得十分在理。他还说出一句非常经典的话:女生不是不可以追,死缠烂打有时也能够追到手,但死缠烂打追下来的,最终也多为悲剧。问他为什么,他说死缠烂打不代表你的吸引力,而是女生无处可藏、惹不起你又躲不掉了,没办法才不得不答应你的。女生并没有在你的身上发现闪光点,这样的女生即使天天和你在一起,却是不甘心的,一边应承着你,一边在梦想着白马王子出现。当某一天稍微有点白马王子特征的男人出现,她就会拿出飞蛾扑火的激情,让你头上草原无边无际。胆子再大点的,还会来个类似潘金莲毒死武大郎的情节。我说你这观点太偏激了吧,他竟说,老邱,你别把爱情想得那么伟大,很多夫妻其实都是仇人。你在呼呼大睡,他(她)可能正在思考用哪一根鞋带勒死你。不是仇人的夫妻,有些也不过是一起过日子的合伙人。

这个男生因为女朋友太多，开销自然比较大。大学毕业刚工作，薪水微薄，不够开销，下海做起了贸易服务，但做得很不好。在某年同学会上，他向我讨要生意经，说过不下去了，得多挣点钱。

你身边那么多美女，应该也有很多客户，我对他说。他不明白。我说吸引客户的道理，和吸引美女的道理是一样的，展示自己的价值，让客户为你倾倒。这里的价值，要么是你有价值，要么是你有被利用的价值。只要不碰法律和道德底线，就不要害怕被利用，能够被利用也是一种幸运。

我这同学悟性很高，和我也是同专业的，但转行做房地产设计了。经过认真考察，他发现自己一直以来搞不定的大客户，普遍存在一个沉重的痛点，那就是增值税进项发票永远不够。的确如此，他来和我探讨时，我给他算了一笔账：假如一家企业增值税不含税销售收入是100万元，有增值税进项的成本是不含税价50万元，那么，增值税就是（100万元-50万元）×13%=6.5万元。除非一家企业不赚钱，否则永远在心理上感觉"进项发票不够"。我恰好深入研究过"进项发票不够"这个课题，我这位老同学在我这里学习了几天，学完回去后，他找到原来那些对他爱搭不理的大老板，只用一句话就征服了他们：老板，您把设计交给谁都是设计，但您交给我，我不仅给您设计好，还能够合法地帮您解决税收负担重的问题，合法地解决您进项发票不够的问题！别的设计师，只知道一味强调自己设计如何好，天下能够做好设计的人多得很，但既能做好设计又能帮助解决进项发票问题的人却不多。

我这同学，也算是知识"跨界"了，横跨设计和财税两个领域，靠着"跨界"，他把全国大部分知名的地产商转化成了自己的客户。我想起我有一本还没正式出版的小册子，书名叫《像蝙蝠一样生存》，书中讲的是蝙蝠。蝙蝠是"禽兽不如"的生物，说它是兽，它却有双翅，能飞；说它是禽，可百科知识中却说它是哺乳动物。它是把禽兽的好处都占了。除了跨界，两栖的也厉害，乌龟、鳄鱼、蛙、海豹等，水里待得，岸上也待得。动物如此，人类为什么不可以学学呢？

美女喜欢肌肉男，可拥有肌肉男的美女常常想：这个男人再智慧一些就好了！也有美女喜欢智慧男，可拥有智慧男的美女更是常常想：这个男人再多长几块肌肉就更好了！客户也一样，当大家都说"这个我行"时，你说"这个我行，那个我也行"，在付同样价钱的情况下，客户肯定翻你的牌子。当然，不能搞成万金油了。跨界两三项是跨界；跨界太多，就是不专业了。

美女不是追来的，客户不是求来的。求来的客户，百般挑剔；吸引来的客户，谦卑和蔼。

吸引力清单

从哪些方面吸引客户选择你呢？总结起来，就是价值创新，让客户赚钱时"更多、更快、更好、更省"——多快好省。具体地说，至少包括十个方面：

第一，帮助客户获取客户。

第二，帮助客户获取资金。

第三，帮助客户获取人才。

第四，帮助客户实现成本更低。

第五，帮助客户实现用人更少。

第六，帮助客户实现效率更高。

第七，帮助客户实现质量稳定。

第八，帮助客户实现更安全、更节能、更环保。

第九，帮助客户实现财务更规范、税负更合理。

第十，帮助客户实现财富更安全、更丰富、传承更持久。

吸引力突破

吸引力那么多，面面俱到肯定做不到。你有时间去练八块腹肌，就不太可能像牛顿时时待在实验室；你长时间待在实验室，就不太可能拥有哪怕一块腹肌。你应该扬长避短，放大自己已经很大的优点，让这个优点光芒万丈。

总结起来，打造吸引力的突破口就是找到客户价值创新的突破口，一句话："别人没做好的地方，就是你的机会。"

在我的客户中，有一家生产塑料管道的公司。在我为他们做好财税规范服务之后，老板还希望我帮他解决经销商流失严重的问题。

这家公司经营的是二线品牌，经销商主要是夫妻五金杂货店，之所以流失严重，是这些经销商十分重视利益，竞争对手给一点点好处费，他们就跳槽了。我的客户也曾经用给好处和打价格战的方式坚守阵地，但效果很不好。

我深入调研后发现，这些经销商有以下痛点：

第一，夫妻店，妻子守店，老公接单、安装，夫妻俩长年无休，十分辛苦。

第二，被动接单，不会营销，不会开发市场。

第三，不会做账，只会记个流水账，即使记流水账，也非常辛苦且不规范。

第四，基本上没有交税，存在较大的税务风险。

第五，孩子无人照顾，孩子放学做作业也在店里。

这些痛点，不仅我的客户没有解决，几乎他所有的同行也没有解决。这就是突破口啊，这也是客户一个非常现实的价值需求。

在我的主导下，我的客户开始布局：

第一，办事处业务人员帮助经销商"扫楼"、"扫街"、公关装修公司和设计师，达到开发客户的目的，并按地域分配客户给不同的经销商，经销商老板只需要做好安装就行了。为了解放老板，还协助老板招聘培训一名安装工人。

第二，我的客户总部向各经销商开放 ERP 端口，免费借一台电脑给经销商，培训老板娘用电脑和 ERP，让经销商免去做账之烦。

第三，财税问题交给邱庆剑统一解决，免费。

第四，各办事处按区域设立孩子托管中心，孩子放学后在办事处做作业，家长出差的，孩子甚至可以在办事处吃住。

布局好之后，为了让经销商老板们转型成为真正的老板，我的客户组织了一次海外游，把这些经销商拉到东南亚。刚到东南亚时，这些大多数从来没有出过国的人，兴奋之余也坐立不安，担心自己离开店里，生意受到影响。好在办事处工作人员每天都向他们汇报，生意不仅没受影响，反而更好了。过了三五天后，这些老板终于静下心来，享受到了做老板的闲适人生，明白了甩手掌柜为什么可以甩手。等一周后回到国内，当宣布在国内再游山玩水 10 天时，居然没人反对！

人过了好日子，再过苦日子就难了。半个多月后，这些经销商老板再也不愿意过以前那种天天蹲在店里的受苦的日子了，他们学会了喝咖啡，学会了打麻将、斗地主、看足球、侃大山、玩手串……当竞争对手来挖他们时，他们已经不屑于那点蝇头小利了。再说，对他们开放 ERP 后，他们所有产品都用了我客户公司统一的编码，仅改变编码一项，就让他们对跳槽望而却步。

在我们的协助下，这家塑料管公司的经销商，由 70 多家迅速增长到 200 多家。

红杏出墙与节外生枝

红杏出墙——品牌吸引力

这里的"红杏出墙"不是贬义词，我用这个词语来讲述品牌吸引力。

一大片杏林、一整棵杏树和一枝伸出院墙的红杏（你在院墙外），对你的吸引力绝对是不一样的。一枝出墙的红杏给了你无限的想象空间，也给了你最大的吸引力和动力，儒雅的你可能去找院门在哪里，粗鲁的你可能就直接翻墙而入了。有一个渣男曾经说过：绝色美女一旦脱光衣服就失去了 99% 的吸引力，而她裹紧衣服只露那么一点点时，才是最要命的。对这个我没经验，但我思量应该和红杏出墙道理差不多。

分析起来，想象空间，实际上就是神秘感。完全不露，没人知道；全露完了，就不神秘了。电影上映之前，各大媒体上总是有各种片段铺天盖地而来。抖音快手里面"一剪梅"（一剪没）小视频也是同样手段，给你看一段，最精彩处一刀剪没了，吸引你去找整部电影或电视剧来看。

大唐总是绕不开，这里又要讲到大唐了。这次讲的人是陈子昂，四川人，我的老乡。我早年在一本册子《转折》中，写过他，这里引用过来：

某一年，今四川有一年轻人非常有才学，他决定到长安发展。

初到长安，他的才学根本没有人知道，他为此很苦恼。

有一天，年轻人走在街上时，碰到一个卖胡琴的人，索价百万铜钱。不少有钱人围着看，但没有人愿意买，因为太贵了。

年轻人开始也没有买的意思，因为他对胡琴并不是很感兴趣。但就在他准备转身而去，却突然意识到这支琴可以助他造势，于是，他不惜重金买下。

众人见他买下，都围过来问他是否擅长此乐器。

"我擅长这种乐器，如果你们想听的话，明天到我那里。"

第二天，许多见到他买琴的人来了，没有见到他买琴而得知消息的人也来了，这些人都是长安名流，其场景相当于今天的重大新闻发布会。

年轻人好酒好菜招待大家吃饭。

饭毕，年轻人拿出胡琴，对大家说："我写过上百篇好文章，来到京都，却被淹没在世俗人群之中，不被大家所了解。弹琴是乐工们的事，哪里是我所关心的事呀！"

说着，年轻人举起贵重的胡琴，重重地摔在地上，摔得粉碎。

然后，他把自己写的文章分赠给大家。

文章的确不错，得到大家一致好评。年轻人一下子名满京城。

他就是陈子昂。

很显然，我这位老乡，是非常善于用"红杏出墙"来打造个人品牌吸引力的。

节外生枝——产品吸引力

什么是品牌？品牌不是符号，而是一些实实在在的有知名度的产品，比如你问消费者，什么是海尔，他会告诉你是冰箱；你问什么是格力，他会告诉你是空调；你问什么是比亚迪，他会告诉你是汽车。你怎么给品牌下定义不重要，重要的是在消费者心中它是什么。

要让品牌具有吸引力，最根本的出路还是在于你的服务或产品是否有吸引力，是否被众多的客户接受。在红杏出墙之外，我又给大家一个词"节外生枝"，它在我这里同样不是贬义词。

产品的吸引力，在于产品创新。你的产品比别人的更好更新，就比别人的更有吸引力。"节外生枝"，指的是产品创新不要天马行空——你是生产茶叶蛋的，不能看到导弹赚钱就去生产导弹——而要围绕你现有产品、技术、资源、人才、设备、客源等来创新，这里的产品、技术、资源、人才、设备、客源等就是"树干"，节不离干，枝不离节，才有最大可能枝繁叶茂。重新种棵树，也许能够种活长大，但耗时耗力。比如，你现在生产茶叶蛋，也可以再生产松花蛋、咸鸭蛋，总之是不离"蛋"，而不是跑到"弹"那去。本书前面讲的"蜂巢理论"，和节外生枝有异曲同工之妙。

下面和大家分享一下产品创新打造吸引力的一些思维。

产品创新的四个级次

产品创新的四个级次（图6-1）分别是：

第一，仿制级。有质量地"山寨"。比如，别人生产有线电话，我照着生产有线电话。

第二，改进级。改进别人产品的不足，或者提供别人不能提供的新价值。比如，有线电话有时不方便，你正在上卫生间，客厅里电话却响了，于是移动电话——"大哥大"面世了。

第三，换代级。在功能上整体提升。"大哥大"气派，但笨重，于是"小哥大"出来了，后来手机是越做越小，小到可以单手持握不滑落，除了打电话，还可以发短信、彩信，通信功能日益多样化。

第四，颠覆级。重新定义产品。什么是手机？乔布斯说，手机是拿来娱乐的，于是智能手机诞生了。手机不仅可以通信，还可以玩，还可以工作，还可以遥控诸多智能电器。未来，万物互联，也会通过手机来实现，那时应该不会叫手机了，叫互联遥控器。智能手机真是太好玩了，上帝把乔布斯都召过去了。

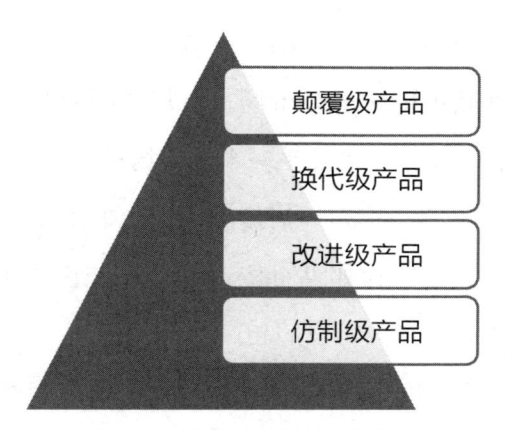

图 6-1 产品创新的四个级次

生枝思维

把树冠横着切开，那个横切面所展示的，就是"生枝思维"。我总结出十大生枝思维（图 6-2）：

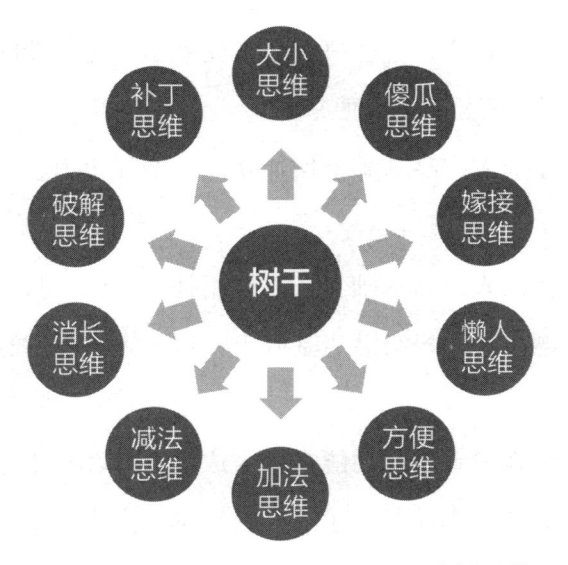

树冠横切面图
结合您的产品思考

图 6-2 生枝思维

第一，大小思维。你做大的，我就做小的。施乐复印机一统天下时，IBM、微软也曾去争夺市场，但都铩羽而归。后来，佳能推出小型复印机，立即抢占了几乎一半的市场份额。

第二，傻瓜思维。把客户当傻瓜，让他们不学习也能够迅速享受到产品带来的乐趣。比如 Windows 操作系统让普通人学会了操作电脑，傻瓜相机让普通人可以照相。

第三，嫁接思维。偏偏要牛头对马嘴，硬生生嫁接起来。比如智能手机，它是电脑与手机嫁接。还有我提出的创意鱼缸台灯，是鱼缸和台灯的嫁接，空气净化笔是笔与净化器的嫁接。

第四，懒人思维。客户都喜欢偷懒，你不能去教育客户勤奋，而应该满足他们的懒惰。从洗衣机到洗碗机、炒菜机都是这方面的创新典范。

第五，方便思维。方便客户，让客户用起来更顺手。遥控器的发明、无线麦克风的发明，都是针对方便来的。

第六，加法思维。在别人产品基础上增加功能、增加价值，比如对食品增加保健功能。

第七，减法思维。在别人产品基础上，去掉用处不大的，只留下最核心的。比如商务酒店，在星级酒店基础上，留下客户住宿这一最核心的功能并做好。

第八，消长思维。对客户看重的功能多投入成本，对客户不看重的功能少投入成本。大众汽车就坚持了这样的思维，车内从来不做得那么花哨。

第九，破解思维。用 3W2H（Where 哪里、When 什么时候、

Who 谁、How much 多少钱、How to do 怎么做）法，逐个替换要素。滑雪要在寒冷的冬天，有人却在南方做起了旱雪场——地点变化。帆布是用来做船帆的，李维却用它做牛仔裤——用途变化。

第十，补丁思维。在别的产品的基础上仿制并打补丁，即改进。大到汽车，小到小家电，仿制无处不在。

产品发展战略

竞争在持续，追赶在持续，没有永远的王者，没有永远的臣服，要想拉长领先期，就要讲战略。产品创新，总是从单一产品走向一个战略系统，具体包括五个步骤：

第一步，从产品到品牌。在产品普及过程中，形成消费者品牌认知，企业的价值就从有形产品上升到了无形商誉。

第二步，从产品到拳头产品。在多个产品中，培育出最能赚钱的产品。

第三步，从产品到延伸产品。爆款的重复利用，价值最大化。比如迪士尼"狮子王"这一无形资产，赚了7次钱：《狮子王》电影、玩具、服装、图书、电视剧、音乐、冰上舞蹈。

第四步，从产品到产品金字塔。建立产品体系，形成一个金字塔。塔基是防火墙产品，普及市场，但不赚钱，让竞争对手进来时按同样价格供应就亏本，所谓大树之下寸草不生。塔腰是利润产品，维持企业基本运营。塔尖是企业高利润产品，获取企业持续发展的资金需求。防火墙产品同时也普及品牌认知，让产品无处不在（图6-3）。

第五步，从产品到解决方案。优化客户系统，降低客户系统成本。比如，我的一个客户原来是为洗衣粉厂提供原材料的，后来不仅提供原材料，还为洗衣粉厂提供配方加原料，洗衣粉厂只管开动机器就行了。

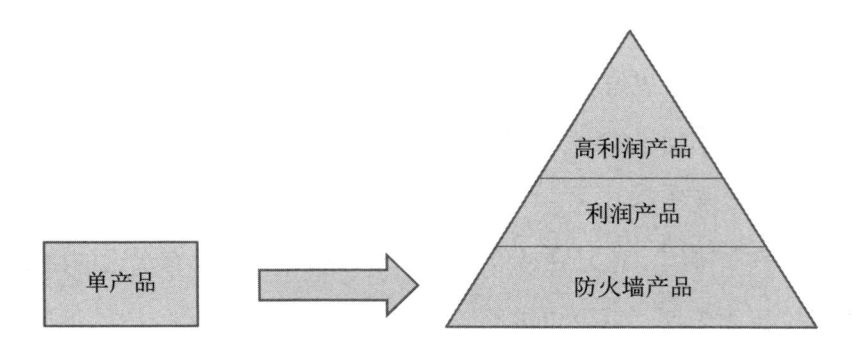

图6-3 活力十方图在提高产品竞争力方面的应用

产品创新实践步骤

这个步骤和单行道创新思维步骤类似。

第一步，使用"拿来主义"，看是否有现成产品可以仿制和改进。

第二步，实施"反述论"，看能否打破常规。

如果第一步未达目的，则将标杆企业的产品拿来分析，将其商业逻辑描述成一句话，然后利用"十大招式"和"六大突破"（使用"反述论推理工具"），来寻找"逆常规逻辑"，找到了就不用再走下一步。

第三步，用"QCS盈利方格"对"活力十方图"中"关键业务"进行思考突破，在此过程中，结合利用十大"生枝思维"。

别嫁给"资本家"

崔护只看到桃花依旧笑春风，却不知道姑娘已经被那个和他撞衫的男人折磨至死。吸引力对好人或坏人来说都是相同的。企业也一样，企业所吸引来的客户、资本方、员工等也都良莠不齐，企业主需要擦亮眼睛，不要被账面交易冲昏了头脑，不要最后明珠暗投。

在所有被吸引来的对象中，有一个对象我要特别提示，那就是资本家。资本人人爱，资本却是世间最坏，虽然不能说一切罪恶都来自资本，但资本却可以创造一切罪恶。几乎所有的中小老板都有一个宋江式的招安梦——把企业做到一定程度，卖给大买主，自己怀揣着钱，去兑现堂吉诃德式的梦想——弄个小岛带一群妞生活。大买主的钱也不是风刮来的，人家也会计算，还会算计。为了让你在计算中不吃亏，在算计中不掉坑，我这里有几点忠告。

不要嫁给资本家

资本没有人性，资本只有属性，它的属性是哪里有钱赚就往哪里跑，除了钱，它不会为其他任何因素停留。手握资本的资本家，自然也违抗不了这一属性。

实体企业的老板应该清醒地认识到资本和资本家的属性。既然不能长相厮守，那一开始就要做好零售的打算。不要相信资本家的甜言蜜语。零售价比批发价高，一定开高价，并且要利益第一，同时保护好自己的隐私，但凡有一丝丝动了金钱之外的感情，都是对自己未来的不负责任。

如果资本家愿意一直伴我走下去呢？做梦去吧。资本家若不是被套住了，绝对希望快进快出，资本多倒手一次就多赚一笔钱。就算一时被套牢了，他也在不断地寻找买家，然后会把你一并卖掉。

在融资时，一定要清楚自己想要的是什么。卖个好价钱？靠棵大树？获得更多的市场？提升品牌竞争力？根据自己的需求，开出适当的价码。

怎么进怎么出

怎么进？现金进，而且溢价进，除了钱一切免谈。怎么出？最好是约定上市后减持套现出，尽可能不要采取回购方式，尽可能不要采取股转债还钱方式，实在不能上市退出，也要约定一个适当的退出价格。

进来要间接进来。不要让资本家直接成为你的经营主体的股东，你应该在经营主体之上，再成立一家企业，我们称之为资本平台。资本家的钱投到资本平台，资本平台再投到经营主体上来。这样设置，出去自然也是间接出去了。

间接进来，资本家只是资本平台的股东，只能在资本平台里发表意见，不能在经营主体上发表意见。资本平台最好选择有限合伙企业性质，企业家担任普通合伙人（GP），资本家担任有限合伙人（LP），这样资本家就没有发言权了。之所以限制甚至剥夺资本家的经营权，是因为资本家只懂资本，对企业家所在的这家具体企业可能并不了解，甚至非常外行，让一个外行人来指手画脚，是非常危险的事情。血泪案例很多，知名的如雷士照明，以及俏江南。

资本进入方式有两种：一是老股东套现转让股份给资本方；二是老股东不卖股份，资本方采用增资扩股方式进入。股权转让方式，出让方需要按溢价的20%缴纳个税；增资扩股方式可以不缴纳个税。

合理估值

最近几年资本课程特别火热，爱听课的老板可能都熟悉流行估值方法了。最常见的方法有两种：

一种是市净率法，按净资产的倍数估值，比如经过双方核实账面净资产为 3000 万元，如果按 5 倍估值，企业价值就是 1.5 亿元。

另一种是市盈率法，按净利润估值，比如双方核实过上一年利润为 2000 万元，如果按利润 10 倍估值，则企业价值是 2 亿元。

此外，还有市销率法、现金折现法等。企业可根据自身情况，选择适当的方法。如果是轻资产公司，按市净率法显然是不合适的，如果是创新型公司处于亏损期，按市盈率法也不合适。

在估值时，有一个问题常常被忽略，进而导致估值额差距很大，那就是估值时点确定，是融资前估值还是融资后估值。比如，融资前估值 3 亿元，投资方出资 10%，那么计算公式是（出资额÷3）×100%=10%，出资额为 0.3 亿元。如果是融资后估值，估值就包含了融资额，计算公式就是［出资额÷（出资额+3）］×100%=10%，计算出来出资额是 0.33 亿元。显然，按融资后估值，在出资比例不变的情况下，投资方要多出资。

双向对赌

通常情况下，投资方要求对赌，赌你业绩如何增长，没有达到目标你得赔钱。如果企业存在应收账款，你还要负责收回来，收不回来你也得赔钱。

投资方要求对赌，被投资方当然也可以要求对赌，我称之为双向对赌。我常常建议我的客户即那些被投资方提出对赌，比如在并购案例中，可以要求投资方几年内实现上市，或者带来多少市场资源，达不到目标也得赔偿。

不要把自己给套牢了

我们在并购案例中，常常碰到这样的结局：实体企业老板让出了 50% 以上的股份，失去了企业控制权，却不得不继续为企业服务，因为余下的股份投资方不承诺处理，公司又上不了市，无法在二级市场上退出。那就每年享受分红吧，可控股方不愿意分红，因为对方要的就是合并报表，把他的公司营收规模做大到资本市场上去搞钱，分红对他来说根本不重要。可是分红对你来说重要，你得靠这个生活。

我碰到过一个建筑工程公司案例：企业巨额亏损时，投资方不闻不问，企业把几个亿债务还了，开始赢利了，投资方却提出要清算企业拿走清算收益了。我们还碰到过一个医院案例：投资方投了钱，就不管了，医院碰到资金困难也不援助，一帮小股东把自己的家产抵押贷款，几年熬下来，医院赢利了，投资方却要来分红了。

我要提醒实体企业家们，如果你不能继续成为大股东，如果你将失去经营控制权，那你手中余下的股份，大概率会持续贬值——就算并购方上市了，你作为上市公司的子公司的股东，上市和你关系也不大，你持有的子公司股份也无法上市交易——因此，在并购时，就要想好退出路径和方式，在并购协议中约定：我手中余下的股份，在什么时间节点以什么条件并购，或者置换为投资方上市主体的股份。

资本溢价归属谁

估值时间点是一个常见的不明不白的问题，资本溢价归属是又一个常常碰到的不明不白的问题。

比如，你的公司实收资本 1000 万元，估值 1 亿元，投资方投 1000 万元占你公司 10% 的股份。他的 1000 万元中只有一小部分进入"实收资本"会计科目，余下的进入"资本公积"科目。进入实收资本的额度计算公式是：进入实收资本额÷（进入实收资本额+原实收资本额）×100%=10%，计算出来是 111 万元进入实收资本，余下的 889 万元进入资本公积。

如果没有特别约定，资本公积归属于全体股东。对方成为股东后，持股 10%，意味着 889 万元资本公积中，他还占有 10% 即 88.9 万元，相当于他出了 1000 万元，又拿回了 88.9 万元。

关于投资方溢价出资产生的资本公积归属于谁，在我接触的并购案例中，99.99% 都没有约定，或者没有想到要约定。

打造吸引力的途径

根据多年来参与投资和咨询服务的经验，我总结出打造一家企业的强大吸引力，可以从四个途径着手。

品牌"三个一"

多年以来，广告行业流传着一个说法：投放的广告中，有差不多一半浪费了，但又不知道浪费到哪去了。

为什么会浪费？

因为广告的目标受众无法选择。比如，你在高速公路上投放一个年费20万元的广告牌，每天来来往往的司机都可以看见。但是，在这些司机中间，对你这个行业提供的产品或服务感兴趣的能够达到一半，已经是非常可观了，再对你这个具体的企业的产品或服务感兴趣的，1%都不会到。即你的广告的确进入"人"的眼睛了，但进入"人"的心智的却少之又少。那些对此不感兴趣的人，看到了对你也没有经济价值，这部分就是浪费掉的。

在大数据时代，广告实行精准推送，这种浪费有了大大改善。比如，你在手机上搜索过办公桌，在接下来的时间里，你发现手机里各个媒体各个平台App都会主动向你推送办公桌广告。精准推送是优点，但也因此给消费者带来了更多选择——选择更多，反而难以作决定，这是缺点。

我在本书前面说过，产品的成败是品牌成败的前提。但在产品保证了成功的情况下，传播途径和手段也相当重要。在互联网普及之前，媒体是相对集中的，不外乎电视、广播、报刊、图书，而理论受众仅中国就有十几亿人，我称之为"说话的少，听话的多"。这种情况下，在重要媒体上说一句话，影响力相当大。比如20世纪90年代，我们在一份重要报纸上面发了一则500多字的消息，宣告某种疾病已被攻克，就让某药厂一种产品年销售收入从0直接上升到5亿元。互联网普及后，大大小小的网站、App、短视频平台层出不穷，有人电视机长期不开机了，报纸几年不买一张了，书也不看了，成天抱着手机，更要命的是——谁都可以随时随地发布内容了，我称之为"说话的多，听话的少"。听话的被分散了，自然就少了。大家都在说，大家都争先恐后地说，听谁的？谁又来听？就算你的观点惊天地泣鬼神，也没几个人能够真正听到或听进心里。当人人都不停地表演时，这个世界就没有观众了。

在中央电视台竞争"标王"的时代一去不复返了。争夺商业杂志封面的时代也一去不复返了。过去几年里，我综合分析了传统广告媒体和移动互联网媒体，结合当下"说话的多，听话的少"这一状况，提出了"品牌'三个一'"。即通过三个手段，以最少的投资获取最大的品牌传播收益。

第一个"一"：一个商业故事。

一家企业没有点历史，多多少少让人觉得不可靠。所以"老字号""百年老店"总是受欢迎和被信赖。一家企业没点独特的故事，多多少少让人觉得没文化底蕴。为什么有的酒厂想方设法要弄个破坑，说是几百年上千年的酒窖；为什么有的药厂，硬要说自己老板年少时在山上被毒蛇咬伤了，嚼把野草给自己治好了；为什么餐饮公司老板，总喜欢把自己描绘成祖上若干代人遇上了乾隆皇帝，做了一顿饭给皇帝吃……不都是为了让自己企业有点文化、有点传承嘛。这和各个国家都努力考古，来证明自己历史悠久是一个道理——全世界只有美国佬不喜欢考古不喜欢讲历史，因为一考古就把印第安人给考出来了。反倒中国出了很多汉奸文人，想方设法缩短中国人的文明史，说什么中国只有3700年文明，甚至说中国文明来自西方。在河南贾湖村发现了8000多年前的文字，你能说我们只有3000多年文明吗？

我的一个客户在内蒙古从事康复产业，其技术确实世界一流，我亲眼见到其一个星期让一位坐轮椅 20 多年的老太太下地走路了。这么好的技术，不在北上广深而在内蒙古，总给人落后的感觉。但客户又不愿意把总部迁到北上广深去。落后的地方也有落后的好处。我经过研究思考以后，发现客户这技术可以和成吉思汗挂上钩。成吉思汗为什么那么强大？原因之一是部队里有康复高人和随军医生啊，别的部队士兵伤了多半等死，而成吉思汗的士兵受伤了，几天就可以康复重上战场。后来经过考察发现，事实上还真和成吉思汗有渊源。于是，我们根据这个素材，提出整理商业故事的建议。大家看看，如果和成吉思汗挂上钩了，放在北上广深反而不如放在内蒙古了。

故事吸引人，故事易传播，故事容易被人记住，这是故事的优点。而且，找个"作家"整理一个商业故事，一两万元买断版权，已经是相当对得起"作家"的辛苦了。

第二个"一"：一本商业图书。

说到书，而且是纸质书，肯定又有人要嗤之以鼻了：都啥年代了，还提书。

各位别忘了，有三个因素，让图书的地位依然很高：第一，在我们的文化认知中，著书立说是很难很高雅的事情，如果一家企业有一本图书，立即拉升了格局和地位；第二，我们国家是出版控制非常严的国家，要在正规出版社出版图书，印刷出来发行销售，那可是一件相当难的事情，能出书的企业和不能出书的企业相比较高下立见；第三，互联网发表门槛越低，互联网发表越多，越反衬出纸质图书的权威性，这几乎是所有中国读过一点书的人的共识。低级享受是沉溺，中级享受是欣赏，高级享受是创作，99.999%的人其实是沉溺于低级享受中，而我独爱码字。经常有人问我，邱老师，你90多本书是怎么写出来的，我说是一个字一个字写出来的。很多人都能够一个字一个字地写，但要能够出版就不容易了。

国内有不少知名企业，在某品牌传播过程中，图书起了相当大的作用：联想、蒙牛、恒大、海底捞……尤其是海底捞，在火锅王国成都，海底捞几乎没有出头的机会，但《海底捞你学不会》一火，海底捞脱颖而出。

第三个"一"：一部微电影。

商业故事是文字的，靠读字，可现代人不喜欢读字了，喜欢看图像影像。微电影就是把商业故事再拍成电影，用于互联网平台传播。这个电影要情节动人感人吸引人，内容要符合主流道德标准，设计要达到高艺术水准。请张艺谋来我不知道多少钱，请一个三流导演来操刀，全部成本二三十万元就够了。这点钱，对绝大多数投得起广告的企业来说，也只是毛毛雨。

通过上面三个"一"，再配合互联网时代的精准投放，可以把一个品牌的知名度炒起来，可能比你在报纸上整版整版打广告的效果要好上百倍千倍。

资本"五个一"

资本固然可恨，但不利用资本的力量，又的确影响企业快速发展。实体企业老板大多不太重视吸引资本，或者不知道如何吸引资本，很多人是靠自身积累，慢慢滚雪球发展起来的。自身积累发展没有错，但如果有资本助力，发展应该更快一些，能够提前做大企业，就能够提前为国家和社会作出更多的贡献，再说了，生命苦短，成功要趁早；青春有限，享受要趁早。

打造对资本的吸引力，我总结出"五个一"。

第一，长板突出——某一方面填补空白无法复制。这个话题在本书中已经讲得很多了，不怕有短板，就怕没有长板。如果你的产品、技术或服务是长板且一枝独秀，足以填补某个领域的空白甚至是别人无法复制的，自然有资本追捧你。至于短板，则不用你操心，资本方会去找到补短板的机构或人才。

第二，模式先进——能够迅速占领市场扩大销量。你拥有优秀的商业模式或赢利模式，能够让你的产品或服务迅速占领市场，迅速扩大销售，赚钱看得见算得出而且有想象空间，你就不用愁钱的事了。

第三，内控规范——钱财物规范运作，投资者才放心。我把钱投资给你，你是不是用在经营上面了？有没有装进你个人口袋？公司的各项开支有没有标准和控制？公司赚的钱是否核算准确，是否安全完整？内控，就是控制内部人的，投资者是外部人，要让外部人放心，内部人就要有完整的自我控制机制。

第四，预期优良——市场容量大并且可量化计算。当下赚钱固然重要，但资本更看重未来，即使当下不赚钱，但未来前景可观，自然有一波又一波的资本涌向你。当然，未来前景不是喊口号，不是打鸡血，而是要拿数据说话。市场容量大，是可能的消费群体大，目标客户群体大；可量化计算，就是你能占领多大市场，能够有多少营收多少利润,可以推演计算出来。

第五,指标好看——资金安全能赚钱多赚钱。资金安全,主要是偿债能力指标良好,能赚钱是获利能力指标良好,多赚钱是经营能力指标良好。这些指标都是财务管理上的传统指标,我们用一个表格来列示,主要包括三大类 11 个指标(表 6-1)。

表 6-1 财务管理指标

指标类别	具体指标
偿债能力指标	1. 短期偿债能力指标
	(1)流动比率 = 流动资产 / 流动负债 ×100%
	(2)速动比率 = 速动资产 / 流动负债 ×100%
	2. 长期偿债能力指标
	(1)资产负债率 = 负债总额 / 资产总额 ×100%
	(2)产权比率 = 负债总额 / 所有者权益总额 ×100%
获利能力指标	(1)营业利润率 = 营业利润 / 营业收入 ×100%
	(2)成本费用利润率 = 利润总额 / 成本费用总额 ×100%
	(3)净资产收益率 = 净利润 ÷ 平均净资产 ×100%
	(4)总资产报酬率 = 息税前利润总额 / 平均资产总额 ×100%
运营能力指标	(1)存货周转率(次数)= 主营业务成本 ÷ 平均存货
	(2)应收账款周转率 = 主营业务收入 ÷ 平均应收账款
	(3)营业周期 = 存货周转天数 + 应收账款周转天数

除了这三大类 11 个指标外，还有一个企业安全率指标，从营收和资金两个维度四个象限来判断企业的安全性，这也是投资方十分关注的。

企业安全率是用于分析、预测和防范企业财务危机的重要工具。企业安全率由两个因素构成：一是经营安全率；二是资金安全率。两个因素的计算公式如下：

安全边际率 = 安全边际额 ÷ 现有（预计）销售额

= （现有或预计销售额 - 保本销售额）÷

现有（预计）销售额

资金安全率 = 资产变现率 - 资产负债率

= （资产变现值 - 负债额）÷ 资产账面总额

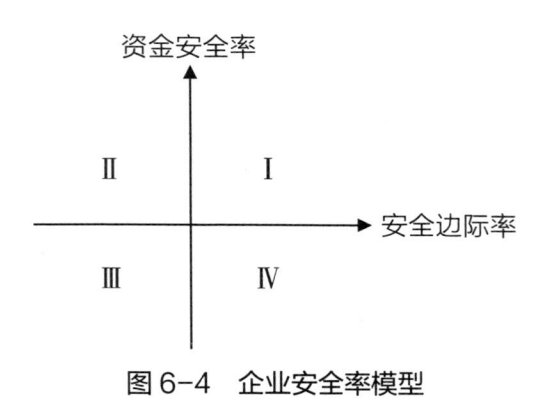

图 6-4　企业安全率模型

我们用"企业安全率模型"（图 6-4）来表示：位于第 Ⅰ 象限，表示企业经营状况良好，应该采取有计划的经营扩张策略。如果位于第 Ⅱ 象限，表示企业经营财务状况尚好，但是市场销售能力明显不足，应全盘研究对策，以加强企业总体销售实力，创造利润。如果位于第Ⅲ象限，表示企业经营已经陷入经营不善的境地，随时有关门的危险，经营者应下决心立即采取措施，进行有效的重整。如果位于第Ⅳ象限，表示企业财务状况已露出险兆，经营者应将改善财务结构列为首要任务，并积极进行开源节流。

治理结构合理

治理结构合理，也是企业重要的吸引力之一。

很多民营企业存在这样的现象：从工商存档的章程中看，治理结构是合理的，但事实上却几乎谈不上治理。什么意思？章程中明明白白写有董事、监事、经理等，也有其详细的职责和权限，但章程只是一纸空文，实际运行中，老板大搞一言堂，大权独揽，凡事独裁。

公司治理，通俗讲就是为了规避个人治理，一言堂是个人治理，独裁也是个人治理。个人治理缺乏监督制约，把路带偏的概率很大，带偏了纠偏又很难，企业很难持续稳定发展。这方面的吸引力，实际也是让股东以及外部投资者放心。

在企业成长过程中，和金融机构、投资机构打交道是早晚的事情，就算是民营企业，也有必要一开始就按公司法治理，当需要金融机构、投资机构助力时，治理就已经有基础了。

财务"公私分明"

财务"公私分明"的吸引力，主要指民营企业。无论是法人企业还是非法人企业，无论是多股东企业还是一人独资企业，企业的钱和老板的钱，都应该分开。很多民营企业老板，公私不分，公司的钱随便往个人账户转，公司没钱了又随便把个人账户上的钱转到公司。在费用开支方面，工作生活家庭也分不清楚。

你如果是投资者，你肯定不敢投资这样的企业。

财务上面公私不分，不仅让外部投资者不信任，也会带来税务问题。把企业的钱转到个人卡，属于变相分红，超过12个月要按20%缴纳个人所得税；把个人的钱转到企业，会涉及资金来源问题。

我们在做财务咨询过程中，发现不少老板有个习惯：出去花了钱，也不大清楚怎么花的，一回到办公室，就抓一大把票给秘书，让贴好报账。有些明显是个人开支，也在企业报销了，这个在税法上过不了关，而且容易造成法人人格与个人人格混同，从而让本来承担有限责任的公司变成了无限责任公司。

甚至有老板因票据公私不分闹出笑话。某老板回到公司，掏出一把票据给秘书让报账。秘书把票据贴好后，觉得有些异样，就跑去问老板娘，老板娘，你最近身体不太好吗？老板娘说没有啊。秘书又问，那为什么老板报销的票据中，有很多妇科检查的发票呢？

还有老板因为票据问题招致税务深度检查。某企业老板要求业务员外出时，尽量找发票回来抵费用。某业务员出差，出发坐的是大巴车，把一车人的票都要到手；回来坐的是高铁，实名制，拿到别人的车票也没用啊。结果，税务局在检查中发现了，问老板，你们一大巴车人出差，就回来一个人，牺牲了那么多？

还有一个老板，晚上打车回家，下车时，司机把一长串的出租车发票都撕给他了，他让秘书贴好报销了，这可是多张连号发票啊。

税务局问他：你从头天凌晨打车，上上下下，打到第二天凌晨，怎么回事？老板只好说自己喝醉了，找不到家门了，只好不断下车上车寻找。

更有一个海南的老板，找各种人的身份证虚列工资，亲戚、朋友、家人、陌生人，都用上，结果几年里用了几万个身份证号。税务局问他：你知道南海舰队有多少人吗？

很多老板在外面吃了饭，也拿发票到公司来报销，美其名曰业务招待费。这种费用，虽然税务部门并不好界定是你自己吃的还是招待别人吃的，但税务局也有办法：一是总额限定在年营业收入的5‰以内，二是只允许按开支额的60%进成本。为什么是60%？为什么不是100%呢？因为招待客人时，你也吃了啊，所以不能全进成本。那为什么不是50%，不是70%呢？因为中国人比较客气，招待客人时，总是劝客人喝酒，总是给客人夹菜，客人吃得多一些，主人吃得少一些，大致六四开，客人的六成可以进成本，你的四成不能进成本。

第三部分

治税——把企业做安全

截至 2023 年 10 月,我推出的"财税顶层设计：QCS 利润增长系统定制咨询"精品课,已经开办了 64 期,每期 4 天 3 夜,我一个人全程讲授,现场带领大家做方案,后面还有一年时间的辅导落地。有不少学员把"QCS"戏称为"邱财税"。这三个字母实际是三个英语单词的首字母,Q——quick（快速）、C——continual（持续）、S——smooth（平稳）。一家企业做大了,表明它是快速发展的；做强了,表明它具备持续经营下去的实力；但要平稳发展下去,不栽跟斗,还得安全。

在所有的安全中,有两个安全是最重要的：资金安全和税收安全。资金不安全,没钱了,企业分分钟倒闭；税收不安全,老板分分钟被抓。前两个单元讲做大、做强,实际上已经解决了钱的问题：做大了,钱多；做强了,能赚更多钱。在本单元,我们集中笔墨讲述税收安全。税法是企业最大的红线,绝对不能违背税收法规。

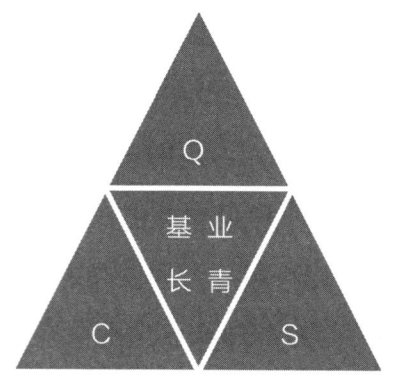

Q取决于顶层战略,C取决于经营管控,S取决于守法规范

第三部分 治税——把企业做安全

第七章 治水
——任正非眼中的"都江堰治水"

都江堰水利工程举世闻名，有许许多多的人从李冰的治水哲学中，领悟到了深刻的创业思想或人生理念。任正非就是其中一位。作为华为领头人，任正非在2009年还专门发表了题为《深淘滩、低作堰》的内部讲话，这个讲话在网上能够搜到。很多学者解读称，"深淘滩、低作堰"是华为的管理智慧，是华为的生存哲学。这些解读，都不为过，李冰的治水哲学配得上华为这样的企业，华为的卓越也配得上李冰的哲学思想。

在网上，我们可以看到很多解读都江堰治水哲学的文章，这些解读都非常到位。但是，从这套哲学思想中衍生出一套具体的管理方法，并写成一本书的人，到目前为止，全世界还只有我一人。我这里衍生的管理方法，是企业税负合理化合法化的方法，我前后用三本书来表达了这套方法，它们是《避税：无限接近但不逾越》《避税2：唯一安全的方法》《节税工程》。

先说说打架——1对多时规则决定胜负

在很多场合，都有人说我是个书生，文质彬彬。但我从小就喜欢武术、散打和拳击，虽然实战能力没有上去，但理论上的东西还是学了不少。在我讲解都江堰治水原理之前，我要先讲一下打架，因为打架和治水非常相似。

假如一个块头和你差不多的人，冲向你，要和你打架，你是有信心迎面而上和他缠斗在一起的。对方有两拳两腿，你也不比他少，你有把握打赢他。从动作上看，他冲过来，你是拦住他，阻住他，拿四川人的说法，也可以称作"堵住他"。

假如有两个和你块头差不多的人，冲向你，要和你打架，你的信心一定会打折扣。双拳难敌四手，你拦哪一个？你堵哪一个？你拦住左边的，右边的揍扁你；你拦住右边的，左边的砸晕你。但你如果是搏击高手，懂得用巧力，美其名曰四两拨千斤，只见你稳住步伐，不拦也不堵，趁两人冲到面前还没刹住，你左手牵左边的，右手牵右边的，让他们在惯性和你的牵引力作用下，分别从你的左右冲过去了，一头撞在你身后的墙上，两人或伤或晕，都失去了战斗力。这叫什么战术？叫"分而击之"，这在打群架中非常管用。

假如有三个或更多块头和你差不多的人，冲向你，要和你打架，拦、阻、堵，显然都行不通了。分而治之难度也大了，毕竟你只有两只手，牵两个可以，牵三个时间上不允许。大家可别相信电影中的打斗情节，一个高手和几个人打架，当他和其中一个对打时，其他对手一定在镜头外歇着，等高手把那个人打倒了，第二个才会跳到镜头中来。这叫配合，不然电影就拍不下去了。在现实中，被群殴非死即残。生路在哪里？高人是这样寻找生路的，当这群狼一样的对手冲过来时，高人大手一挥：且慢，我有话说！说什么？等人家刹住时，他说：你们这么多人打我一个人，有种就一个一个上！对方仗着人多，不和你计较，一个一个上就一个一个上吧！这叫什么？这叫把握规则制定权。制定什么规则？限制同一时间内上场人数！对方一个一个上，你就把被群殴改为一对一打斗了，虽然最后可能累死，但如果你拳头功夫硬，来一个打趴下一个，你还是有打赢的可能的。

我们来对打架总结一下：一对一打斗，勇敢地上，拦下他，直接打；一对二打斗，动动脑子，借力打力，分而击之；一对三甚至更多人打斗，要求改变规则，限制对方上场人数，巧妙地把一对多改为一对一。

后说说治水——水太多怎么办

我出生于山村，成长于山村，年少时没少干下河捞鱼摸虾的事情。以前说人做事不认真，就说他"三天打鱼两天晒网"，我那时的生活，还真是三天打鱼两天晒网。

如果是一条小河，水不多也不急，我们会在下游用石头垒一个临时堤坝，把水拦下来，然后在上游垒一个临时堤坝，也把水拦下来（图7-1）。当然，这里讲的上下游只是方便表述，两个堤坝距离不远，一般二三十米都算长的了。接下来，我们一群小伙伴同时动手，挥盆舞瓢，把两个堤坝之间的水舀干。水尽鱼现，最后再一条一条捡起来就完工了。

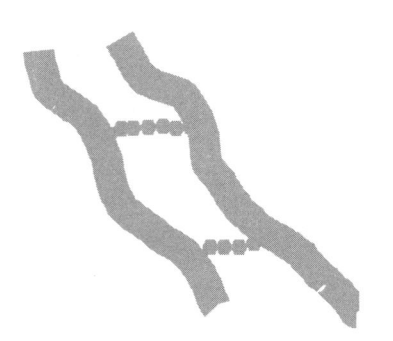

图 7-1 拦水捡鱼

如果是一条比较大的河，或者虽然河不大但水流稍急，拦截肯定不是办法了。一群小屁孩儿，没有设备，最高科技的设备也不过一把锄头一个筐，你刚拦到一半估计堤坝就被水冲塌了。这种情况下，我们采用"围堰困鱼"的手段，也可以理解为把河切分一部分出来（图 7-2）。我们用石头，在河面垒个半圈，这个半圈和河岸构成一个包围圈，然后把圈中的水淘干，再捡鱼。这个圈要尽可能大一些，如果小了，那么大动静垒石头，鱼早跑了。一般情况下，我们会选择河流弯道处围圈，如果有一个洄水潭之类的，那是最好的。

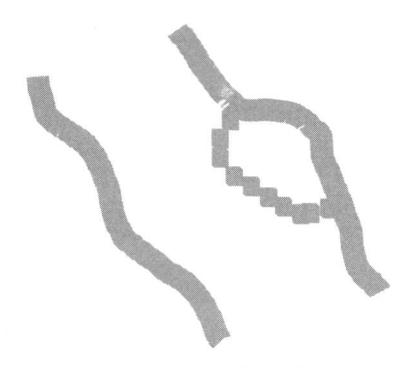

图 7-2 围堰困鱼

采用上面两种方法，捕的鱼有限，属于"抓存量鱼"。河道拦下来，拦的过程中没有跑掉的鱼就是我们的。把河围一个圈，围的过程中没有跑掉的鱼就是我们的。还有一种方法，属于"抓增量鱼"。而且，当河更宽大、水流更急时，上面两种方法都十分有难度，拦水堤会被冲垮，围水石头也会被冲跑。接下来讲的方法，不是和水对着干，而是顺着它。

怎么做？我们用石头"垒分水堤"并"限流"（图7-3）：堤头从河心开始垒，顺着水流方向往下延伸，但整个堤身偏向河岸，直到堤尾靠近河岸时，在尾部与河岸之间留一个小口。堤和河岸之间构成一个三角形状，我们在三角形下端那个小口子处安放一个竹笼。当鱼游到堤头时，就有一部分鱼顺着堤与岸之间的三角水域而下，顺顺当当地进入了预先放置的竹笼。在这个过程中，我们做了两件事情，先是用分水堤分水，再用分水堤与河岸之间形成的夹角限流，将流量缩小至一个小口子可通过的流量。

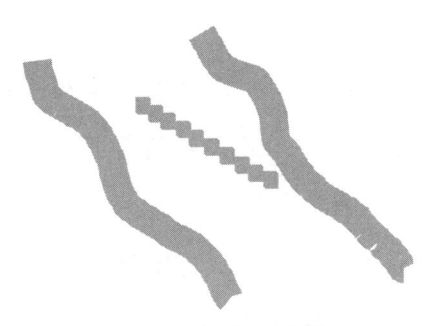

图7-3 分水限流捞鱼

很显然，第三种方法最省力，收获也最丰厚。因为是顺着水流方向，水不计较，石头不易被冲走。而且上游的鱼来到堤头处时，并不能判断哪边好哪边坏——这和我们年少时面对选择是一样的——只在一念之间，就可能进了三角地带，等它们发现进了竹笼时，已经悔之晚矣。不是竹笼有多坏，而是鱼儿命不好，就如同这个社会上，很多人吃亏都如兔子撞在树桩上，而不是树桩追着兔子打。这样一来，鱼当然是源源不断，只要竹笼不坏，只要你还拥有竹笼的主权，你就可以不断得到鱼。

抓鱼须规划，盈亏分高低。我们来对抓鱼作一下总结：当河窄水流小时，拦河抓鱼；当河宽水流较大时，分水抓鱼；当河流太宽水流太急时，先分水再限流，等鱼入笼。

再结合前面讲的打架，我们发现两者有共通之处：对手与我实力相当，则拦而击之；对手明显强于我，则分而击之；对手超级碾压我，则改变规则限制其发挥。

再说说治税——税负重怎么办

不同年龄段的人思考"人生的意义"，会得出不同的结论。这个世界上99%的人是普通人，我们就说说普通人的思考吧。大多数普通年轻人会认为"人生有意义"，他们之所以这么认为，其实是因为他们并不知道人生有没有意义，只是感觉世界很精彩，就以为有意义了。普通中年人差不多有一半会认为"人生没啥意义"，因为生活的拖累让他们的幸福指数显著降低。注意，这里用的"没啥意义"，表明他们还是不完全清楚这个命题。普通老年人基本一致认为"人生没有意义"，结论十分清晰，他们是想明白了，但已经没有办法了，想从头再来过点有意义的人生却时光不再。在什么情况下，人不分年龄段都会坚信"人生没有意义"呢？在万念俱灰、心灰意冷的情况下。说来可能很多人不相信，"节税工程"就是诞生于这种"人生没有意义"的时刻。没有经历过生死，真不配谈人生。关于节税工程诞生的过程，我在很多课堂上都讲过，这里讲最重要的环节。

时间：某年夏季某日上午9点。

地点：都江堰景区。

人物：邱庆剑。

天气：阴天，雾气缭绕，下着小雨。

古人说：独自不凭栏。我翻译一下：心情不好的时候，不要一个人站在高处，因为容易想不开，而又具备想不开时跳下去的有利条件。

斗犀亭在都江堰景区不算最高，但够高。

那时都江堰的斗犀亭还没有加装栏杆和摄像头，属于危险观景点。那时斗犀亭下的树木还不够茂盛，站在亭里，低头可以看见宝瓶口，可以看见滔滔内江水。当时，我就站在斗犀亭，凉凉的雨水浸湿发丝，顺着脸颊和脖子流下。比雨水还凉凉的是我的心情。我的视线穿过缭绕水汽，茫然望着岷江上游江水滚滚而来，又滚滚而去。活着真没有意义。

好在我这人遇事比较纠结。

好在我这个比较纠结的学霸出身的人，在人生大事面前，喜欢做选择题。我当即列出一道三选一的题目：

A. 跳下去，摔死。

B. 跳下去，摔残。

C. 不敢跳，乖乖地回去处理问题。

你们选哪个？选C？和你们没有一毛钱关系，你们选个啥啊？

你们之所以选C，是因为你们还没有到达万念俱灰心灰意冷的地步。我要是选C，就不会躲到都江堰景区来淋雨了。我想选A，一死了之，一了百了。但我看看下面的宝瓶口，我站的位置也就100多米高，摔死不容易，摔残大概率。我想选A，害怕变成B！

这道选择题一时半会儿完不成，我心中就更纠结了。除了古人"独自不凭栏"的忠告外，我还要送大家一个忠告：想不通时，做做选择题，纠结纠结。这一纠结，人就会冷静一些。就在我冷静一些后，我听见周围有人说话，可环顾四周，却看不见人，也听不出说的是什么。我背心就有点发麻了，加之有凉凉的雨水顺背脊而下，禁不住打了一个寒战。这个寒战打得好，让我注意到了不远处一件艺术品，一个老外做的，叫"天堂门"，一个小阶梯，阶梯上面一个门框。天堂有路你不走？这是上天在启迪我啊！站在高处虽然危险，可更接近上天啊！我马上就平静下来了。

当我再次望着滚滚而来的江水时，我突然问自己：李冰为什么要把岷江分为内外两条江呢？不就是水太多吗？我的老板为什么出税务状况搞得大家走投无路？不就是钱太多吗？我内心豁然开朗。李冰分江治水，老板为什么不分企治税呢？

李冰为什么不把河道拦下来，像很多水利工程一样，修座堤坝？是因为水太多啊。如果是一条小水沟，李冰父子几铲就搞定了，但这是著名的岷江啊，拦不住，只有分而治之。这和我们前面讲的打架、抓鱼是一样的道理。李冰父子的灵感来自哪里？很多专家都在研究这个课题，还是我这个外行找到了答案：李冰是从都江堰老百姓抓鱼中找到了灵感。李冰本来是带着战争任务来四川的，把四川搞好，以便秦国能从水路去攻打楚国。可李冰到了四川后，发现四川连年遭受水灾，人都活不下来，还打什么仗啊？于是，他一门心思要治水。

李冰分江治水，并不是简单一分为二。他选的地方很科学：在河流弯道处启动工程，因为河流弯道处水流较平缓，容易施工。在鱼嘴分水堤的鱼头上方，我们可以看到几个河心小岛，这些小岛在李冰时代就存在了，而且代代人都在加固它，因为小岛也可以减缓水的冲击力。再看内江和外江的河床，内江处于凹地，外江处于凸地，且外江的河床比内江河床宽。凹凸让内外江形成了水位落差。冬天是枯水期，假设有100万立方米的水，而内江刚好能够通过60万立方米，根据水往低处流的属性，60万立方米的水首先往凹的内江去了，多出的40万立方米去哪了？内江通不过，自然去了外江，这是冬天六四分水：60%即60万立方米去了内江，40%即40万立方米去了外江。夏天是丰水期，假设有150万立方米的水，内江还是只能通过60万立方米，水往低处流，跑得快的抢占了60万立方米的"内江门票"，余下了90万立方米不得不去外江，外江就算是凸的也没得选择，这是夏天的四六分水：40%即60万立方米去内江，60%即90万立方米去了外江。李冰是经过测算的，枯水期60%的水，就够成都平原农业与生活所需了。刚好够用的是生命之水，多的就是祸水。把生命之水引回家，祸水就让它随外江东流到大海，流到太平洋去，流到岛国家门口去。

水太多，分江治水。钱太多，分企治税。你钱少，比如一年收入 30 万元，你偷个税，可能税务局都懒得搭理你——偷吧，等你搞大了再来收拾你！企业大了，就算税务不收拾你，你也藏不住啊。你一年卖了 10 个亿，你对税务局说只卖了 1000 万元，税务只需要看你红光满面斗志昂扬的神态，就知道你在说假话，一年卖 1000 万元的老板和一年卖 10 个亿的老板，气场是不一样的。小生意人到处想吸别人的光，而大老板本身就是别人的光。

分企治税，也不是简单一分为二。年营收 10 亿元，你按 13% 缴纳增值税，按 25% 缴纳企业所得税。分成两家企业后，一家 5 亿元，你还是按 13% 缴纳增值税，按 25% 缴纳企业所得税，没有降低税收啊？因为你两家企业没有形成税收方面的凹凸落差，不分是那样的税率，分了，两家企业还是那样的税率。但如果把营收 10 亿元的企业分成一家 500 万元，一家 9.95 亿元，就有意义了：其中 500 万元那家，只需要按 1% 缴纳增值税，合法节税 12 个百分点，如果利润控制在 300 万元以内，企业所得税也只需要按 5% 缴纳，合法节税 20 个百分点。有人说，500 万元相对于 10 亿元的企业，没什么意义啊？笨啊，你不知道创造条件，切分出若干个 500 万元啊。如果你条件具备，10 亿元切分成 200 家企业，不就都是 1% 的增值税税率了吗？

各位读者，我还站在斗犀亭呢，没有人关心我跳没跳下去吗？

我还能在这里写书，还四肢健全头脑清醒，表明我没有跳下去啊。因为我找到了突破口，我不用跳了。世界上有很多财税专家，他们的方法基本来自书本，应该没有第二个人像我一样，是在生死线上悟出一套节税工程的。

岷江一分为二，是分江。内江宽度有限，是限流。我们前面讲打架，变被群殴为一对一，和李冰的原理一致。我们前面讲抓鱼，分江—限流—放个竹笼，也和李冰的原理一致。

都江堰水利工程举世闻名，两千多年过去了，仍然发挥着防洪减灾和灌溉的作用，一丝不苟地践行着李冰的初心。它不仅仅包括鱼嘴分江，那还有什么呢？且听下文分解。

在听下文分解之前，我得说明一下，绝境可能就是转机，前后左右都无路时，可能正是你一飞冲天的时候。我从都江堰悟出合法治税理论体系，这套体系让许许多多的企业和财务人员获益。

李冰为我们节省了多少台柴油机

我们知道，李冰并不是历史上第一个治水的伟人。

历史上第一位治水名人是鲧。他被派到人间来治水时，治水理念还处于初级阶段，那就是：水来土掩，兵来将挡。水来了，修堤坝把水拦住。可是水太多啊，拦不住。鲧看到民间疾苦，看到治水牺牲了很多百姓，他不惜触犯天条——到天庭里去偷来一种东西，叫息壤，这是个好东西，放在那里，水涨它也涨，再多水也拦得下来。但这做法破坏了凡间平衡，凡间的事情，咋能用神仙的方法来解决呢？神仙不允许随便下凡，像七仙女这样下来谈个恋爱也不行，你们下来多了，凡间姑娘嫁给谁？神术也不能随便用到凡间，你都用神术了，那凡人怎么活？鲧受到神的处罚，治水也就搁下了。

第二位是禹。他是鲧的儿子。吸取老爷子的教训，他发展了治水理念。禹发现，水来土掩有个前提，那就是土比水多。假如四川盆地都成海洋了，哪来那么多土啊？既然对手过于强大，就得四两拨千斤。我拦不住你，送走你总是可以的吧？禹治水，放弃父亲的阻拦理论，创造了疏导理论——水到我家门口，眼看要把我家淹了，我赶快把门前那条水沟挖直点挖深点，让瘟桑（备注：四川方言，类似于瘟神）一样的水流快一点，不要在我家门口停留，流到下一家，淹下一家的大门去——当然，伟大的禹不会格局这么小，他是要天下百姓家家平安，他带领人们一直疏导一直疏导一直疏导，一家一家门口挖直挖深，直到把瘟桑送入大海，当大功告成时，禹组织众人在会稽山开会计算治水得失——会稽山从此也成了我们财会专业的发源地。

我六七岁时，在四川老家一座非常非常高的山上放牛时，发现很多贝壳和鱼化石，那时，我就相信四川原来是海洋。谁把海洋变成盆地的？伟大的禹。禹在四川海的东边挖个缺口，让海水流经巴地、楚地，最后沿长江进入东海。但禹是凡人，生命有限，他把海洋变成了盆地，人们移居到盆地后，禹就去世了。禹去世后，四川盆地夏季洪水还是凶猛，导致四川盆地文明有800年没有一点点进步。每年秋天，四川周边山上瘦得像猴子的人，下到盆地肥沃的土地上，搭上棚子吃着有些营养的瓜果鱼虾，在体内积累了一些蛋白质和脂肪，准备生儿育女并为四川文明进步作贡献时，夏天来了，在某个晚上，毫无征兆的洪水席卷而来，棚子、人、简单的家当，全部随洪水而去，整个四川盆地不留一个活口。文明发展被迫停滞一年。洪水退去，秋天再来，又一拨周边山上猴子一样的人，下到盆地，积累蛋白质和脂肪，准备贡献文明时，结果还是一样，夏天一来，不留一个活口，文明发展又被迫停滞一年。如此反复，800次下山，800次积累蛋白质和脂肪，800次不留活口，中国及世界其他地方的文明年年挺进，四川却掉队了800年。

四川人的图腾不是龙，是鱼凫，能在水里游，能在天上飞。四川人创造的国家，都叫鱼凫国。四川人苦啊，因此"杜鹃啼血"这个成语诞生于四川。四川那时叫蜀国，相比于蜀，隔壁的巴国，日子就好过多了。大家看这个"巴"字像什么？像条蛇，巴国就是大蛇国。重庆妹子为什么身材好？基因啊，先祖就是蛇，天生水蛇腰。巴国是山地，大禹给他们挖出来的江叫嘉陵江。巴国人在江两岸修房造屋种地，累了就坐在江边看风景。吃饱穿暖了，就要谈恋爱，谈恋爱就要生孩子——生孩子就是对文明进步最大的贡献，文明得有人啊，没人哪来文明？他们过得舒服啊，因此"比翼齐飞"这个成语诞生于重庆。

文明在其发展过程中，总是带有侵略性和扩张性的。文明的繁荣，实际就是人丁的繁荣。人丁旺盛了，地盘就不够了，就得侵略和扩张。大蛇国也一样。他们选定的目标是蜀国，因为蜀国文明太落后了，落后他们至少800年，抢蜀国的地盘那简直就是降维打击。但大蛇国太草率太轻敌了，他们习惯山地作战却并不适合盆地沼泽地作战，加上猴子一样的人也是有战斗力的，而且人数众多——你在大街上看见一耍猴戏的，完全可以去戏耍一下猴子，但你如果到峨眉山去戏耍一只猴子试试。大蛇国打来打去，总还是灭不了弱小的蜀国。

怎么办？两邻居打架，打不过时，总是要请第三方介入的。大蛇国和楚国接壤，常常受楚国欺负，自然不能请楚国帮忙，那可是引狼入室啊。大蛇国使臣到了北边的秦国，说蜀国人不是东西，他们在嘉陵江的上游，经常向江中排放污水，搞得我们巴国妹子洗澡都成问题。当时，秦惠文王在位，他忙于和楚国打架，都没注意到还有巴蜀两个小不点国家存在。他摊开地图一看，哇，战略要地啊，我年年攻打楚国，不得取胜，如果我从水路偷袭，岂不……秦惠文王不露声色，只诚恳表示愿意为大蛇国伸张正义以确保巴地妹子可以洗澡。于是，就出现了电视剧《芈月传》中的情节，司马错领大军伐蜀。可四川盆地四周都是山，进不去啊，司马错之后有个叫李白的就曾经咏叹道"蜀道难，难于上青天"。怎么办？司马错经过调查，了解到四川人穷且爱财，于是，他叫人铸了一尊巨大的金牛——实际是铜做的，偷偷放在剑门关外。这个大家伙被四川人发现了，好东西啊，得拉回去，可怎么拉呢？得修路。于是，四川人在前面修栈道，运金牛回家，司马错的大部队在后面踩着栈道入了川。所以，后世有金牛道和成都的金牛区。司马错一举拿下四川后，发现大蛇国的妹子漂亮啊，如果收入秦国版图，妹子们就可以选进秦王宫了，自己分一两个是没有问题的，于是，司马错顺便把巴国也灭了——大蛇国最终还是引狼入室。幸好有这个引狼入室，巴蜀两地从此纳入汉民族朋友圈，文明一下子和秦国这样的大国拉齐了。

第三位治水的伟人出现了——李冰。取道巴蜀水路攻楚，得先把四川搞顺当啊。司马错是马上打天下的，得找一个下马搞发展的人。这时，秦惠文王已经不在了，秦昭襄王上台了，他任命李冰为蜀郡太守。公元前256年，李冰入蜀。历史从来没有停止写故事，2200多年后，一个叫邱庆剑的四川人来到了都江堰，站在了斗犀亭，思考着"钱太多怎么办"。

虽然分了内外两江，但水进入内江，还是可能超出成都平原的需求啊，毕竟不同时期的人们喝水量不是恒定的，素食时期喝水少，荤食时期喝水就多。而且，内江毕竟还是会带进泥沙的，那个时候也不可能在内江安装一个过滤网。日积月累，内江还是有被泥沙堵塞的风险。怎么办？都江堰水利工程第一部分是鱼嘴分水堤，第二部分来了：飞沙堰。

飞沙堰是鱼嘴分水堤尾部的一个可以调节高度的缺口——当然，现在早被后面的懒人用水泥给浇上了，现在只能用竹笼卵石加高，不能降低了。当内江的水超量时，就从这个缺口溢入外江。同时，内江水流带着的泥沙，在撞击到飞沙堰对面的山体崖壁时，产生旋流反冲力，把水中的泥沙抛入飞沙堰进而进入外江，这也是飞沙堰名字的来历。

21世纪的聪明人会说了：李冰笨啊，哪需要搞这么麻烦，水多了，架柴油机抽啊，泥沙多了，开挖土机挖啊！兄弟啊，你是21世纪的人，没文化真可怕啊，李冰时代有柴油机吗？有柴油吗？有挖土机吗？都没有啊！就算有柴油机，这2000多年里，得多少台柴油机多少柴油啊。按飞沙堰的宽度，同时架100台柴油机不算多，按

295

三年折旧一批算，2280年得折旧760批，每批100台，得7600台啊，那是多少银子？还没算柴油和人工呢。所以说，李冰为后人节省了不少钱啊！

不过，那时脚踏水车或手摇水车已经有了。李冰太不会经营家族财富了，他应该成立一家家族公司来做这个工程。事实上呢，他接这么一大工程，都没有实现自己的财富自由，更没有为家族后人留下多少家业。换作现在的商人，请款计划至少应该这么写：水车多少台，多少人工，多少年独家经营权……2000多年坚持下来，世界财富帝国非李冰家族莫属。可李冰丝毫没有这么干，他处处利用大自然的力量，处处利用水的自然属性。利用水往低处流的个性，实现内外江四六分水；利用水在弯道自身的回旋力，实现自动自发地排沙；利用水多猛水少厌的劣根性，把水不断分流分流分流，直把滔滔大江化整为零成为小水沟——大江可以掀翻大船，小水沟里翻不了船，因为小水沟里根本开不了船。

李冰不仅能省则省，还是一个超级良心承包商。在当今这里断座桥倒个楼，那里塌个体育馆趴个宾馆的时代，我们发现，李冰的工程保质期长得过分了：做个工程，2000多年还在发挥作用。如果天下建筑老板都像他这样，造的房子、道路、桥梁，都一用就是几千年，我们何来安全忧虑啊——毕竟，我们活不到那么久，人生不过百，何必怀上千年忧呢？当然，有个建筑老板对我说的有道理，如果都像李冰这么干，这个世界上建筑行业也就消失了——因为没有活儿干了。

李冰的良心处处可见。比如，宝瓶口的修建。这是都江堰水利工程的第三部分。有了鱼嘴分水堤把岷江一分为二，有了飞沙堰把内江多余的水和泥沙调节到外江，已经很伟大了。可李冰没有止步不前。他完全可以安排民工，沿着玉垒山山脚把内江引入成都平原。可他不，他偏要去干笨活儿，还搭上自家女儿的性命。究竟何故，且听后文解说。

李太守治岷江水，邱庆剑治天下税。水太多，李冰分江治水；钱太多，邱庆剑分企治税。分不是简单分，而是形成税收落差。比如，把老板的企业分成两家公司，一家叫内江公司，另一家叫外江公司，都经营商品加工生产销售，但两家公司税负不一样，假设内江公司税负5%，外江公司税负3%。肯定都知道要让外江公司多承担纳税义务。那怎么让外江多承担？假设内外江公司都是重资产，工厂迁移、人员迁移都不容易，这个时候，飞沙堰该出场了。内江外江如果没有飞沙堰，彼此就分道扬镳老死不相往来了，但由于有了飞沙堰，内江实现了二次分水，内江多余的包袱都甩给了外江。内江公司和外江公司如果不产生点关系，5%和3%的税负就无法转换，凹凸税负落差就没有发挥作用——内江公司和外江公司之间，也得来个"飞沙堰"。这个"飞沙堰"是什么呢？是业务关系。主要包括两种：

第一种是买卖业务关系。内江公司税负高，你多卖1块钱就多交2个百分点的税。还是算了吧，你别卖了，你只管生产，生产出来，低价批发给外江公司，外江公司拿去卖，少2个百分点的税。比如，内江公司销售1亿元，税负5%，纳税500万元。如果把这些商品按3000万元批发给外江公司，内江公司纳税3000万元

×5%=150万元，这个税负外江公司可以抵扣。外江公司拿到这批产品，还是按1亿元卖给客户，外江公司纳税1亿元×3%-150万元=150万元。由内江公司卖出去是500万元税，由内江公司批发给外江公司，内江公司和外江公司因为这批产品的销售总共纳税150万元+150万元=300万元，合法节税200万元！

第二种是委托加工业务关系。内江公司税负高，你还是给外江公司代加工吧。所有材料由外江公司购买，外江公司留下一部分自用，另一部分委托给内江公司加工。内江公司产能是1亿元，但只按产值收取一定加工费，比如按6%收加工费，即600万元，内江公司纳税为600万元×5%=30万元，这个税负外江公司依然可以抵扣。外江公司拿到这批产品后，销售给客户，外江公司在这批产品上的税负是1亿元×3%-30万元=270万元。两家公司在这批产品上共纳税30万元+270万元=300万元，依然比内江公司自采自产自销纳税500万元合法节省200万元！

现在可以且听下文了。

都江堰治水原理

都江堰水利工程包括三大部分：鱼嘴分水堤，飞沙堰，宝瓶口。三部分首尾呼应，缺一不可。为了方便记忆，我们将其原理总结为三句话：鱼嘴分内外，飞沙调高低，宝瓶截左右（图7-4）。

第三部分 治税——把企业做安全

图7-4 都江堰治水原理：一分江、二调水、三截角

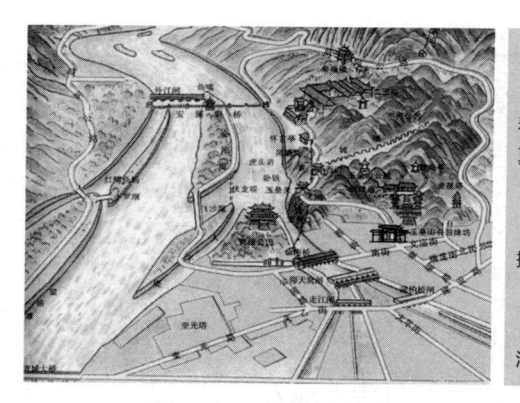

1. 鱼嘴分江（形成落差）
把岷江一分为二，内外江形成"水位落差"。冬天，六成水进入内江供应成都平原，夏天，六成水进入外江避免成都平原遭受水灾。

2. 飞沙堰调水（高水位调向低水位）
当内江的水或泥沙超量时，将水和泥沙排入外江，保护成都平原。

3. 宝瓶口截角（逢正抽心，遇湾截角）
控制岷江进入成都平原的水量，改变岷江河道，改变岷江"进入成都平原的方式"。

鱼嘴分内外

鱼嘴分水堤，像江中的一条大鱼，把岷江一分为二，形成内江外江格局。内江处于凹地，外江处于凸地，两江有水位落差，能够自然实现四六分水。

作为企业，要实现合法节税，至少要有两个业务板块或两个业务主体，并且两者之间要有税负落差。

飞沙调高低

内江的水多了，通过飞沙堰的调节作用，把多余的水排入外江。内江的泥沙多了，通过飞沙堰的调节作用，把多余的泥沙排入外江。

飞沙堰是内外江之间的纽带，是内外江之间的生存联结，就像妈妈与孩子之间的脐带。没有飞沙堰，高低水位无法调节，泥沙多少无法调节。

作为企业，实现了两个业务板块或两个主体之间的税负落差，要想转化这种落差，要想让这种落差变成合法的减税行为，必须在

299

两者之间搭建"飞沙堰"即业务关系，要么买卖，要么委托加工。当然，你也许还能想出其他绝妙的业务关系来。

宝瓶截左右

在滔滔江水中投石修建鱼嘴分水堤，难；在两边都是江水的地方修建飞沙堰，难。修建宝瓶口更难，但是良心承包商李冰在没有甲方强烈要求之下，却主动选择了在最难的地方开凿宝瓶口。如果沿玉垒山山脚挖沟渠，造价是5000万两白银的话，李冰所选择的方案却要好几亿两白银。如果有工程款也还说得过去，问题是甲方不给钱，都是李冰自筹，并发动老百姓做义工。

李冰没有沿玉垒山山脚挖沟，而是异想天开地把玉垒山一分为二，故有"左右"之说，左边一部分、右边一部分。那个时候，没有挖土机，没有破石机，没有隧道开凿机，也没有炸药。火药有了没有？有了，春秋时期炼丹的高人们发现了火药，但还没有发明出来。火药的发明是到隋朝了，晚了李冰七八百年。在当时历史条件和工程条件下，挖开玉垒山的想法和如今挖开喜马拉雅引印度洋暖湿气流入藏入疆一样难。

李冰为什么选择劈山开宝瓶口？前面多次讲了，李冰是良心承包商，他要做的不仅是百年工程千年工程，而是要做万年工程，只要地球还在转，都江堰就不退休。如果在玉垒山山脚挖沟，再坚硬的泥土，也经不住江水几年的冲刷。而选择劈山，从最坚硬的岩石中开一道口子出来，就能够扛住江水年复一年的冲刷了。之所以叫宝瓶口，是因为像宝瓶一样不被破坏，而且像瓶口一样，能够通过的水始终是那么多——限流！回想一下我们之前说的打架和抓鱼，道理何其相似啊！

再思考，工程条件那么差，李冰怎么劈山？作为把人民疾苦放在第一位的地方官，李冰征召民工是没有问题的。他们就地取材，把山上的树木砍下来，堆在山石上烧，烧烫后，再用冷水浇淋，在热胀冷缩原理下，石头裂开了。从这一点看，李冰可不仅仅是文科生，封建时代的官员也不仅仅是吟诗作赋。脚下是坚硬的山石，前面是滔滔江水，当最后一块石头裂开时，江水如同出笼的猛兽向前冲去，李冰的女儿和多位民工被江涛吞噬，再也没有回来。

站在斗犀亭，我望着下面的宝瓶口，思考着宝瓶口的伟大。在宝瓶口的瓶口与飞沙堰之间，山体有一个凹进去的弧形，水流在那里有回旋的迹象——继飞沙堰之后的又一次回旋。在弧形的斜对面，即鱼嘴分水堤的尾部，还有一道河沟，被称作"人字堤"的地方，这个河沟可以形成第三次分流，第三次限流。宝瓶口的伟大之处至少有两点：

第一，限制岷江进入成都平原的水量。

内江分流亦限流，飞沙堰二次分流、调节亦限流，人字堤三次分流并限流。宝瓶口是成都平原的"进水口"，因其两边皆是坚硬的山石，几千年来它的宽度都不曾变化，它是都江堰水利工程的第四次也是最后一次限流。之所以是最后一次，因为一出宝瓶口，就是成都平原了。你可以想象一下，这场景就如同一位美丽的仙人，拿着一个宝瓶，正在浇灌成都平原的一草一木——都江堰市以前就叫"灌县"。

李冰最懂水性。你喜欢往低处去，我就让你往低处去，凹凸已经准备好；你有野性有使不完的劲儿，我就让你撞上山崖再回头，顺便把泥沙帮我带走，飞沙堰已经准备好；你欺软怕硬，那就请排队进入成都平原，宝瓶口欢迎你！你可以想象这样一个场景：幼儿园外面的一条小街上，小孩子们又蹦又跳，爷爷或奶奶或爸爸或妈妈喘着粗气追在后面，一个劲儿地叫慢点慢点，可一点用也没有，孩子们停不下来。但到了幼儿园门口，老师一声令下，孩子们乖乖地排好队，一个一个进入校门。

三次分流四次限流一次排队，猛兽般的江水变得没了脾气。孩子们进入幼儿园后，被老师一个一个带进了不同的教室，带到了一个又一个小座位边。没了脾气的内江水，过了宝瓶口，被引入3条分支，3条分支在成都平原又分成30条分支，30条分支又分成300条小水沟，300条小水沟进入数不清的稻田入水口，还有一部分进入成都自来水公司，进入千家万户的水管。静静躺在水稻丛中的岷江水，以及进入成都老百姓漱口杯的岷江水，无限平和也无限柔情，它们回忆着自己梦开始的地方：太阳暖暖地照着，滴答，它从冰块上滴下来，或从叶片上滑下来，清清澈澈，汇入了同样清澈的伙伴中。真没想到啊，我居然经历过那么壮阔那么疯狂甚至荒唐的岁月啊！

李冰限制岷江进入成都平原的水量，让滔滔江水分散为一滴一滴水。

第二，改变岷江进入成都平原的方式。

一个弱者进入一个疯狂的群体，被众人裹挟时，他很容易误以为自己也是强者,并以强者的姿态做出许多疯狂的甚至伤天害理的事情来。比如一滴水,当它融入大海后,它疯狂无比,和数不清的水滴一起,冲撞、颠覆、毁灭一切敢于挡在它面前的横刀立马的敌人。

岷江源头,一滴水,一滴水,又一滴水……当这些水滴整合在一起冲下高山,来到玉垒山前时,宽阔的河床让它们减少了约束,内心的野性蓬勃成长。它们向前猛扑过去,绕过玉垒山时,眼前竟是广阔的平原。它们彻底失去了约束,这个整体就像一只巨大无比的魔掌,用力抹向平原,树木连根拔起,农舍轰然倒下,庄稼瞬间埋入泥沙。

双目含泪的李冰看到了这只魔掌,思考着如何控制水魔。他看到了,魔掌虽大,却只有五根指头,对付整个魔掌没有胜算,但对付一根指头,还是有一线生机的!要想让成都百姓不被群殴,就必须给魔掌定规则,让魔掌一根一根指头参战!

鱼嘴分水堤让魔掌弯曲一根指头——大拇指,飞沙堰让魔掌弯曲又一根指头——食指,人字堤让魔掌弯曲再一根指头——中指,宝瓶口让魔掌弯曲第四根指头——无名指。至此,魔掌已经蜷起了四根指头,只有一根指头——小拇指参战了。

宝瓶口这两项伟大之处,如何与企业税收优化结合起来呢?我站在斗犀亭思考着。水太多,分流;钱太多,分流。影响企业税收的因素有两个:一是税基即税收基数,二是税率。

"限制岷江进入成都平原的水量",可以引申出限制企业纳税的税基。这非常容易理解,比如,连续12个月销售收入突破500万元就会升级为一般纳税人，于是，企业实施限流，不让销售额突破500万元。再比如，土地增值税是按照增值比率适用不同的税率，从0%到60%，为了少缴土地增值税，财务人员就设法控制增值比率，一方面加大房地产开发成本，另一方面科学地制定房地产销售价格。

"改变岷江进入成都平原的方式"，可以引申为改变企业交易结构、交易模式。比如，内江公司生产出产品，按1000万元（这里指的是不含税价，下同）直接销售给客户，增值税是1000万元×13%=130万元（假设没有进项发票，下同）。这叫直销。我们可以改变方式，改为批发加零售。假设宝瓶口是内江公司的销售公司，而宝瓶口后面的若干条支流及小水沟是专卖店。内江公司把产品按400万元批发给宝瓶口公司，宝瓶口公司再按410万元批发给100家专卖店，每家专卖店4.1万元，每家店最后销售给客户10万元。我们看一下增值税：内江公司增值税400万元×1%=4万元，宝瓶口公司增值税410万元×1%-400万元×1%=0.1万元（内江公司给宝瓶口公司开具1%的专用发票），100家专卖店因为月销售收入只有10万元，免增值税，内江公司、宝瓶口公司、专卖店共纳增值税4万元+0.1万元=4.1万元，相比于直销的130万元，合法节税125.9万元。

鱼嘴分水堤、飞沙堰、宝瓶口，都江堰三大部分我都介绍完了。如果你认为这就完了，那就太小看李冰啦。都江堰水利工程是一个系统，先看局部，然后还要看整体，看了整体之后，还会有惊喜。

都江堰中的"赢利模式"

局部是有形的，系统是无形的；局部是有限的，系统是无限的；

局部是短暂的，系统是永恒的。都江堰水利工程的系统哲学中，蕴含着很多重要商业原理。

第一，从"放水的"到"放水给你看的"。

李冰深深地知道，随着商业文明越来越发达，企业的盈利点必然越来越多元化。李冰也深深地知道，当人们解决温饱之后，精神需求就会增加。果然，2000多年后，有人把都江堰水利工程给围起来了，卖起了门票。为什么卖门票？因为它已经是景区了，很多人不需要从事农业生产不再关心水多水少，而多少关心起背后的哲学原理。在这一形势下，都江堰水利工程的商业价值也发生了转变，原来是"放水的"，现在除了放水，更多时候扮演的角色是"放水给你看的"。

这一转变的商业价值在哪里？回顾一下本书第一单元，讲到一个老板"卖培训送图书"，我让他改为"卖图书送培训"，从而大幅度合法降低增值税。这种转换，我们称之为"主业转换模式"。所谓主业转换，就是通过改变交易模式，把税负高的主营业务部分或全部转换为税负低的主营业务。

第二，从"有形资源变现"到"无形资源变现"。

企业发展初期，都是先利用有形资源赢利，比如材料、设备等，随着企业发展壮大，会产生无形资源，比如品牌影响力、人流量等。都江堰存在的价值，首先是有形的水利工程，然后这一工程背后的哲学渐为人知，吸引了人们买门票来参观，当来的人越来越多，就形成了人气，人气就是流量，流量就可以再次变现或者共享给其他商业主体。于是，有人到景区开宾馆，有人到景区开饭店，有人到景区设商店,这些人到景区做生意,显然是要给景区分享商业收益的。这个时候,都江堰水利工程,由"放水给你看的"进一步成为商业平台,构成了新的商业模式即"平台模式"。

平台模式的商业价值毋庸多言,亚马逊、天猫、京东,都是非常成功的平台。平台模式在税收上又有什么意义呢?转换了税目。平台自己并不做生意,而是让别人在平台上做生意,平台为这些做生意的人服务并收取服务费。如果是自己做生意,增值税税率是13%;让别人做,自己只提供服务,增值税税率就是6%。

第三,从"斗而双输"到"和而俱赢"。

人类生存史,离不开土地和水源,尤其是水源。身处一条河上下游的国家,永远没有彻底和解的时候,因为你用多了我就少了。身处一条河流上下游的地区,也会因为水的问题发生争执。这个应该是李冰知道但没有仔细琢磨的,毕竟农业文明时代与工业文明时代用水是不一样的。

内江出了宝瓶口,过了南桥,有一道水闸。这个水闸对成都来说太重要了。水闸开着,成都人平和闲适;水闸一关,成都人就会"哦嚄,停水了"。老是被关来关去,也不是办法啊。再说了,成都是省会城市,都江堰是一个县级城市,不能以小欺大吧。据说,成都人就跑到都江堰的上游,修了一个水库。这一下,谁关谁的水,还真不好说了。你可以想象一下:某一天,都江堰举行盛大的放水节,中外嘉宾端坐河边,主持人刚刚宣布仪式开始,上游却断流了!这种情况,大概率是上游水库为了蓄水,没有事先沟通或者没有沟通到位。咋整?关来关去,我日常生活成问题,你景区门票卖不出去。不如我们商量着来吧，和气生财，共同发财。

这个和气生财，我们引申一下，就能够想到商业中有一种合作模式，叫"联营模式"。在21世纪互联网高度发展的时代，这一模式被发挥到了极致。你我或者还有他，共同做生意，叫联营模式。联营模式在税收上面极有意义：你我他不需要成立共同体企业，协议约定合作就可以了，我们可以税前分收入，各自承担纳税义务。你我他的企业是三个主体，税前分收入，实现了收入的分流限流，各自承担纳税义务可以实现各自在不同地方纳税，各个地方税收政策或财政扶持政策可能还有差异。

为了让大家更好理解联营模式，我举个更形象的例子。某大酒店门口人来人往，那是一个好口岸，张老板发现了，他在门口画个圈，占下口岸。李老板来了，也发现是好口岸，但他来晚了。好在李老板有优质产品，他和张老板商量，我把产品放在你圈中卖啊，我们联营。就在这时，他们又发现邱老师来了，邱老师嗓门高，有利用价值，不如让邱老师来吆喝吧，走过路过，不要错过。三个人摆地摊，一年卖了600万元，税前分收入，各200万元，实现了收入的分流，各自在不同的地方承担纳税义务，各个地方税收政策还可能有差异。

第四，从"直销"到"经销"，从"经销"到"代销"，从"代销"到"居间服务"。

除了上述主业转换模式、平台模式、联营模式，从"宝瓶口改变岷江进入成都平原的方式"引申出来的"改变商品进入客户手中的方式"，可以想到销售模式的变化。

从"直销"转变为"经销即批发零售",我们在前面已经讲过,可以降低内江公司的税基,而宝瓶口公司后面的小水沟专卖店可以核定征收或在增值税起征点之下,从而达到整体节税。

"经销"变为"代销"又有什么税收意义呢?

按照税法的要求,把用于销售的商品发出去,只要运出县级行政区域,就需要确认收入并履行纳税义务。现实中不乏这样的情况,有一些规模较大的经销商需要备货,甚至需要大量的商品做展示,商品发去了,到了经销商那里可能一年半载都卖不出去回不了款,商品供应公司(为了方便理解和描述,我们称之为"厂家")却需要提前履行纳税义务,会增加巨大的资金压力。在这种情况下,我们有一个处理方式,就是把这样的经销商变为代销商,或者同时具备代销商身份——签有经销合同的同时,签有代销合同。如果代销的产品卖不出去,可以退货,那么,代销的产品发出去时,厂家就不用立即确认收入,而是待代销商卖出去后并把清单给到厂家时,厂家才确认收入,这就合法地推迟了厂家确认收入和履行纳税义务的时间。对于代销商,也是有好处的,他们转换了税目,由增值税税率13%的经销行为,转为了增值税税率6%的服务行为。

有一个老板开玩笑说,邱老师改一个字就赚了他一大笔咨询费,因为邱老师告诉他把"经销合同"改为了"代销合同"。事实上,当然不是一个字那么简单,我花了好多天给他做咨询,仅仅是修改讨论那份代销合同就耗去好几天。这个老板很厉害,他把自己 A 公司的服务印成一种入场券,然后发动别人来做入场券经销,凡在他这里拿了 10 万元入场券并支付 10 万元的人,无论你是否把入场券卖出去，每年都可以获取 10% 的回报。他的生意十分火爆，很多人都冲着这 10% 的回报来与他合作。但在这个模式中，有两个致命的风险：一是可能涉嫌集资，二是涉嫌避税。集资问题，交给律师朋友们来讨论，我这里只说一下避税问题。把 10 万元入场券交给经销商，A 公司就应该确认销售收入并履行纳税义务，但他从来没有为此报税。我将其"经销合同"改为"代销合同"，并在合同中约定，"卖不掉的无条件退货"，这样就不存在交付入场券时就确认收入纳税的义务了。同时，我将收取的 10 万元确认为入场券保证金，当然，为了确保吸引力，我们对老板原来操作中的每年 10% 的回报，也给予了重新定义。这个案例思路简单，但有很多细节需要处理，感兴趣的同学可以参加我的课堂分享。

从"经销"变为"居间服务"有什么税收意义呢？

商业中的一些大宗项目，甲方并不认可经销商，而是希望直接与工厂合作。这个时候，经销商去投标，也只能以工厂名义去投标，以工厂名义签合同，以工厂名义发货、开票和收款。这种情况下，经销商无法再以经销方式存在。在现实中，存在这样的情况：经销商拿工厂名义中标了，经销商发货给甲方，合同却是甲方与工厂签，发票由工厂开，款由工厂收。这就造成了"四流"——合同、发票、款项、物流——不统一，工厂涉嫌虚开发票。解决这一问题的思路之一，就是将这一项目中的经销商的角色转变为居间服务商，货物可以由经销商发，但经销商是受工厂委托以工厂名义发货。在这一项目中，原来赚取差价的经销商，就成了赚取居间服务费的中介了。

都江堰治水哲学博大精深，可以衍生出无穷无尽的商业模式和赢利模式，大家可以参考本书第一单元中商业模式和赢利模式创新思路去探索。同时，我们也将结合都江堰治水哲学，继续系统性地介绍企业如何治理财税。

第八章　治税
——管理的真相：从"水"到"凶"

什么是管理？管理就是让被管理者去实现你的意志。要让他人实现你的意志，就要对他人进行引导、约束，甚至塑造。每个人都是有思考能力和行为能力的，一群人的思考能力和行为能力如果不能统一到一定的商业活动中来，就无法产生商业价值。

人和水很相似。人是趋利避害的，水是欺软怕硬的。如果没有引导和约束，每一个站着的人都想坐着，坐着的又想躺着；如果没有引导和约束，所有的水都会往低洼的地方无序流动，然后在流动的过程中或者在洼地里流失和蒸发。

水是无形的，因为有了容器而有了形状。

人的思想是无形的，因为有了管理引导和约束，而取得有形的商业成果。

管理是无形的，因为有了管理机制与管理模式，而让管理产生了看得见的有价值的商业行动。其实，管理的真相，就如同拿一个容器赋予水形状一样，是拿一定的管理机制和管理模式，赋予思想某种形状。

治税基本思维：找到那个"凼"

很多问题的解决，不是需要什么高深的学问，而是需要回归常识。水的常识是水往低处流，你让它往低处流就是了，这一点李冰做得很好。税的常识，是哪里税负低就想办法在那里履行纳税义务。我国税收挺复杂的，税种多、税目多，因其复杂，就存在税率高低差异，存在税率高低差异，就为纳税人提供了选择的机会。

地上如果没有坑，那么水就一直在地面流。地上如果有一个坑，水就进入坑里停止流动。坑里有水，是一个会意字，"凼"（图8-1）。

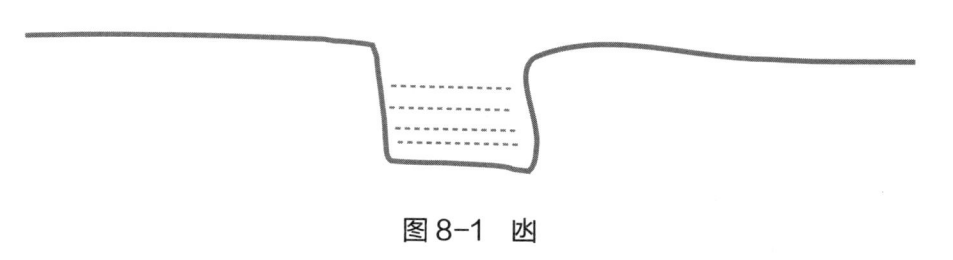

图8-1 凼

水是流动的，税是不是流动的呢？

税收通过业务关系转移流动。A公司把商品卖给B公司，如果A公司不开发票不纳税，则B公司就不能抵扣税收，A公司未缴的税转嫁到了B公司头上。B公司把商品卖给C公司，如果B公司也不开发票，则C公司也不能抵扣税收，A公司B公司未纳的税则转嫁给了C公司。C公司怎么办呢？可以如法炮制，用同样的方式对待D公司。D公司怎么办呢？A公司坑B公司，B公司坑C公司，C公司坑D公司，D公司高风亮节，D公司说：我不怕坑，因为我本身就是一个坑！什么意思？如果 A 公司做工业，B 公司做商业，C 公司做服务，D 公司做农业，是不是 A 公司 B 公司 C 公司没有交的税收转嫁给 D 公司后，D 公司找到税务局"免单"了呢？税收优惠就是一个税收的"凼"，包括减、免、抵、退、返。

水找到"凼"，水就停止了流动。

税找到"凼"，税就得到了优惠。

所谓合法地阳光化地节税，就是想办法找到那个"凼"，找到国家给予税收优惠的领域。当条件不具备时，就创造条件去享受国家税收优惠政策。国家出台优惠政策，是对投资的引导和扶持，是国家大战略下的具体措施，政策出来了不去享受，那就是企业的不对了。

西南地区有一家板材制造销售商，20 多年来，一直想享受退税政策，结果一分钱没有退到，反倒把头发给想白了。

在板材行业，有一项资源综合利用优惠政策：利用"次小薪柴"生产板材，享受 70% 的增值税返还，条件是原材料中 95% 是次小薪柴，即成本的 95% 是次小薪柴再利用。这个老板生产板材，主要材料有三种：次小薪柴、胶水、PVC 封皮。他的次小薪柴占比总是达不到 95%，为此他曾经想过很多办法，提高次小薪柴价格，或者降低胶水、PVC 价格，但都被税务局识破并否定了。他也想过偷偷地虚报三种材料的用量，人为地调整成本结构，但也被税务局发现并处罚了。

这个老板找到我之后，我说你得创造条件啊。

我一直想办法调整价格或用量，就是在创造条件啊，可税务局不同意呢。老板觉得自己已经尽力了。

很多时候，我们在一条路上走到头，的确已经尽力了。或者爬某座山，你已经爬到最高点，你肯定是尽力了。但是，你有没有想过，还有更好的路或者更适合的山呢？

这个老板在价格和用量这条路上，尽力了。但抛开价格和用量，换一条业务模式转换的路子，尽力了没有呢？根本没有尝试，谈何尽力呢？古往今来的杰出者，不外乎路子与众不同。我们看看他的成本比例计算公式：

次小薪柴占比＝次小薪柴成本÷（次小薪柴成本＋胶水成本＋PVC成本）×100%

很显然，放大分子，或者减小分母，可以达到退税条件。但老板所走的路，是调整价格和用量，而没有想到分江治水原理。如果把分母三种材料，减少为两种，岂不就成功了吗？怎么减少？难道不用胶水了，或者不用PVC了？当然要用，而是在不同的公司用。他的流程是把次小薪柴打成纤维，加胶水压制成板，再把板贴上PVC面皮。如果分江治水，把公司分成A、B两家公司，A公司打纤维压板材然后卖给B公司，B公司买A公司的板材来封皮，最后再卖给客户，把利润留在A公司。A公司次小薪柴的占比公式变成了：

次小薪柴占比＝次小薪柴成本÷（次小薪柴成本＋胶水成本）×100%

分子不变，分母由三种材料变成了两种材料，自然提高了占比。这个老板的次小薪柴占比一下子提高到了98%，成功退税70%。调整价格，是一条路，但受监控；调整用量，是一条路，也受监控。分江治水，更是一条路，却不受监控，因为它是公司法赋予企业的自主经营权。创造条件，也有高低之分。

税收公式超级简单

不要把税收想得那么复杂，关于税收的又一个常识，就是它的计算公式，这个公式超级简单：

$$税收 = 税基 \times 税率$$

由这个公式我们知道，合法降低税负，一个思路是降低税基，另一个思路是转换税率。不懂税法的老板，多在税基上面做文章。怎么做？隐瞒销售收入，逃税，让自己陷入违法的境地。懂税法的专家们，多在税率上做文章，想办法让企业适用较低的税率，这种思路固然比隐瞒收入性质轻，但很多也只是打擦边球。

隐瞒收入和打擦边球，都没有出路。

真正的出路只有一个："再造税基"。

什么意思？

第一，将税基化整为零，合法适用较低的税率。比如年销售收入900万元是一般纳税人，如果按照分江治水原理，切分为两个

450万元，就是小规模纳税人了。再比如，年利润301万元，应当按25%缴纳企业所得税，如果切分为300万元和1万元，却只需要按5%缴纳企业所得税。

有一个小老板，年销售收入不含税价为900万元，其中300万元客户不要发票，他就把这300万元收到个人银行账户不报税。当时，他感觉挺爽，300万元一分钱税收没有交。可是，后来被税务发现了，这300万元当然应该并在总销售收入900万元里按一般纳税人交税，按13%补增值税，核定下来他的利润也超过了300万元，得按25%补企业所得税。他把收入藏进了个人口袋，还得补个人所得税，加上印花税、滞纳金和罚款，差不多250万元！真是一个二百五！

如果他成立一家小公司，把客户不要发票的收入，由小公司来收取，增值税按疫情期间和疫情后1%缴纳，也就3万元！就算一分钱成本发票也没有（这几乎不可能），也不过是按5%缴纳15万元的所得税，加起来18万元税收，怎么可能成为二百五呢？

第二，转换税基性质，合法地适用不同税目。

不要打擦边球，而是从业务性质角度出发，去合法地转换收入性质。比如，一家企业把房屋租给别人用作库房，收取租金，那应该按照租赁业务缴纳增值税并缴纳租赁房产税。但如果他们转换业务性质，不再出租房屋，而是提供仓储服务，就只需要按仓储服务缴纳增值税并且不用缴纳租赁房产税了。

打擦边球，是和税务部门对着干，是挑战税务人员的智商。从业务层面重新设定业务，重新定义业务性质和收入性质，却是公司法赋予企业的自主经营权。

财税顶层设计

我根据都江堰治水原理创造的系统，之前称"节税工程"，后来改为"财税顶层设计"。为什么这么改？节税工程是围绕节税来开展，而财税顶层设计，是对企业财税系统全方位的规范和升级，叫"财税顶层设计"更为准确。

我对财税顶层设计的最新定义是：

财税顶层设计是根据都江堰治水原理，结合企业经营流程和税务实践创造的，从企业战略、商业模式和业务流程层面生发的一套创新型的合法减轻企业税负提升企业财税规范度的解决方案。

这个定义有三个关键点：原理——来自都江堰治水哲学；出发点——经营流程和税务实践；着力点——企业战略、商业模式和业务流程。这三个关键点决定了财税顶层设计显著区别于税务筹划：

第一，税务筹划的核心是降低税负，财税顶层设计的核心是降低税负和提升财税规范度，甚至以提升财税规范度为主。

第二，税务筹划是在财税核算范畴内进行，财税顶层设计是从战略、模式、流程范畴来进行。

第三，税务筹划是在税法上找突破，找法规的漏洞，这个方向不是十分科学。财税顶层设计是让老板天天琢磨如何提升经营规范度，如何创新商业模式和赢利模式，顺带达到合法降低税负的目的。

在财税顶层设计这个定义中，我并没有提到税收法规，也没有提到财税核算。在这个定义背后，我还想告诉大家三句话：

第一句：财税顶层设计是从顶层设计出发，而不是从财务核算出发。真正合法地大额度降低税负，不是钻点税法的空子调整一下账务就能够实现的，法规制定者再差劲也不可能有太大的漏洞，漏洞一定是小洞，不可能是大洞；真正合法地大额度降低税负，是跳出财税，从经营角度调整流程和模式，这些调整都是大手笔，会带来企业根本性的转变。比如，房地产企业的土地增值税税负比较重，从财税核算角度出发，不外乎想办法加大开发费用，但开发费用加大总是有限度的，而且得有支出发票。如果我们站在企业集团层面思考，把房产开发企业这一"内江"的利润转移到采购、建筑、设计等"外江"，让房产开发企业的土地开发增值控制在20%以内，就符合了免土地增值税的条件。哪种手段合法降税更多，一目了然。

第二句：合法降低税负，首先要用好公司法、合同法、会计法等，最后才是税法。不要一碰到税务问题，就一头扎进税法里。公司法赋予企业自主经营权，首先要用这些权力调整企业顶层设计，顺带实现节税。分江治水、飞沙堰调水、宝瓶口限流，这些用在企业上面，就是利用自主经营权布局产能、调节产能和转移产能，这些行为都不受税法制约。我们再看看合同法。在税法中，我们检查交易的真实性时，强调"四流统一"，即合同、发票、款项、物流或工作成果四统一，否则就有虚开发票的嫌疑。但从合同法来看，现实交易中四流不统一的比比皆是，你签了合同开了发票，一年半载收不到钱太正常了，或者合同有了，发票开了，钱也收了，但很长时间没交付成果的情形也普遍存在。所以，当被怀疑虚开发票时，应该从真实交易角度去证明没有违法，而不要纠结于四流统一。会计法为什么也值得研究呢？我国会计制度，最早是跟随苏联那一套的。随着苏联解体和我国改革开放，为了与西方国家保持同一会计语言，我们的会计制度逐步实现了与西方接轨。但税法是不可能与西方国家接轨的，税法的立法精神可以国际接轨，但具体税法一定是根据本国经济发展状况不断调整的。这就造成了我国会计准则与税法存在很多差异。纳税人可以根据这种差异，在认真研究会计法的基础上，选择对企业纳税更有利的会计处理方法。

第三句：税收高、风险高，第一责任人是老板，第二责任人是业务，第三责任人是财务。顶层设计的责任人是老板，顶层设计好坏直接影响企业税收高低和税收规范度，老板当然是第一责任人。税收是在业务实施过程中产生的，而不是财务部"算"出来的，业务部门要负第二责任。这么一说，财务高兴了。别高兴太早，这句话还要补充半句：但是，财务人员有义务统筹规划税收，指导老板和业务如何合法地节税。财务人员是专业人员，是节税的导演，是财税规范的总指挥。

税收"洋葱"

接下来，我们看一下如何用都江堰治水原理，来合法地优化各类税收。

我们国家的税收分为六大类18种：

第一类是流转税类：增值税、消费税；

第二类是所得税类：企业所得税、个人所得税；

第三类是财产和行为税类：房产税、车船税、印花税、契税；

第四类是特定目的税类：城市维护建设税、土地增值税、车辆购置税、船舶吨位税、耕地占用税、烟叶税、环保税；

第五类是资源税类：资源税、城镇土地使用税；

第六类是关税类：关税。

很多老板认为企业只有增值税、所得税和个人所得税、对自家企业应该缴纳哪些税收不清楚，在作决策尤其是价格决策时，就可能少考虑税收成本。

我们把这些税收画成一个洋葱形状（图8-2），最外面一层是第一类和第四类，这两类的基本特点是税收与"交易额"即"收入"挂钩，也就是不管有没有利润，这一层的税收都是要交的。第二层是企业所得税，第三层是个人所得税，第四层是财产税类税收。

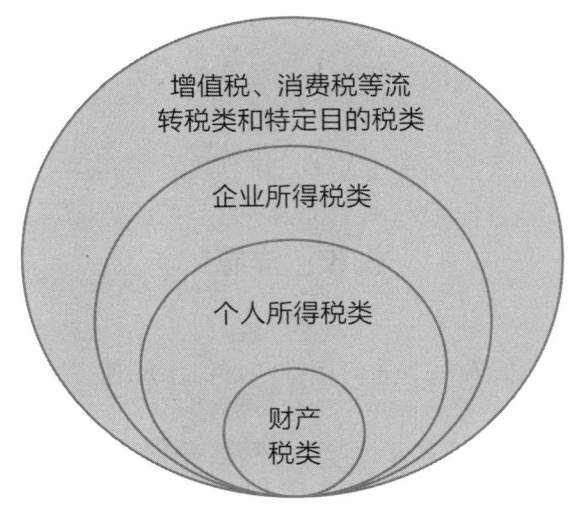

图 8-2 税收"洋葱"

流转税和特定目的税如何优化

这两类税收是与收入挂钩的,"有收入就有税",我们可以想到的节税原理:"没有收入就没有税""收入少就少纳税"。没有收入,当然不是说不做生意,而是减少交易环节或将纳税收入转换为不纳税收入。根据都江堰治水原理,这两类税收的节税原理具体有四种方法:

第一,减少交易环节。有收入就要缴纳增值税,即有交易就要缴纳增值税。有人会说,有交易没有增值就不纳税啊。持这种观点的人,显然忽略了有些成本没有增值税进项抵扣这一事实。比如,人工成本、资金成本,都没有增值税进项发票。你投入有专用发票的材料50元(不含税价,下同),人工30元,利息10元,总成本90元,最后你卖90元,一分钱不赚,但你却是要缴纳增值税(90-50元)×13%=5.2元。减少交易环节,当然不是不做生意了,而是改变交易结构。

举个例子:我们到店里试穿成衣,合适就买走。服装公司卖给我们的衣服中,包括材料、人工、费用、利息、利润、税收等。但在我们小时候,情况是这样的:到百货公司买一块布,拿到裁缝店里缝制衣服,裁缝店只收取加工费。就布料的交易环节而言,在现代服装厂,是从织布厂到服装厂到消费者手中,而在传统制衣店,布料却是从织布厂直接到了消费者手中,后者要少一个环节。如果站在制衣主体的角度来看,现代服装厂的税基要比裁缝店的税基大,税收通常也会更高。

第二,转换收入性质。转换收入性质,就是把税收高的收入合法地转换为税收低或免税的收入。比如,为客户提供服务,你提供的是技术服务还是普通服务？你提供的技术服务如果符合条件，可能享受增值税免税政策；提供普通服务，一般纳税人增值税税率6%，小规模纳税人增值税税率3%。再比如，你收到一笔钱，是销售收入、保证金，还是投资款？不同的定性，税收也不一样：如果是收入，立即履行纳税义务；是保证金，在保证期内不纳税；是投资款，一直不纳税。

第三，分流，化整为零，控制税基。关于这一方法，我们在本书中讲得比较多，通过分流和控流可以把一般纳税人收入转化为小规模纳税人收入，增值税税率由13%下降为3%甚至1%。

第四，改变纳税主体性质。收的是什么钱，影响税收；什么样的主体收的钱，也影响税收。比如企业产生收入，年收入达到500万元升为一般纳税人，就不能按简易征收了，但非企业单位无论年收入规模多大，都可以申请按简易征收3%纳税。

企业所得税如何优化

企业所得税是与利润挂钩的，"企业有利润就有税"。我们可以想到的节税原理："没有利润就没有税""利润少就少纳税"。没有利润，不是让企业不赚钱，而将利润消化掉。根据都江堰治水原理，所得税节税原理具体有三种方法：

第一，消灭利润。关于这个方法我们在本书前面也讲过，即在利润产生过程中，就把利润消化掉，从而避免了企业所得税。

第二，利润放在小口袋。我国税法规定，对小型微利企业给予税收优惠，年利润不超过300万元只需要按5%缴纳企业所得税，相比于利润超过 300 万元的企业的 25% 税率要低得多。企业只要愿意切分利润到不同的主体，企业所得税就能下降很多。

第三，利润放进免税的口袋。我国税法对某些企业或行业，给予所得税免税政策，比如农业。A 企业为工业企业，B 企业为农业企业，把 A 企业的利润合法地转移到 B 企业，就实现了把 A 企业的利润放进 B 企业这个免税的口袋里。

个人所得税如何优化

个人所得税是与个人所得挂钩的，"个人有得就有税"。我们可以想到的节税原理："个人没有所得就没有税""个人少得就少税"。个人没有所得，那不就是喝西北风啊？当然不是。根据都江堰治水原理，个人所得税的节税原理具体有两种方法：

第一，转化个人所得税的形式或性质。个人综合所得、经营所得税收是不一样的，也有个人收入免个税的，比如持有上市公司股票超过一年的分红免个税，再比如个人独资企业从事农业生产经营也是免个税的。工资性收入转化为福利收入，或者作为工作室的业务收入，也能够达到合法节税的目的。

第二，利用超额累进税率原理，人为减少所得，去适用低税率。个人综合所得税率是 3%~45%，经营所得税率是 5%~35%。用好累进税率中的临界点，可以达到合法节税的目的。

财产类税收如何优化

企业缴纳了增值税、所得税，个人再缴纳个人所得税，收入进入个人口袋，税收就交完了。但你拿着这个税后收入去消费，消费项目中还包括了项目提供方的流转税和企业所得税。如果购买或持有财产，还有财产类税收，比如车辆购置税、土地使用税、房产税等。财产类税收是与财产价值或收益挂钩的，"有财产就有税"，我们可以想到的节税原理是"没有财产就没有税收"。当然，不能没有财产。根据都江堰治水原理，财产类税收节税原理具体有两种方法：

第一，合理规划财产持有形式。不同财产，面临的税收成本是不一样的，比如购买和持有贵金属就没有征税一说。当然，不能大家都持有贵金属，如果人人手中都只有贵金属了，每个人上街都拎一根金条或抓一把小金豆，吃碗面条掏一粒金豆，买件衣服掏几粒金豆，始终是不方便流通的。

第二，合理布局财产所在地域。这一点，土豪们都在干，他们有全球视野，或者他们的财富管理人有全球视野，哪里税收低就把财富放在哪里。虽然当下全世界大部分国家和地区承诺了最低税收，但还是存在"避税天堂"和"回报珠峰"。

说到财产，就会说到遗产税。

我国1950年通过的《全国税政实施要则》中将遗产税作为拟开征税种，但由于条件不成熟，最终没有正式开征。那个时代，大家都穷得叮当响，吃了上顿愁下顿，想留下点遗产也力不从心。开征遗产税，却无遗产，经办部门人员工资恐怕都发不起，于是，在20世纪80年代，国家干脆取消了这一税种。这些年，专家们又在讨论遗产税了。我们有理由相信，绝大多数人有机会见证遗产税的开征，但都没有机会缴纳遗产税。为什么？遗产税是由你的后人代你缴纳的，只要你还有一丝呼吸，你的财产就不能称作遗产。

遗产税是与遗产挂钩的，"有遗产就有税收"，我们可以想到的节税原理是"没有遗产就没有税收"。一种是你真没有，另一种是你断气之前把财产转移给下一代了。只是这个时间点不好把握。综合考虑这个问题，我有一个建议：把你的企业做规范做干净，把你的财富都放在企业里，你可以提前把企业股份转给子女，直系亲属之间转让股份是不用缴个税的。在转让时，你可以约定：只要你还没断气，这个股份的收益就还是归你支配；只有在你自然死亡后，子女才有这些股份的支配权。

从治水看治税

本书前面一直在讲治水与治税，为了方便大家加深印象或记忆容易，我们总结一下从治水角度如何思考治税。

六要素

李冰治水有六个要素：内江、痛点（成都平原遭受水灾的原因）、外江、落差、飞沙堰、宝瓶口。

治税也有六个要素：

第一，内江。即现有企业。如果你没有企业，就谈不上节税。个人当然也有节税的必要，但就个人而言，分江治水、飞沙堰调水、改变交易结构等就无从做起了。有一个老板，他挂靠别人的公司做业务，他自己并没有公司，他想节税，可他挂靠的那家公司不配合，最终他还是无法实施。

第二，痛点。即税收高、风险高的原因。你有问题，才值得一治。你要知道自己的问题出在哪里，或者在专家的协助下弄明白问题出在哪里。

第三，外江。即为了转移产能、收入或利润而设置的另外一家或多家企业。要内外调节、内外转移，就得有内还要有外。

第四，落差。即"内江"和"外江"之间的税收高低差。没有落差，无论由内江转移到外江还是由外江转移到内江，都解决不了税负高的问题，只不过是把问题挪了一个地方而已。比如，一个建筑公司老板，由于建筑公司税收高，进项发票不够，他就开了几家贸易公司，由贸易公司给建筑公司开发票。建筑公司有了进项发票，但贸易公司又该怎么办？这样做只是把建筑公司的问题挪到了贸易公司罢了。还有一个长三角地区的老板，他把企业年收入规模做到2000万元，就新开一家公司，又做到2000万元，再新开一家公司，一共开了十几家公司，十几家公司分布在不同地方。这个老板，每天醒来都要在心中"盘点"一下自己有多少家公司，然后开车去巡逻他的公司，从太阳东升开始，巡视到日落西山。他的这十几家公司都是一般纳税人，没有税负落差，自然也不可能通过飞沙堰调水来节税，而只能采取藏匿的方式逃税。

第五，飞沙堰。即内江和外江之间的业务关系。有了内江、外江，有了落差，如果没有内外江之间的飞沙堰，落差也发挥不了作用。

第六，宝瓶口。即改变业务流程，改变交易结构，创造新的商业模式或赢利模式。

六步骤

李冰父子沿着岷江岸边，徒步从下游走到上游，考察成都平原年年遭受水灾的原因。李冰发现有两个原因：一是夏季来临时，岷江水太多，成都平原消化不了；二是岷江进入成都平原时，水流湍急。这一步可以总结为"研水患，找痛点"。

找到原因后，他开始寻找方法。当他看到农民捕鱼，想到了在河心筑堤，把岷江一分为二，形成内外两条江，并且实现"内江处于凹地，外江处于凸地"。这一步可以总结为"设外江，落差现"。

当意识到内江日积月累可能被泥沙堵塞，又苦于缺少挖掘机、柴油机、抽水机时，他设计了飞沙堰，用来调节内江的水量和泥沙。这一步可以总结为"飞沙堰，内外联"。

有了凹凸落差，有了飞沙堰，利用水的自然属性，就实现了高低调节。这一步是水到渠成的，可以总结为"调高低，保平原"。

成都平原离不开水，但水又不能太多。李冰想到应该让进入成都平原的水量一直处于稳定状态，于是，作为良心工程承包商，他抛开中标价和利润考虑，不惜血本将山体一分为二，切出一个宝瓶口。这一步可以总结为"设瓶口，流量限"。

经历上面五个步骤后，李冰全面思考，总体策划，形成了后人看到的前后衔接、首尾呼应的系统工程。这一步可以总结为"首尾顾，前后衔"。

这就是李冰治水的六个步骤（图8-3）。

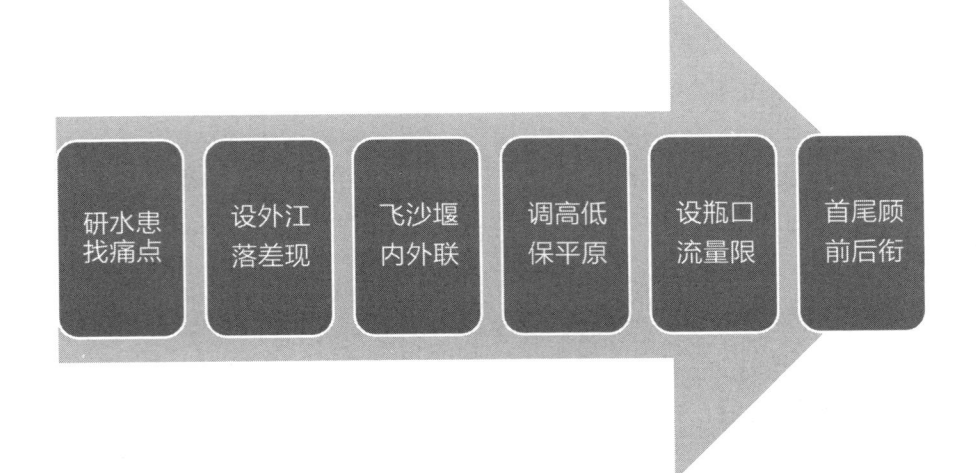

图 8-3 李冰治水步骤

相应地，治税也可以有六个步骤：

第一步，分析税收高、风险高的原因，即"寻原因，找痛点"。

第二步，设立相应的平台公司，这些平台公司与原主体企业之间要形成税收落差，即"设平台，落差现"。

第三步，建立内外江之间的业务关系，以便将现有企业的税收负担转移到平台公司，即"飞沙堰，平台联"。

第四步，利用内外江之间的业务关系，调节税收负担，即"调高低，转负担"。

第五步，当内外江之间转移还不能解决问题时，思考如何改变交易结构，进行模式创新，即"宝瓶口，模式变"。

第六步，经过前面五步，再从整体上规划，寻找更多的突破口，同时避免出现顾此失彼的情形，即"整体看，顾周全"。

这就是邱庆剑治税的六个步骤（图8-4）。结合治水的六个步骤，很容易记忆。

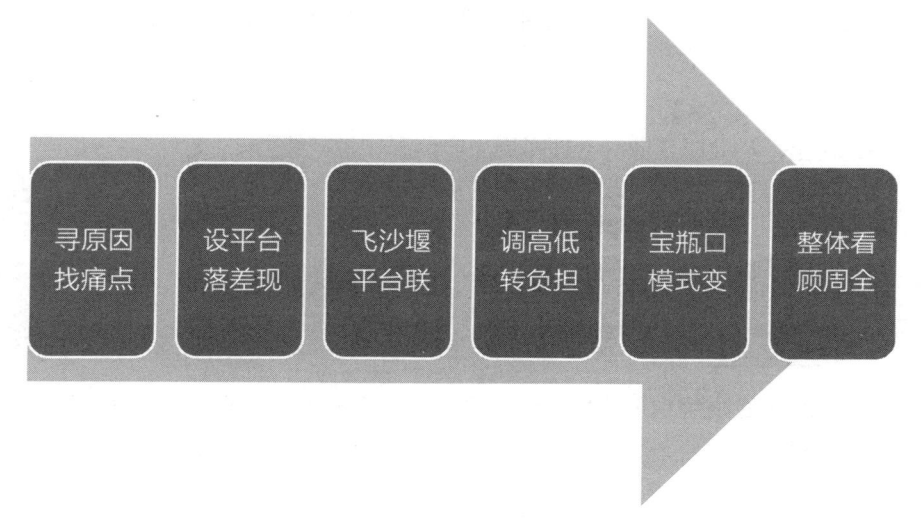

图 8-4 邱庆剑治税步骤

三大战略

鱼嘴分内外，飞沙调高低，宝瓶截左右。都江堰治水哲学的核心是三个字：分、调、截。

引申到治水方面，就是财税顶层设计的三大战略：分、调、截（图8-5）。

第一，分。

鱼嘴分江，即科学地选择企业组织形式和控制方式。

不同的企业组织形式，税收有差异。在我国，存在多种组织形式，我们在这里一一列出来，但没有按统一的分类标准，彼此是有重叠的，比如"个体户"可能是一般纳税人，也可能是小规模纳税人。就目前而言，从税收角度来看，有八种形式，加上非企业单位，共九种形式：一般纳税人、小规模纳税人、小型微利企业、个体户、个人独资企业、有限合伙企业、普通合伙企业、非营利机构，以及非企业单位。

在地域上、产业或企业间合理布局生产资源和生产能力（由高税负到低税负），以及合理配置资产和费用

鱼嘴分江　飞沙堰调水　宝瓶口截角

科学地选择企业组织形式和控制方式（形成落差）　　整合及再造企业经营流程（改变业务性质或者商业模式）（案例：房地产收购建筑公司）

图 8-5　治税三大战略：分、调、截

这九种形式在税收方面存在落差，作为企业老板，应尽可能设有多种企业形式。如果只有一种形式，就缺少了税收落差，彼此之间无"凼"可言。有企业老板和我开玩笑说，在走进邱老师的课堂之前，我被称作"董事长"，在离开邱老师课堂后，我已经是集团"董事局主席"了，因为邱老师指导我们成立了多个主体，形成了一家事实上的集团企业。

第二，调。

飞沙堰调水，即在不同地域、不同产业或不同企业间，合理地布局生产能力，以及合理配置资产和费用。不同地域之间、不同产业之间、不同企业之间，都可能存在税收方面的凹凸落差，把生产

能力布局在凹凸之间，就具备了税基转移的条件。配置资产和费用又是什么意思呢？资产产生费用，费用可以抵税。常常有人问我，想买一辆车或一套房子，是计在个人名下还是计在公司名下。我让他记住三句话：资产在哪里，费用在哪里，税收就不在那里。比如，车辆计在公司名下，车辆相对应的费用就在公司报销，这些费用可以抵减企业的税收，所以税收就不在企业了。

第三，截。

宝瓶口截角，即整合及再造经营流程，改变商业模式及赢利模式。房地产公司收购建筑公司，就是拉长产业链，把房地产公司的利润往建筑公司转移。当然，在招股说明书或投资公告中，房地产公司会冠冕堂皇地说是为了增加新的利润点。的确，是增加了建筑公司利润，但房地产企业节省的土地增值税常常远高于建筑公司利润。

两大思维

我的财税顶层设计有两大思维："傻瓜思维"和"变通思维"。

所谓傻瓜思维，即别人不做傻瓜，就自己做傻瓜；别人靠不住，就靠自己。

任何一家企业都不是孤立存在的，总是要和别的企业或非企业发生关系。你的企业想在税收方面实现完全规范，就需要上游按真实交易给你开具发票，同时，下游要能够如实接受你开具的发票。可在有些情况下，上游供应商想逃税，不愿意给你开具发票；下游经销商或客户怕暴露自己的采购量，你开发票他也不要，你强行开给他，他可能和你打架。另有一种客户，则可能让你高于实际交易额开票。上游、下游都不愿意做傻瓜。这个时候，你在你和上游供应商和你之间成立采购平台，在你和上游供应商之间形成防火墙，也解决了你的主体企业采购发票的问题；同时，你在你和下游经销商或客户之间成立销售平台，在你和下游经销商之间形成防火墙，也解决了你的主体企业销售发票开给谁的问题。

傻瓜也是人，不能把傻瓜不当人。供应商不给采购平台开发票，采购平台却要给你的核心企业开发票，这就导致采购平台税收负担重。这个傻瓜是自家兄弟，不能不管啊。怎么管？采购平台如果有税收落差就解决了，同样是100万元进项，放在你的主体企业可能要承担13万元增值税税收成本，而放在采购平台可能只需承担低于13万元的增值税税收成本。我们称为"进项不足自己加"，就是采购平台先从供应商低进再高出给你的主体企业。

你的主体企业开发票给自己的销售平台，一定也是低开。然后销售平台提高金额做无票收入报税。对于要求高于实际交易额开票的客户，销售平台则是低进高出。这两种方式，销售平台都会产生税收负担，要解决这一问题，依然是要求采购平台具备落差，同样100万元销项，放在主体企业可能产生13万元的增值税税收成本，而放在销售平台，可能低于13万元。我们称为"销项太高自己减"，就是销售平台先从主体企业低进再高出给客户或按无票收入报税。

关于财税顶层设计的"变通思维"，我是这样总结的：左手的问题右手解决，昨天的问题今天解决，今天的问题明天解决，即要善于时空转换。

我曾经碰到这样一个案例。A公司要盘盈一批1000万元的材料，这家企业利润较多，享受不了小型微利企业所得税优惠，盘盈1000万元，得缴纳企业所得税250万元。把A公司视为左手，如果硬要在A公司盘盈，就解决不了税负问题。大家可以想一下，一堆材料，每件材料上并没有刻着归属谁家，为什么一定要在A公司盘盈呢？我说它是哪家的，它就是哪家的。恰好A公司有5家零利润的小型关联公司，于是，我说这1000万元材料是归属5家小型关联公司的，在小型关联公司盘盈，每家一两百万元，加起来总共1000万元，这样一来，盘盈的企业所得税就只有5%即50万元了，节省了200万元。这5家小型关联公司，就是右手。这是典型的左手问题右手解决。

我们再看时间转换。

企业常常碰到历史问题，可又没有办法穿越过去解决。人无法穿越，但问题是可以穿越的。会计上有"错账调整"，可以把问题直接"拉"到今天来解决。比如，我们在本书第1部分已经讲过的暂估费用的处理。我们碰到过这样的企业，若干年前为了少交点税，暂估费用冲销利润，但暂估费用对应的发票一直没有取得。我们就建议其做错账调整，承认当初做错了总比被税务部门认定为虚列费用好。调整方法是将暂估分录冲销掉。有人会说，那这样一来，岂不是当前的利润要调增，要补缴企业所得税？这是必然的，但这样做毕竟是把历史问题拉到今天来了，今天还有机会解决。这叫"昨天的问题今天解决"。今天如果解决不了，该补税就补税，这个税补了，未来还有机会把相对应的发票合法地找回来，从而把未来的税收抵减下来。这就是"今天的问题明天解决"。

人们常说，哪里跌倒，就在哪里爬起来。我倒有不同看法：地上太滑了，在跌倒的地方爬起来，可能跌倒第二次。不妨往旁边挪一挪，在不滑的地方爬起来。至于什么时候爬起来，也要看时机，时机不成熟，爬起来可能没好处。我小时候在山上放牛，爱逗一些小虫子，用草棍一碰它，它就四脚朝天躺着不动了，然后趁我不注意时，又突然翻身赶快跑了，这是装死的手段。战场上，在敌人清理战场时，躺着装死可能是最好的逃生方法，为什么要马上爬起来呢？

大智若愚，善于变通，这是老祖宗留给我们的智慧。我常常不明白，有些问题的处理方法明明很简单，为什么总是很少有人想到怎么做呢？很多人，不是做不到，而是想不到。做，是技能问题，想，是思路问题。思路没有，做也白做。在我们传统国学思想中，比如孙子兵法、三十六计等都能够启发我们的思路。

也有很多人曾经问过我，邱老师，你是怎么想到的呢？

可能就是我的思考方式与众不同吧。后来被问得多了，我就举了如下一个案例来回答他们，读者朋友也可以思考一下，看看对你有什么启发：

某市一家建筑公司的老板，被税务局检查10年的账务，发现他每年采购到公司的钢材，总是比消耗的钢材多4000多万元。于是，税务部门怀疑他每年虚开了4000多万元发票到公司，老板面临无期徒刑，企业面临近几亿元补税罚款。税务局的人并不想把这家企业一棍子打死，就建议该老板先想办法完善账务。

为了完善账务，老板前前后后找了5家财税咨询机构，花了500多万元的咨询费。这5家财税咨询机构，前前后后派出5个财税专家小组。结果呢，全部被税务局否定了。

在这5家财税咨询机构中，一家建议重新把账做一遍，但历史资料无法更改，尤其是银行流水无法更改；一家建议找税务部门核定征收，但这家企业根本不符合核定征收条件，如此大案，也没有谁敢点头核定；另外三家，都建议花重金搞好与税务局的关系，让税务局放一马，但案件涉及金额太大，所有税务人员都忙不迭和这家企业老板划清界限，谁也不敢收他的钱吃他的饭。

正在走投无路之际，老板偶然在网上看到一段视频，说商业大佬买飞机节税、买豪车节税，都和一本税务书有关。于是，他找到了那本书的作者，也就是我，请我出面帮助。我得申明一下，那本书中并没有讲商业大佬买飞机、买豪车节税的事。

到了该公司后，我发现前面5家财税咨询机构的思路都是"假定老板和企业有罪，然后想办法改变历史，让老板无罪"。历史是不容改变的，这个思路完全错了。我的思路与之前5拨专家都不同。我解决财税问题的思路，是"首先假定老板和企业是无罪的，然后去证明无罪"。大家想想看，这个思路就与众不同。心中有什么，你才能想到什么，得到什么。心中假定老板有罪，你就只能看到老板的罪，思维打不开；心中假定老板无罪，你就能看到老板无罪，思维自然打开了。

进入这家企业后，我首先做了大量的财务数据推算，做了大量的业务数据调研，做了大量的业务流程和商业模式、赢利模式梳理。

335

这一做法让老板惊掉了大牙：别的老师来了，都扎在财务资料里，邱老师来了，却扎在业务资料里。大家知道这是为什么吗？有一个非常关键的原因：税收是在业务流程中产生的，而不是财务部门搞出来的。

我的第二阶段工作，是梳理顶层架构，梳理老板不同企业之间的功能分工，梳理老板不同企业之间的业务关系。这一做法更让老板惊诧莫名：邱老师做的事情，离财税越来越远了呢？老板不理解很正常，我用的就是变通思维："左手的问题右手解决，昨天的问题今天解决，今天的问题明天解决。"帝王局限于一城一池，何来天下？学者局限于一点一面，何来经书万卷？

就在老板既惊诧不理解，又不方便打扰我的工作时，我已经找到了突破口。经过一周多的努力，我发现老板的A公司的确每年进了8000万元的钢材，消耗了4000万元，但是老板的B、C、D公司与A公司有同性质的业务，用到同样的钢材，B、C、D公司每年消化掉了A公司多出的4000万元。

在接下来的几天里，我帮助老板梳理A、B、C、D公司的业务流程、交易合同、消耗数据，最终完美地向税务局证明：A公司每年多出来的4000万元钢材去了哪里。税务局的工作人员看了报告后，非常认可。

老板前面花500多万元请的5拨专家对此非常不服气，想看看我的咨询报告。等他们看到我那数万字的报告和数百页的资料后，都沉默了，我相信他们对此是心悦诚服的。A公司并没有虚开发票，A公司每年钢材采购量大于消耗量的部分，是被B、C、D公司消耗了，只是缺少一个从 A 公司到 B、C、D 公司之间销售钢材的确认行为和核算行为。这个结果，那 5 拨专家都能做到，可他们就是都没有想到。

第九章 税艺术
——阳光治税与金庸"乾坤大挪移"

在现有税收政策框架下，只要是懂得财税顶层设计的老板，他们的企业就能够很好地活下来。可懂得财税顶层设计的老板毕竟是少数。他们在成立公司之初，也决心报效国家回报社会，但在开展业务后才发现，想活下来都难，采购拿不到发票，销售却要开发票，于是，为了企业能活下来，他们想尽一切办法省俭，甚至偷税逃税。这个群体太需要阳光治税了。

认知的天花板 = 事业的天花板

我早年间曾经写过一篇名为《造化》的寓言故事：

一只青蛙待在一口小井里，一待便是好多年。除了青苔、井水、井壁和簸箕大的一块天外，它没有再见到过什么。

但它却总为自己见多识广而津津乐道。

有一天，它终于知道了自己的浅陋，知道了自己被井外的人们嘲笑了许多年。于是，它决定到外面去生活。

可它一次又一次往外跳都没有成功，因为井太深了。它不气馁，继续跳，一次又一次，一天又一天……

它的决心感动了上天，上天不惜以一场洪灾来帮助它。

大雨倾盆而下，洪水很快淹没了很多地方，大地宛若一片汪洋，波涛翻滚。井也很快满起来了。

青蛙游出了井——就在它跳到井台上的那一瞬间，它大吃一惊：世界原来是一个波涛汹涌的地方啊！

"太可怕了！太可怕了！还是井里安全，风平浪静的！"青蛙说着，咚地跳回了井里。

在这篇寓言中，我想表达认知的重要性。

认知达不到一定境界的人，你对他说一万遍也是白搭。认知的天花板，等于事业的天花板。生活在一线城市的人，通常比生活在五六线城市的人格局大，不是知识、技能使然，而是氛围造就了认知的差异。

大老板成于商业，死于情怀。过去30多年里，我看到不少人起高楼，也看到不少人楼塌了。白驹过隙，世事无常，过程才叫人生。一个大老板认识到了商业的本质，顺应了商业趋势，把握了商业机会，成就了他的人生价值。而他的悲哀在于，当手头有钱之后，忽然看不起"老板"这一角色了，认为不够雅气，不够文气，不够贵气。比如，一个地产商，放下工作要去爬山划船做红烧肉，甚至要做作家著书立说，做哲学家发表玄论。他说"我的成功，是别人不再需要我"。乌鸦嘴！后来他真出局了。讲情怀的老板，不外乎这三个路数：往农村跑，往文艺圈跑，往哲学界跑。但这样做基本跑不出什么名堂来。

中老板成于坚持，死于"砖家"。中等规模企业的老板之所以成功，在于他们抓住一个机会，就持之以恒做下来，做得多想得少说得少。人们常说"男怕入错行，女怕嫁错郎"，我认为嫁错郎是存在的，入错行却很少存在。绝大多数人创业之初，就那么一丁点机会，没得选，不入也得入，哪有什么入错行的说法。每一个未经世事的少年，都曾确信自己拥有整片森林，但每一个中年人最后都不得不承认，那唯一的一棵歪脖子树，才是自己不得不上吊的。当老板终于积累了一些财富时，也差不多人到中年了。美其名曰提升自己，实际是想摆脱自认为的一身土气，他们出来学习了。他们兜里有几个钱，有实力把专家请回家。但由于他们不具备识别能力，而把"砖家"给请回家了，几砖头就把企业砸晕了。

我认识一个老板，早年下海做工程，长年累月在山沟里工作。第一次出来听课，见一个讲师气质好，唰，交了50万元。后来见一个教授口才好，唰，交了200万元。再后来碰上一个自称"全国首富排名第二的"，圈子里有很多资源，唰，又是1000万元。刷卡消费倒在其次，最要命的是他从此不愿意再待在山沟里了，成天和一些高大上的"砖家"交流高规格的管理思想，导致生意急剧下滑，几年间就成功地把公司关门了。

小老板成于精明，死于道听途说。小老板之所以成为小老板，是因为他们比一般人精明；他们之所以只能成为小老板，也是因为他们过于精明。大事业靠吸引力和共生心态，精于算计是成不了大事业的。这些小老板经济实力弱小，没有见了"砖家"就唰唰唰刷卡的底气，而且没有挣过大钱的人自然没有花大钱的习惯。他们在

"砖家"面前，要么是乱吹嘘自己一番，要么是描绘自己美好的未来，两种情形都是怕专家看不起自己——但最终，"砖家"还是看不起他，因为"砖家"让他刷卡时，他就找个借口溜之大吉了。这些老板花不起钱，但时间是有的，他们爱刷微信朋友圈、刷微博、刷抖音，这些平台里藏龙卧虎是肯定的，但骗子也是保准够用的。有一个小老板，看抖音上说做企业架构，可以做一家"钱袋子"公司，把钱放在这家公司里面，老板随便花，不交税。于是，他跑来问我：邱老师，人家都说了不交税，你为什么说要交税呢？难道你是税务局派来的卧底？我也想成为税务局派来的卧底，可我错过了考公务员的年龄啊。

天花板是很难突破的。天下最大的石头——石头之王，也还是石头，而不是玉。要突破天花板，必须补上认知这一课。

合伙企业、个独企业不一定节税

在税收方面，第一个重要的认知，是对合伙企业、个人独资企业节税的认知。很多"砖家"在网上说，合伙企业、个人独资企业可以节税，误导了很多老板。就税收负担而言，法人企业肯定比非法人企业低，非法人企业又比自然人低。"砖家"们之所以振振有词地说非法人企业（个体户、有限合伙企业、普通合伙企业、个人独资企业）节税，大致是因为他们道听途说了下面几个肤浅的观点：

第一，非法人企业比法人企业少一种税收。没错，法人企业有企业所得税，非法人企业没有企业所得税，后者是少一种。发生一笔业务，法人企业要缴纳增值税和印花税，然后法人企业还得缴纳企业所得税——通常是利润的25%，如果再分红到个人，还得缴纳个人所得税——税率通常是20%。同样一笔业务，非法人企业要缴纳增值税和印花税，然后是个人所得税——通常是营业收入或利润的5%~35%。肤浅地一看，的确是少一种税收，他们就以为税负更低。但是，法人企业如果不分红到个人，就没有20%的个人所得税，而非法人企业是年度汇算时必然有5%~35%的个人所得税的。如果非法人企业营业收入高或利润高，在5%~35%超额累进税率中适用税率大于25%时，就比法人企业付出的税收成本更高了。法人企业有利润"蓄水池"作用，不分红到个人，不产生个税；非法人企业不具备利润"蓄水池"作用。小结一下：如果收入或利润额度小，用非法人企业比较划算；如果收入或利润额度大，用法人企业比较划算。

第二，非法人企业注册在税收洼地享受核定征收并返税。毋庸置疑，有了核定征收，非法人企业就占优势了，再加上返税，更具优势。但自2020年国家规范税收洼地以来，洼地核定征收几乎没有了，返税也微乎其微了。关于这一点，我们在本书后面还要详细讲述。这些年国家清理税收洼地，捉住了不少大虫子。娱乐圈中知名的就有好几个，还有很多不知名的。甚至有人认知不到位，占了便宜不满足，还要更多，却失去更多的。比如：2012年，拉萨信泰投资管理合伙企业（有限合伙）（简称拉萨信泰）成立。2014年9月至2015年4月，拉萨信泰代扣代缴合伙人个税7560万元。2017年11月10日拉萨信泰两名合伙人申请退税未成功。2019年1月28日两人申请行政复议退税，不仅没退，还被认定按 35% 的税率补税，应补 6633 万元，合计 1.24 亿元。

"洼地"已经是个坑

我花了 30 多年研究财税，根据都江堰治水原理创造了财税顶层设计。我承认，这套系统有点复杂，落地也挺麻烦的。我也想简单点，可实在简单不了啊，它是一项需要企业老板带头，各个部门全力参与，才能取得效果的系统工程。我总结出"财税顶层设计落地五部曲"，包括五个步骤：

第一步，深度演练：转换思维，脱胎换骨。

第二步，深度测算：业务流程优化、商业模式优化、成本结构分析、费用结构分析、收入结构分析、核算方法优化。

第三步，净化历史：化解历史硬伤，净化历史原罪。

第四步，税收预算：收入、成本、费用分析，发票分析，税收压力测试，上下游弹性测试，税收生态环境测试。

第五步，落地实施：落差制造，创造条件，60 多种方法靠近税收优惠，建立落差，消化税收，内部"两账合一"，外部生态环境建立。

因为其复杂，在 2018、2019 年，我被搞洼地那帮人打得节节败退，甚至萌生退出江湖的想法。那阵子，甚至不断有人给我打电话，邱老板，你的公司是不是税收压力大啊，我们可以在某某税收洼地给你开一家公司，给你的公司开发票，一切都是免费的！那时，几乎所有老板都能接到这样的电话,多诱人啊:免费的,给你开成本费用发票抵税!这些人大搞电话营销,有的团队甚至达数千人,他们靠地方招商奖励、地方代征税款服务费和截流地方财政返税,过得异常滋润,而我们还在苦哈哈地做财税顶层设计。当时,有不少老板听了我的课后,推心置腹地对我说,邱老师啊,你的方法确实很好,但太麻烦啦,别人给我们在洼地开一家公司,一"洼"就解决税收负担了,还不收我一分钱!我们常常说大道至简,如果真是这样的话,我也认了,我搞复杂了,理所当然被市场淘汰嘛。可我仔细一调查发现,不是他们大道至简,而是洼地违规操作。我想退出江湖,可又败得不甘心,因为我不是败给大专家们,而是败给一帮砖头。原来搞物流的、搞建筑的、搞养殖的,都摇身一变成了节税工程大师。我碰到一个早年的同事,食堂煮饭的大叔,掏出一张名片,写的都是"税务大师"。

就在我一条腿跨出江湖外时,2020年国家出手规范税收洼地,那帮砖头瞬间作鸟兽散,我又把那条腿给收回来了。自2020年开始,国家接连不断地规范整顿,到2023年,几乎再也接不到电话说"喂,老板啊,我到某某地给你开家公司开发票"了。相信专业,相信专家,这句话始终不落后。

在2023年,又有一份重磅文件出台,值得还想利用洼地降税的人好好琢磨。国家市场监督管理总局、国家发展和改革委员会、财政部、商务部联合印发《市场监管总局等部门关于开展妨碍统一市场和公平竞争的政策措施清理工作的通知》(国市监竞协发〔2023〕53号),进一步规范洼地。规范哪些行为?

包括但不限于：

（1）违法给予特定经营者优惠政策，如违法给予税收优惠、通过违法转换经营者组织形式不缴或者少缴税款等。

（2）违法违规安排财政支出与企业缴纳的税收或非税收入挂钩。

（3）违法免除特定经营者需要缴纳的社会保险费用。

（4）在法律规定之外要求经营者提供或扣留经营者各类保证金。

（5）妨碍全国统一大市场建设的招商引资恶性竞争行为。

税收洼地，本身是合法的，只是操作过程不合法。在规范之后，洼地还是可以用，只是2023年以来，利用洼地存在一些新的难题：

第一，合理性。A公司，接受很远的洼地甚至偏僻落后的洼地开来的发票，而且开票方是与A公司独家合作，合理吗？难道A公司就不能舍远求近吗？A公司所在地没有企业可以合作了吗？

第二，经济性。洼地这个主体，有没有能力为A公司提供服务？如果具备能力，是不是应该租场地、聘请相应的专业人员？当然还得有财务行政等工作要做，得花一大笔钱。

第三，能够转移多少利润。以前洼地开公司，比如采购公司，采购价格翻若干番，把利润转移到洼地。经过规范整顿后，洼地也不敢这么干了，这明显不符合市场公允性啊。

第四，取消核定征收后，钱怎么回来呢？以前核定征收个税，钱直接就打到了个人银行卡上，取消核定征收，钱回来，就得先"分红"到洼地主体的股东名下，得缴个税——如果这利润放在主体企业，主体企业理论上是不必分红的，主体企业就不用代扣代缴个税。分红到洼地企业股东名下，又如何回到主体企业或主体企业的股东名下呢？如今银行监管如此严，这么多资金总得有一个合理的说法。

洼地已经成为一个坑，坑很深，深得有些人爬不上来了。我认识一个老板，在西北地区洼地弄了一家企业，现在这家企业不敢开发票了，也不敢注销，注销就要倒查若干年税收。转移过去的利润也回不来，大量的钱趴在戈壁滩上睡大觉。老板说，实在没有办法了，考虑在那里投资，让钱在那里生根、发芽、开花、结果。我深以为然，认可其大格局，感动于他发展祖国边疆的热情，但投资什么呢？我陪他去考察过了，有一个项目不错：戈壁滩上捡鹅卵石！

一"洼"就灵的砖头们退出江湖，财税顶层设计回归。当然，他们并没有真正退出，那么庞大的队伍，一时半会儿也退不完啊。摇身一变，他们搞起了所谓"税收园区"。

"个体户"陷入虚开

以前只听说自贸区、保税区，如今短视频平台上铺天盖地的税收园区、总部优惠园区广告扑面而来。

这究竟是啥玩意儿？就是集中在某个地方开个体户，通过关系找到税务局核定征收税款。税收洼地规范整顿后，大额收入不敢核定了，法人公司也不敢核定了，个人独资企业和有限合伙企业臭名昭著了，于是打起了个体户的主意。这类广告很诱人，"个体户核定税收低到 0.5%",和开发商卖房子说的"每平方米 500 元起"是一样的,他们把"每平方米 500 元"写得大大的,把"起"字写得小小小小小的。

都去搞税收园区,都去搞个体户,导致全国个体户数量激增。这就引起了税务和工商的关注,尤其是新冠疫情期间,大家门都出不了,突然冒出这么多创业者开个体户,正常吗?一查,这些个体户大都是"三无"产品:无场地、无人员、无资金。有没有业务呢?有,这个小小个体户,为远在天边的某家企业开发票,而且客户仅此一家。中国人口实在多,做什么事情都蜂拥而上,最后发生踩踏,管理部门必然出面规范。墙倒众人推,但很多时候墙是被众人挤倒的。当你发现大家都这么干,干得还很舒服的时候,就是国家要出手的时候了。传销如此、炒股如此、洗钱如此、集资如此……当然,国家出手其实越早越好,注定秋后算账的事情,早算比晚算好,早点算,犯罪时间短一些啊!

"三无"个体户,无论你怎么"四流统一",都是虚开发票。虚开发票有刑事责任,最高是无期徒刑。我们再次强调常识,一家企业周边难道找不到个体户,非要去与远在天边的一个个体户合作,而且是独家深度合作吗?这样操作,简直是在侮辱税务人员的智商。

除了合理性,个体户的能力也是被税务部门笑话的一个关键点。某一线城市一家高科技企业的老板,跑到一个十分偏远的地方开一个个体户,为自己的高科技企业提供技术服务,而个体户的老板就是一农村大姐,再无其他从业人员。如果这个技术服务属实,就不是税务人员笑岔气那么简单了,更严重的是气坏拜登老先生——中国科技如此发达,农村大姐都能够提供高科技技术服务了,围堵中国高科技企业的图谋显然是破产啦!

个体户不是不可以用,但我建议本地化。个体户核定征收也不是不合法,要符合核定的条件。

偷税不行,逃税不行,避税不行,洼地过期,个体户过时,怎么办呢?税收是一门艺术,你得懂点艺术。从小到大,我就见证了许许多多不爱学习的人,我从他们失败的教训中总结出一个道理:对学习打折的人,就是对自己的人生打折。学习可能改变不了命运,但不学习一定改变不了命运。

阳光治税是一门"艺术"

你看见一棵大树,其实那不只是一棵树,更是几十上百年甚至上千年沧桑的历史。同样地,你看见财税顶层设计就那些分、调、截,看不见的是我几十年的努力和汗水。

把方法上升到艺术,不容易;把艺术上升到哲学,更不容易。

大家看"税"字是怎么写的?左边一个禾,表示农业收成。税收诞生于农业文明时代,甚至在更古老的原始社会就诞生了。四个原始人天天出去打猎,后来发现一个问题,大家都出去打猎,山洞没人看守,不是被野兽占领了,就是被其他原始人占领了。于是,四个人商量,三个去打猎,留下一个看山洞,并负责山洞的卫生、负责食物的看管等。这个留守原始人实际就有了权力。但是,留守原始人不出去打猎,吃什么呢?三个打猎的说了,你守山洞,我们三个不管谁打了猎物，都给你分一半。刚开始，大家对这样分配没有任何意见，可后来，打猎的人觉得自己出生入死，留守的人安安稳稳日不晒雨不淋就分得那么多，实在不公平，但又不敢提出来——毕竟人家有权力——于是，他们打了猎物后，偷偷地藏起来一些，藏在山洞角落里，或者埋在回山洞必经的地下。留守原始人分的那一半，就是最早的税收，打猎原始人藏起来的，就是最早的逃税。

农业有收成，不能独吞，得分给管理部门。所以"税"字右边是一个"兑"，即支付的意思。

"税"字是左边大还是右边大呢？

是右边"兑"比左边"禾"大。显然，祖先在造字时，就已经意识到，要保证庞大的国家机器正常运转，税收是很沉重的。逃税，一个原因是税收沉重，另一个原因是追逐利益的本性——能不交的，都是自己的。有的人从内心深处就一分钱税收也不想交。税收肯定是应该交的，正如原始人不交税，山洞没人守一样，我们不交税，国家怎么去解决公共支出及国际支出呢？天天受到外敌入侵，你怎么去做生意赚钱？没有人维持秩序，你家门前每天堵得水泄不通，你怎么开车去公司？很多老板说，钱是我赚的，我凭什么交给国家？凭的是国家为你做生意创造环境和条件，其实国家在你的公司是有非常大的投入的，国家是最大的股东。在我国现有税收体制下，有智慧的老板，其实都能够活下来，没有活不下来的道理。当然，前提是你得学会我的财税顶层设计。

不想交税的老板，又没有学会我的财税顶层设计，就走上了逃税偷税的不归路。他是怎么写"税"字的呢？

第一步，他不敢光明正大地对抗税务局，刚开始他的动作幅度也比较小。他看了看"兑"字头上左边一点，比较隐蔽，也不算大，于是偷偷地把这一点抹掉。这个时候，因为动作幅度不大力度不猛震动不激烈，税务局不一定能够发现，或者发现了也暂时没有过问。这就给了老板更大的胆量。于是，他接下来把"兑"字头上右边那一点也抹掉。这个时候，税务局的人发现了，或者说看不下去了，上门来打招呼了：老板，不能这么干了啊！老板见税务局的来了，好茶好烟好酒招待，甚至塞红包，想拉干部下水腐蚀干部，和干部称兄道弟。虽然税务局的人不一定会被拉下水，但老板好歹认识税务局的人了，甚至产生一种错觉，认为自己"上头有人了""里面有人了"。

第二步，既然"上头有人"，胆子就更大了。这个时候，"兑"字已经变成"兄"字了。老板挥刀把"兄"弟左边一条腿即那一撇给砍掉了。税务局当然要打招呼：过分了啊。可老板不当回事呢，以为只是说说而已。他还进一步谋划着更大的逃税利益呢。

第三步，老板挥刀把"兄"弟右边一条腿也砍掉了。"税"字彻底就成了"和"字。和气生财，多吉祥啊！这个时候，税务局下达检查通知书，工作组开进了老板公司。请茶，老板说。税务局的只喝自己带的矿泉水。请烟，税务局的说不会，而且吸烟有害健康。吃个便饭吧？大便饭小便饭通通不吃，我们要回家吃。老板看税务局的人动了真格，就想私底下拉关系，说查补的税上交国家了，对你我兄弟都没好处，和气生财，不如你们放我一马，我孝敬孝敬你们。老板想和气生财，税务局的却铁面无私，"税"字变"和"字，"兑"字只留一"口"了，税务局的最终根据各类证据，把老板这个"人"放进了"口"里，成了囚！

这就是老板偷税逃税的不归路！

"税"字不会多一笔，也不能少一笔。哪怕把左边"禾"字写得尽可能大，而把右边"兑"字写得小一些，只要不多一笔不少一笔，它始终都是"税"！这就是书法，这就是艺术。

我们的税收艺术，从金庸的武功秘籍开始。

金庸"乾坤大挪移"

曾经，有人的地方就有白居易的诗，也曾经，有华人的地方就有金庸的小说。中国的"60后""70后""80后"，估计都有打着手电筒在被窝里看武侠小说的经历。武侠小说给了苦苦挣扎于现实的人们一种幻想，满足的是心理而不是真的能够教会你武功。

在金庸的武功理论中，我最推崇的就是乾坤大挪移。如果先生还在的话，他一定非常惊讶，惊讶我竟然能够把武功秘籍和企业税收规范融为一体。

上下挪移，左右延展，凹凸相抵，大小互换。这是我从金庸小说中想到，并结合都江堰治水和企业治税，总结出的乾坤大挪移四句口诀。

上下挪移：在企业产业链上游和下游寻找"凼"，把税收引入"凼"里消化。成立采购公司或销售公司，就是典型的上下挪移。将企业拆分为上下游两家或多家企业的做法，也是上下挪移。比如，因为客户不愿意硬件和软件分开计价，某企业就将自己的 A 公司拆分为 A1 软件公司和 A2 硬件公司，A1 将软件出售给 A2，A2 将软硬件组装后再出售给客户，这样实现了软件退税，但不影响客户。

左右延展：在企业协作领域寻找"凹"，把税收引入"凹"里消化。比如，某企业人力成本很高，人力成本无法抵扣增值税进项，于是，该企业将人力成本最高、最集中的几个加工环节外包出去，让受包方开具 13% 的加工发票，从而变相实现了人力成本的进项抵扣。

凹凸相抵：在不同企业主体之间创造税收凹凸落差，利用飞沙堰关系，将税收从凸处引入凹处，合法地实现降低税收负担的目的。盈亏相抵，是最典型的凹凸相抵，赚钱的企业需要缴纳所得税，亏钱的企业却不会因亏损而享受所得税退税，如果能够让赚钱的企业和亏损的企业盈亏相互抵消，岂不是降低了企业所得税？下面这个案例就很典型：

在很多年前的一天晚上，凌晨 1 点刚过，我接到一电话："小邱，你好！"

我当时心里有些不开心，我都 40 多岁了，好不容易从"小邱"熬成"老邱"，你还叫我小邱！但对方说他快 70 岁了，叫我小邱，是喜欢我，我心里又释然了，长辈嘛，叫你老邱才显得怪怪的。长辈说想请我为他提供财税服务。那时候，我脸皮薄情商又低，都不好意思和人家谈价钱，只会说"我太忙了"。对方心领神会情商又高，接下话问："那我给你钱，还忙不忙呢？"我接话也不迟缓："给钱就不忙了！"

对方直接开价，让我去4天时间，付费×万元。按时间收钱，就得满打满算把时间给人家拿够，第二天天还没亮，我就乘飞机赶过去了。到了对方公司，还差几分钟才到上班时间。

接待我的是公司财务总监，一个不到30岁的绝色美女。可惜美女非常冷艳，几乎没有正眼瞧我，加上个子还比我高，再加上还穿着恨天高，给我不小的压力。美女冷冷地问候我之后，丢出一句来自千年冰窟的话：我是这家企业的财务总监，我是海归博士，我的年薪才80万元，邱老师，你只来4天，为什么要收我们×万元呢？

我这人有三个优点：一是从来都和女人过得去，二是从来都和钱过得去，三是从来都和小孩子过得去。

我说，这价格是你们老板开的，我哪敢和你比啊。你看今天我们一见面，我就落下风了，我身高才一米七，在你这绝代佳人眼里就一个二等残废，你是我在地球上见过的最漂亮的女生，你将永远留在我心中。而我呢，应该是你在地球上见过的几十亿个普通男人中的一个，我在你心中不会留下一丁点痕迹。你没有必要和我比较呀。

没想到从来都笨嘴笨舌的我还能这样油滑，估计是看到美女的原因吧。这番油滑，让美女的表情微微转晴了一些。然后，她把我带进一个昏暗的房间——档案室。她对我说：邱老师，我们集团8年以来的会计资料都在这里，请你审阅，并给我们出一份报告，证明你4天值×万元。

我说，我做财税顶层设计，不用首先看会计凭证，我想知道你们这里哪座楼最高，我要上最高楼去。美女听着有点不对，赶紧说：

邱老师，我虽然对你不够热情，但你没必要想不开啊，我对谁都不热情。我赶紧解释：你别担心，我是去看看贵集团公司整体布局，找点灵感。真实的情况却是：我当年悟出财税顶层设计，是因为身在都江堰高处，我相信高处更接近天，更能得到上天的眷顾，更能得到上天的启示。

他们集团有矿业，有矿加工，有电子商务，有房地产，有物业管理，有酒店，最高楼是酒店，68层高。我独自一人来到68层顶楼，整个集团布局尽收眼底。老先生真厉害，创业8年就把企业做到年营业收入上百亿元，几千亩工业园区都是他家公司的。我发现园区里除了办公楼、还有住宅楼和别墅，这应该不是卖给外面人的吧，很可能是自持物业。我打电话问财务总监，财务总监说住宅有3000多套，给优秀员工的，别墅有300多套，给专家们的。我又问这些物业放在什么主体里，她说放在物业管理公司。我再问物业管理公司赚不赚钱，她说亏呢，是内部物业管理，基本不收费，近几年亏几个亿了。那么哪些公司赚钱呢，她说其他公司都赚钱，酒店最赚钱，近几年赚好几个亿了。

我找到方法了，"凹凸相抵"啊！

这个时候，该我表现了。我把财务总监和老板都叫到68楼顶上，财务总监站我左边，老板站我右边。我告诉他们，可以将住宅和别墅挪一个地方，从物业公司挪到酒店，因为酒店现金流最好，合法节省税收把现金留在自己手里周转，你们算算，可以节省多少税收。财务总监粗略一算，用亏损抵减利润，仅仅是企业所得税一项就可以合法地减少数百万元。

我问财务总监，我收你们×万元咨询费，值不值呢？美女说值，但她又补充了一句话：怎么我总觉得太简单了呢。我又问老板，老板也说值，但也觉得太简单了。老板甚至歪着头半开玩笑对美女说：你咋没想到呢？你如果想到了，我们就不用花钱请邱老师了嘛！

你们一定以为财务总监不够优秀吧？其实人家很优秀，财务核算与财务管理都做得相当棒。但我们传统财务教育对财务负责人的要求，就是把每一家企业的利润算清楚，并指导业务团队让每一家企业尽可能多赚钱，并没有教育也没有要求他们对已经赚到手的利润还要怎么统筹一下或倒腾一下。

听他俩说太简单了，我说那我下午就回去了，退你们三天半的钱，你们不是做不到而是想不到。老板比较谨慎，他让我在酒店住下来，他们下午研究一下，钱还是给我算一整天的。

他们研究了一下午，却没有研究出细节来。盈亏相抵，怎么去实现呢？把物业公司的房子都卖给酒店，那交易税收也是天文数字啊！晚上，老板和财务总监又来找我了，请我说说具体怎么做。我说把房子从物业公司卖给酒店，肯定不行，应该通过重组方式，把物业公司与酒店合并。老板听了很高兴，说他们晚上研究如何重组，让我再等等。

第二天一早，我收拾好行李，准备离开时，老板和财务总监又出现了。说请我留下来，多待几天，因为他们研究后，发现很多细节问题，很多想不明白，想明白的一些，又怕做错了。于是，我又待了几天，给他们做出详细的操作方案。很多人以为做咨询就是动动嘴皮子，其实做咨询也是体力活儿，几天下来，我累得直不起腰，尤其是打字太多太久，回家后几天都拿不稳筷子。这个案例，也让我明白了一点：很多时候，是你想不到，还有很多时候，你想到了，也不一定能够做到。

大小互换：通过主营业务转换或将大税种转换为小税种，将大税目转换为小税目，合法地降低税负。在营改增之前，营业税和增值税是两个可以互换的大税种。营改增之后，土地增值税和增值税、消费税和增值税是可以互换的税种。比如，某房地产企业把1000万元毛利从房产开发企业转移到建筑公司，虽然建筑公司因此要多缴增值税大约130万元，但规避了可能高达60%即600万元的土地增值税。白酒生产企业把利润转移到销售公司，规避消费税，也是同样的道理。

乾坤大挪移口诀中，无论是上下左右，还是凹凸大小，都是以"分江"为前提，先形成"内江"与"外江"关系，并且内外江之间有落差，然后利用飞沙堰——业务关系来实现产能转移、利润转移，最终达到税收转移到"凼"中消化的目的。

基本手段：内外调节，左右倒手

在讲述了乾坤大挪移之后，我向大家介绍一下财税顶层设计的基本手段："内外调节，左右倒手"，即先通过"分"形成内外或左右关系，内外之间或左右之间有税收落差，然后，把税负从内调到外，或者从左调到右。

在这个手段中，落差是关键，没有落差，一切都是白搭。有了落差，还要从高往低挪。我们要合法地把税收越挪越少，而不能越

357

挪越多，或者挪了也没有变化。小马过河，如果它驮的是一袋盐，过了河身上可能轻多了；驮的是棉花，过了河可能身上更重了；驮的是砖头，过了河身上的重量通常是没什么变化的。有个老板，他的 A 公司在西部地区，享受西部大开发税收优惠政策，企业所得税率是 15%，他把利润转移到东部一个地方，虽然也有地方财政扶持，但由于他在东部成立的 B 公司所得税率是 25%，即使财政扶持后，还是比 A 企业高。这就是驮棉花过河了。

我们把调节和倒手合称"调倒"，主要有九种方向，简称"调倒九方向"：

第一，多税种企业向少税种企业调倒。比如，既有增值税又有消费税的企业，就要想办法把利润转移到只有增值税没有消费税的企业。

第二，一般纳税人企业向小规模纳税人企业调倒。一般纳税人增值税税率 13%，而小规模纳税人是简易征收 3%。

第三，利润多的企业向利润少的企业调倒。利润超过 300 万元的企业，按 25% 缴纳企业所得税，而小型微利企业按 5% 缴纳企业所得税。同样一笔利润，放在哪里，依照常识就可以作出正确决定。

第四，盈利企业向亏损企业调倒。利润调入亏损企业，盈亏相抵，就没有利润了，所得税没了。

第五，没有税收优惠的企业向有税收优惠的企业调倒。比如，将工业企业的利润转移到农业企业，享受农业企业的增值税、所得税免税政策。

第六，非核定征收企业向核定征收企业调倒。非核定征收企业受到进项发票、成本费用发票多少制约，税收通常都比核定征收要高，除非企业的进项发票、成本费用发票十分充足。

第七，非税收优惠区的企业向税收优惠区的企业调倒。比如，将利润转移到税收优惠区去享受税收优惠政策。

第八，营利机构向非营利机构调倒。非营利机构享受很多的税收优惠政策，比如非营利医院，当老板手中同时有营利医院和非营利医院时，当然是把利润尽可能放在非营利医院。有人会说，非营利机构不能分红，怎么办？这是另外一个话题，老板赚的钱如何拿出来的问题，只有先合法地解决好国家和经营主体之间的分配问题，才有机会解决好经营主体和老板之间的分配问题。

第九，企业向非企业单位调倒。非企业单位税收政策也有优惠，比如非企业单位从事经营业务，无论是否超过连续12个月500万元，均可以按税率3%简易征收。

高端技能：八大模式、八大切分、八大落差与九大平台

讲了基本手段之后，接下来讲一下财税顶层设计的高端技能。我们从都江堰治水哲学及企业财税实践，总结出如下高端技能：

八大模式

在讲都江堰治水原理时，我们已经讲到过与税收关系最密切的八个模式，这里是再次总结：直销模式、直销变经销模式、经销变代销模式、直销经销变居间服务模式、委托加工模式、主营业务转换模式、平台模式、联营模式。八种模式变换，能够实现产能或利润的变化，从而实现税收负担的不同。

八大切分与八大落差

八大切分的目的是形成税收方面的凹凸落差，因此，我们将切分和落差放在一起总结。切分，就是分江治水，把企业切分为不同板块，你可以形象地理解为切西瓜，把西瓜切为不同块。

一是切分企业规模，形成企业规模落差。大企业和小企业之间有税收落差，一般纳税人和小规模纳税人之间有税收落差。

二是切分企业性质，形成企业性质落差。法人企业和非法人企业税收有落差。

三是切分企业功能，形成企业功能落差。比如，一家制造业企业，只能适用制造业的税收政策，如果按功能切分为采购、生产、销售、服务、技术等不同的企业，则可以分别适合贸易业、制造业和服务业的税收政策。

四是切分不同产业，形成产业形态落差。比如，一家企业原来只涉及一个行业，通过切分产业板块，形成工业、农业、贸易、互联网、高科技等不同行业，就会形成不同行业的税收落差。

五是切分不同地域，形成地域落差。比如，洼地与非洼地之间，就存在税收落差，这里的切分不同领域，指的是将企业的产能布局在不同的地方。

六是切分不同产品，形成产品形态落差。比如，将产品切分为有形产品、技术、软件、服务、劳务。出售不同形态的产品，涉及的税收成本是不一样的。比如，对一般纳税人而言，增值税税率有所不同：出售有形产品是13%，出售技术是6%，符合条件的技术出售免增值税，出售软件是征13%退10%，出售服务是6%，与免税技术关联的服务也可以享受免税，出售劳务是 5% 或 6%。很显然，不同产品形态之间，税收落差十分明显。

我有一个学员，是做眼镜生产销售的，在产品形态切分方面，就做足了文章。眼镜是暴利产品，他一副眼镜卖 3680 元，有进项发票的成本却只有 80 元，意味着他的增值税是（3680 元 -80 元）×13%=468 元。后来，他把产品切分为眼镜售价 680 元，眼球护理一年 3000 元，每周护理一次眼球，不管用户到不到店里来，一年都是 3000 元。于是，他的增值税变成了（680 元 -80 元）×13%+3000 元 ×6%=258 元。再后来，他又从 3000 元中间切分出软件 1000 元，他说眼镜要每天戴够 8 小时才有效果，该软件是监控孩子佩戴眼镜时间的。于是，他的增值税又变成了（680 元 -80 元）×13%+2000 元 ×6%+1000 元 ×（13%-10%）=228 元。

七是切分不同股东，形成股东身份落差。股东身份落差，指的是不同主体的股东，分红税收不一样。比如，有限公司股东分取投资红利不再缴纳企业所得税，个人股东分取投资红利按 20% 缴纳个税，有限合伙企业或个人独资企业分取红利一般按 20% 缴纳个税。

八是切分不同政策，形成政策落差。这里切分不同政策，指的是创造条件，让不同业务或不同企业，去适用不同的税收政策，并尽可能靠近税收优惠政策。

九大平台

这里的平台，指的是不同的企业主体。这些年，股权架构设计课程十分火爆，很多老板了解一些这方面的知识，只是很多老师是从股权角度讲，而没有从税收角度讲。比如，很多老师教你如何画股权架构图，但他们无法告诉你，如何在落地这张图的过程中合规合法地降低税收成本，以及将来分红、资本运作、IPO等如何合法地优化税收成本。

我们用一张图来表示这九大平台，从图中可以看出这些平台之间的关系（图9-1）。

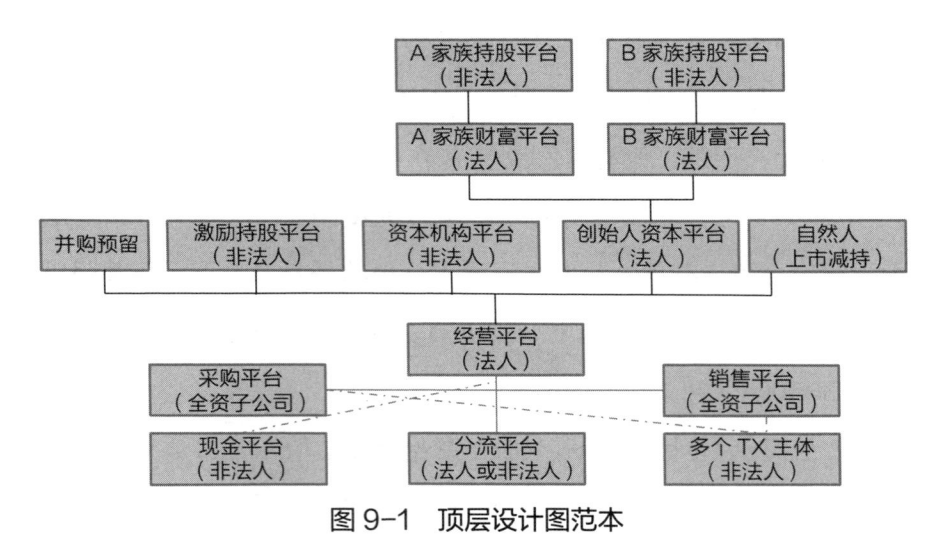

图9-1 顶层设计图范本

第一，经营平台。经营平台就是你现有的企业，是我们要解决痛点的企业，它是左右倒手的左手，是内外调节的内江，其余平台都是右手或外江。

第二，创始人资本平台。创始人资本平台是经营平台的大股东，因为企业赚的钱大部分是不需要直接拿回股东家的，而是放在企业周转。这个大股东是法人公司，它从经营平台分取利润不需要再缴纳企业所得税。这个平台分到利润后，可以外投其他产业，其他产业分到的利润也可以通过这个平台投资到现有经营平台，因此这个平台有"桥梁"的作用。创始人资本平台分到红利，也可先放着，等需要分到股东个人时再分配，因此，它又有"蓄水池"的作用。

第三，资本机构平台。这个平台是为外来战略投资者准备的，建议采用有限合伙形式，创始股东在该平台担任GP牢牢把握表决权和控制权，战略投资者担任LP作为纯粹的投资者。

第四，股权激励平台。这个平台是为激励内部优秀员工准备的，通常也采用有限合伙形式，创始股东在这个平台担任GP，被激励对象担任LP。

第五，家族财富平台。这个平台是创始人资本平台的股东，依然建议采取法人公司形式，经营平台分红到法人性质的创资人资本平台，创始人资本平台再分红到这个家族财富平台，都不用再缴纳企业所得税。

第六，家族持股平台。这个平台是家族财富平台的股东。可以采用有限合伙形式，家族中最优秀的人担任GP，其余人担任LP，这样有利于集中家族决策权，避免因股份分散而被外族恶意收购，也避免家族成员太多时无法高效率决策重大事项。

第七，采购及销售平台。这个平台是为合法节税而准备的。通常是采购端成立一个采购平台，销售端成立一个销售平台。这两个平台在金税四期之下，都建议变成经营平台的全资子公司，透明化运作，平台产生的利润可以直接分红回经营平台，这就解决了资金和利润合法回流并且不产生额外税收成本的问题。

第八，现金平台。这个平台用于解决企业公关支出、佣金支出所需现金问题。通常采用非法人形式，也可以采用一些小型个体、个人独资等形式。

第九，分流平台。这个平台用于分流营业收入，将营业收入化整为零。

若论设立上述九个平台的商业目的，节税肯定不是第一目的，也不是唯一目的。经营平台之上，是为了优化股权结构和利润分红路径而设置，经营平台之下是为了优化管理、强化责任机制、再造企业经营流程、创新商业模式和赢利模式而设置。如果一个行为唯一的商业目的是节税，那就是避税行为，是法规所不允许的。

阳光治税四方图

在本书的最后，我们回答一下老板最关心的三个税种的阳光节税思路。这三个税种是增值税、所得税和个人所得税，个人所得税又包括分红个人所得税和工资薪酬个人所得税（图9-2）。

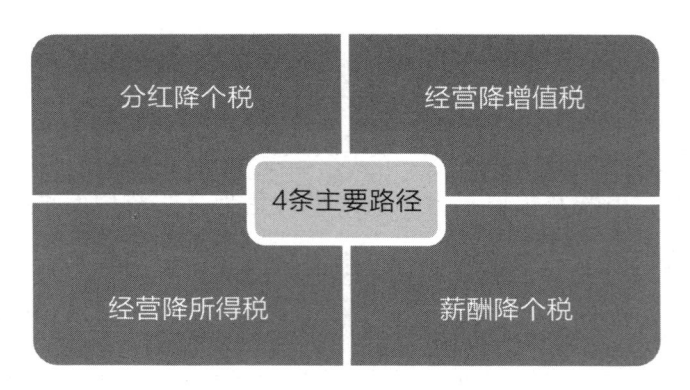

分红降个税	经营降增值税
经营降所得税	薪酬降个税

中心：4条主要路径

图9-2 阳光治税四方图

第一，分红个人所得税。分红个人所得税高低，取决于分红路径，分红路径又取决于经营平台之上各个平台的设立，即企业架构影响分红个人所得税的高低。对上市公司而言，自然人持股达一年以上的分红暂免个人所得税，所以自然人分红税收最低。对非上市公司而言，如果经营平台之上的有限合伙性质的平台设在税收优惠区，则通过该平台分红税收最低。如果前述两种情况都不存在，则先分红到创始人资本平台这个"桥梁"或"蓄水池"中，再引流到免税行业分红，税收成本是最低的。

第二，增值税。合法降低增值税税负，可以从以下几个方面下功夫：一是发挥节税平台增加进项或降低销项的作用；二是分流营业收入，化整为零；三是改变交易结构，创新业务模式、商业模式或赢利模式；四是利用增值税税收优惠政策，比如软件退税、资源综合利用、节能节水安全环保投资税收优惠等。

第三，企业所得税。企业所得税和利润是挂钩的，合法降低企业所得税，思路包括利润消化、分流、引流、抵消。消化，即在利润产生过程中即消化掉，我们在本书前面讲的"消灭利润"即为此意。分流，是把利润化整为零，去享受小型微利企业所得税优惠政策。引流，把利润引到免税或减税的企业，即引入"凼"中。抵消，即乾坤大挪移中讲到的"盈亏相抵"，用利润填亏损。

第四，薪酬个税。薪酬个税与薪酬挂钩，合法降低的思路包括：一是薪酬发放方式，你拿的是工资还是业务开支，如果是业务开支，是不涉及个税的；二是薪酬范围界定，你拿的是工资还是年终奖，年终奖可以单独计税，你拿的是工资还是福利费，集体福利费是不涉及个税的。

关于治税，我就讲到这里了。在税收方面，是一定要履行纳税义务的，优化税负必须在合法范围内，而且要适可而止。我发现，民营企业老板在税收方面，存在两种倾向。哪两种倾向？且我看年轻时写的一则寓言《可怜的蚂蚁》：

有只饥饿的蚂蚁寻了大半天食却一无所获。临近黄昏时，它爬到了一头死牛身上。

可它不知道那是可以吃的死牛，它把死牛当作一座山，把牛毛当作山草。

"这山上看来是找不到可以吃的东西了。"天黑下来时，它绝望地想。这时，它已经饿得爬不动了。

它伏在牛身上喘息，这一伏竟再也没有起来——它死了。

另有一只更不幸的蚂蚁。它是与前一只蚂蚁同时发现死牛的，它凑巧爬进了牛的嘴里，牛嘴里烂了一块，它一进去便发现了"这座山"是可以食用的佳肴。于是，它疯狂地啃咬。

啃啊咬啊，它实在不想停下来，因为它饿怕了。

最后，它的肚皮撑破了——和前一只蚂蚁一样，死了。

后记　利益激发活力，机制解放老板

写完了？

写完了。

就写完了？

就写完了。

这本书写完了，但我自己都觉得意犹未尽呢。

如果我没有记错的话，这是我的第93本书。这本书我写得特别艰难，不是因为内容难，而是因为我太忙了，很难有整块时间来写这本书，几乎都是见缝插针挤时间。在出差的飞机上，当飞机进入巡航阶段时，我打开电脑写；飞机进入下降阶段，又得关上电脑。坐飞机两小时，其实只能写一个小时。在候机厅，或者在等待客人的时候，我打开电脑写，登机时间到了，或者客人来了，又匆匆地合上电脑。在家里，当孩子们都睡着了，我拿出电脑，夜深人静没人打扰，思维活跃，键盘上一阵猛敲，但我现在这把年纪了，也不能熬通宵了，写到凌晨，赶紧停下来。带孩子上兴趣班，或者学习游泳，孩子在里面，我在外面，架起电脑写；孩子学习结束，我合上电脑，开车带孩子回家。我也曾在公园的草地上打开电脑写，那是孩子在旁边睡着了。

利用碎片化写作，断断续续，写作周期比我以往任何一本书都长，导致这本书不同篇章的行文风格都有差异。定稿前曾想统一一下风格，却做不到，请读者朋友见谅。好在这本书中所讲的，都是我自己脑中酝酿已久，或者上课讲过若干遍，或者实践中做过若干遍的内容，虽然时间碎片化，但意思表达还是没有多大问题。这种碎片化写作，也不方便查阅各类法规和文献，所以很多法规应该引用的，却没有引用。好在互联网发达，如果读者朋友需要看相关的法规，输入关键词，在网上也能很方便找到。

读者朋友应该已经感受到，这本书的语言风格比较口语化。这本书主要是写给老板和职业经理人看的，讲专业问题，用口语化语言，是因为这些读者本身已经够累了，再让他们啃艰深晦涩的文字，实在于心不忍。

这本书讲的是"做大、做强、做安全"，是帮助老板和职业经理人做好企业的。我之所以感觉到意犹未尽，是觉得还有一个话题没讲到，那就是如何让老板或中高层管理者工作更轻松。

我认为，老板或管理者想轻松，想得到解放，必须激发全体员工的活力。在所有激发手段中，最重要的手段是利益。

在"财税顶层设计"之外，我还创造了一套系统，叫"全员财政"。该系统旨在让每一名员工都像老板一样关心赚钱的事情。前些年，我开设了"全员财政"课程。近年，我在咨询实践中，不断发展和丰富这个体系，将它升级为"全员财政——3LEVL 利益驱动系统"，这个系统能够做到"目标到人头、核算到人头、考核到人头"，每一名员工都有一张利润表，该不该涨工资，有没有奖金，都取决于他的利润表是否有利润，而他的利润表要有利润，他就必须像老板一样经营他的利润表。总结起来，这个系统包括五个"3LEVL"：

1. 三级预算：公司、每个部门及每个岗位都有收入和支出预算。

2. 三级项目制、订单制管理：明确公司、部门和个人的责任。

3. 三级项目或订单核算：对每个项目或订单，进行公司级、部门级、岗位级核算，并做出三级利润表。

4. 三级利益分配：公司分配、部门分配、个人分配。

5. 三级决算：有预算必须有决算，公司、部门和个人决算，以考核目标实现程度。

把企业做大了，做强了，做安全了，还要做轻松。工作不是人生的全部，生活才是。我听很多老板都说自己活得没了生活，很想来个急刹车——不干了，或者来个急转弯——转行了，却不敢，因为一车人呢，刹急了，转急了，不知有多少人掉下车，或者在颠簸中受伤。我希望我能够尽我最大的努力，让老板和管理者能够实现工作与生活的平衡，能够让人生更轻松。

最后，我还是想用一则我年轻时写的寓言故事来结束这本书，寓言的题目是《影子》：

早晨，一只山羊在栅栏外徘徊，想吃栅栏内的白菜，可是进不去。

它看见了自己的影子——因为太阳是斜照的，影子拖得很长很长。

"我如此高大，一定能吃到树上的果子，不吃这白菜又有什么关系呢？"它对自己说。

它奔向很远处一片果园。

还没到达果园，已是正午，太阳当顶。这时，山羊的影子变成了很小的一团。

"唉，我这么矮小，是吃不到树上的果子的，还是回去吃白菜吧。"它对自己说，片刻又十分自信地说，"凭我这身材，钻进栅栏是没有问题的。"

于是，它往回奔跑。

跑到栅栏外时，太阳已经偏西，它的影子重新变得很长很长。

"我干吗回来呢？"山羊很惊讶，"凭我这么高大的个子，吃树上的果子是一点也不费劲的！"